集体化时期的村庄典型政治

★ ★ ★ 以昔阳县大寨村为例 ★ ★ ★

光梅红／著

VILLAGE' S MODEL POLITICS IN COLLECTIVIZATION PERIOD

社会科学文献出版社
SOCIAL SCIENCES ACADEMIC PRESS (CHINA)

·序·

朱汉国

在20世纪六七十年代，地处山西昔阳县的大寨，曾是中国最负盛名的村庄。大寨以其自力更生、艰苦奋斗的精神，改变了穷山沟面貌，弘扬了集体主义。1964年，大寨被中共中央树为全国艰苦奋斗的样板。随之，一场规模空前的农业学大寨运动在全国各地兴起。至1980年，中共中央批转山西省委《关于全省农业学大寨经验教训的初步总结》，农业学大寨运动落下帷幕。大寨也由典型走向沉寂。

农业学大寨运动已结束30余年，但关于大寨及农业学大寨运动的议论，仍流传坊间。如何看待大寨的崛起？大寨何以能成为全国典型？如何评价农业学大寨运动？对于这些问题，人们仍有不同的解读。

光梅红博士从河北大学硕士毕业后考入北师大，随我攻读博士学位。在商定论文选题时，她提出要研究大寨及农业学大寨运动。光梅红出生于山西昔阳。她对生于斯、长于斯的这片热土有着深厚的感情，对研究家乡的大寨抱有浓厚的兴趣。选题确定后，她先后到昔阳县档案馆、国家图书馆查阅了大量的文献资料，并深入昔阳、大寨进行实地调研，在掌握大量资料和调研的基础上，对大寨典型和"农业学大寨"运动进行深入剖析，形成了比较深刻的认识。

本书是在光梅红博士论文基础上拓展而成的。她在书中重点论述了如下问题。

第一，如何认识大寨模式。大寨在我国农村走向集体化过程中形成了自身的发展模式。这种模式突出地体现在三个方面：一是大寨人自力更生、艰苦奋斗、爱集体的奉献精神。这种精神成为大寨人共同遵守的道德准则。二是大寨依靠国家政策和集体的力量，进行了农田基础建设，开展兴修水利、科学种田、精耕细作等活动，改善了生产条件，集体经济获得了一定发展。三是大寨的集体性的生活保障。随着经济的增长，大寨人开始实施住房、娱乐、卫生等公共事业，满足了村民生活的基本需求。诚然，在大寨经济结构中，农业生产始终占据主导地位，工副业生产居于次要地位，这又限制了大寨经济的发展。因此，如何认识和评价大寨模式，无疑是我们需要研究的问题之一。

第二，如何认识大寨典型的塑造。在1964年底前，大寨已是当地艰苦奋斗的典型。中共昔阳县委、晋中地委和山西省委在多种场合对大寨及其村支部书记陈永贵进行表扬，掀起学习陈永贵和比学赶帮超活动。1964年，大寨被中共中央树为全国农业典型。“文化大革命”中，大寨被塑造成抓阶级斗争和路线斗争的典型，强调学大寨“不能简单学生产经验，不能简单学表面现象”，而要抓阶级斗争和路线斗争。一些地方甚至提出“学大寨就是走社会主义大道，不学大寨就是搞歪门邪道”，“反对学大寨，就是走资派”的口号。如何认识大寨典型的塑造和再塑造，探求其间的各种因素，无疑是我们需要研究的又一问题。

第三，如何认识大寨成为典型后的社会影响。大寨政治形象的多次塑造，给大寨生产和大寨人的生活带来了压力。这种压力既有积极的一面，也有消极的一面。从积极方面来看，大寨成为全国的典型后，大寨人展开了一次“全国学大寨，大寨怎么办?”的讨论，这场讨论既对大寨人进行了道德教育，又使大寨人开动脑筋发展生产。在农业学大寨运动中，大寨可以学习全国各地的先进经验，使用良种和农业机械、改进施肥方法，促进了农业生产的发展。从消极方面来看，在全国农业学大寨运动中，尤其是在“文化大革命”中，受极“左”思潮的影响，大寨不断强化自己“革命”的一面，甚至将“穷过渡”“没收自留地”“关闭集市”等视为“革命”目标，使得大寨的经济始终未能得到大发展，村民的生活一直在低水平线上徘徊。更严重的是，为了维护自身的典型形象，大寨领导人在很多情况下说了违心话，做了违心事，又损害了典型的形象。如何认识和评估成为典型后的大寨，无疑也是需重新探讨的一个问题。

光梅红的《集体化时期的村庄典型政治——以昔阳县大寨村为例》一书，即要力图解读上述问题。毋庸讳言，光梅红的解读中，还有许多观点值得商榷。但我认为，从学术的角度上而言，光梅红的贡献不在于她如何解读这些问题，而在于她对这些问题的提出和思考。

光梅红在学期间，虚心好学，对一些学术问题肯钻研。我期待她不断推出自己的研究成果。

目 录

Contents

· 绪　论 ·

一　选题缘起及意义

（一）选题缘起

20 世纪 80 年代以来，中国社会史研究异军突起，成为史学界一颗璀璨的星星。乡村史是中国社会史的重要组成部分，乡村问题的研究自然成为史学界关注的一个热点。对集体化时期乡村社会的研究，多侧重于探究重大事件对农村社会的影响，包括土地改革、农业合作化、“大跃进”、20 世纪 60 年代初期的农村经济和家庭联产承包责任制。代表性的著作有罗平汉的《农村人民公社史》《农业合作化运动史》《土地改革运动史》（福建人民出版社 2003、2004、2005 年版），杜润生主编的《中国的土地改革》（当代中国出版社 1996 年版）、林蕴晖的《人民公社狂想曲》（河南人民出版社 1995 年版）、谢春涛的《大跃进狂澜》（河南人民出版社 1994 年版）、徐勇的《包产到户沉浮录》（珠海出版社 1998 年版），等等。这些著作着眼于政策的制定执行或社会制度的变革对农村社会经济影响的研究，很少涉及农村社会成员对国家制度的反应。

进入 90 年代之后，一些学者采用文化人类学、经济人类学、政治学、心理学和统计学等多学科交叉方法，对这些事件重新进行研究，特别是一些博（硕）士生纷纷将这些重大历史事件作为自己的研究课题，重新审视历史，反思历史存在，出版了一批有一定学术价值的著作。代表性的著作有：周晓红的《传统与变迁：江浙农民的社会心理及其近代以来的嬗变》（生活·读书·新知三联书店1998年版）、张乐天的《告别理想：人民公社制度研究》（东方出版社中心1998年版）、辛逸的《农村人民公社分配制度研究》（中共党史出版社2005年版）、张学强的《乡村变迁与农民记忆——山东莒南土地改革研究》（社会科学文献出版社2006年版）、李立志的《变迁与重建——1949～1956年的中国社会》（江西人民出版社2002年版）、师吉金的《构建与嬗变——中国共产党与当代中国社会之变迁》（济南出版社2003年版）、于建嵘的《岳村政治：转型时期中国乡村政治结构的变迁》（商务印书馆2001年版）、吴毅的《村治变迁中的权威与秩序——20世纪川东双村的表达》（中国社会科学出版社2002年版）、王跃生的《社会变革与婚姻家庭变动——20世纪30～90年代的冀南农村》（生活·读书·新知三联书店2006年版），李良玉教授及其博士生学术文存有贾艳敏的《大跃进时期乡村政治的典型：河南嵖岈山卫星人民公社研究》（知识产权出版社2006年版）、叶扬兵的《中国农业合作化运动研究》（知识产权出版社2006年版）、莫宏伟的《苏南土地改革研究》（合肥工业大学出版社2006年版）、钟霞的《集体化与东邵童村经济社会变迁》（合肥工业大学出版社2007年版），复旦大学亚洲研究中心资助出版的《革命与乡村》系列丛书，田锡全的《国家、省、县与粮食统购统销制度（1953～1957）》和陈益元的《建国初期农村基层政权建设研究（1949～1957）：以湖南省醴陵县为个案》（上海社会科学院出版社2006年版）、刘庆乐的《权力、利益与信念：新制度主义视角下的人民公社研究》（中国社会科学出版社2010年版）、苗月霞的《中国乡村治理模式变迁的社会资本分析》（黑龙江人民出版社2008年版），等等。其中，仅周晓红、张乐天、辛逸等从农民心理、外部冲击与村落传统互动、分配制度等角度对“文化大革命”时期的农村人民公社进行了研究。鉴于学界对“文化大革命”时期农村人民公社研究较薄弱的现状，笔者不揣浅陋，将影响中国农村长达十几年的农业典型大寨及学大寨运动作为研究对象。

历史责任感和现实的感召激发了这个研究选题。笔者是昔阳人，出生于“文化大革命”末期。从记事起，买东西要布票、粮票、肉票，家里案桌摆放着毛泽东塑像，书架上有《毛泽东选集》《毛主席语录》，墙壁上贴着毛泽东画像以及毛泽东、周恩来接见陈永贵的画，还有父母早出晚归地参加农业劳动、记工分，生产队分粮食，每天的饮食基本上以玉米面糊糊（俗称“撒”）、石条面（玉米面和黄豆面掺和做成的一种面食）和小米稀饭为主。这些零碎的记忆是幼小心灵对当时社会历史的片段留存。

脱胎懵懂年龄的初识，开始体察与感悟大寨。1992 年以来，在市场经济的风浪中，大寨人逐渐懂得了自身所蕴含的品牌效应，以“大寨”命名的毛衫、酒、水泥、面粉、核桃露等产品不断问世，且受到人们的青睐。这种现象进一步引发笔者的思考：与昔阳县其他农村相比，大寨有何独特之处？在市场经济发展的今天，为何大寨能更快地发展起来？它的优势在哪里？现实的感触使笔者对大寨的历史愈加感兴趣。特别是几年前大寨一游，映入眼帘的是已成为许多收藏者喜爱的毛泽东像章、塑像、选集、语录，灌入耳膜的是《东方红》《大海航行靠舵手》等歌曲，还有以陈永贵等为代表的大寨人民战天斗地的故事，这再次缩短时空，将笔者拉回到那个岁月，与儿时的记忆产生了共鸣，于是当即买了秦怀录著的《扎白毛巾的副总理陈永贵》一书，阅后对陈永贵时代的大寨农民既敬佩又难以理解，萌发了从历史学角度探究那段历史的想法。但由于种种原因，这一想法一直未能付诸实践。直到笔者到北京师范大学攻读中国近现代史博士学位之后，探究这段历史的愿望才以博士论文选题的形式实现。

2006 年夏，笔者利用假期到昔阳县档案局查阅有关大寨的档案资料，发现新中国成立后有关大寨和农业学大寨的档案资料保存较为完整，这为本书的写作提供了充足的资料。

（二）理论意义与现实意义

20 世纪六七十年代的人民公社研究在当代史研究中具有特殊的意义。正如张乐天所说，“在农村现行的土地制度和乡村企业的存在方式中，……我们时时可以看到公社的影子。公社是理解当代中国的一个重要概念。”① 大寨就是人民公社中的典型。

---

① 张乐天：《告别理想——人民公社制度研究》，东方出版中心，1998，第 5 页。

典型是一个时代的缩影，透过对典型的研究可以折射特定时代的内涵。有学者认为大寨大队难以作为学术研究的个案。[①] 但笔者认为，对大寨的研究有助于进一步廓清和深化学术界对农村人民公社、农村“文化大革命”历史的认识和理解。“集体化时代中国农村社会生存图景具有两个重要的历史序列，一是以互助合作为中心的农业合作化运动，另一个是人民公社化运动。”[②] 这两个重要的历史序列都有典型中的典型，前者如山西平顺县西沟村，主要代表人物为李顺达和申纪兰。后者如山西昔阳县大寨村，主要代表人物为陈永贵和郭凤莲。西沟村从抗日战争到解放战争，再到20世纪六十年代之前，都是中国共产党领导革命和建设中的佼佼者。它在战争年代积累的生产经验和社会关系使其在中华人民共和国成立后被提升到国家的层次，成为中国农村发展的一个方向，是典型中的典型。此时，大寨的情形是“潜龙在渊”，它的名声还未能超过当地的白羊峪村和刀把口村，更何况西沟村。但大寨领导者也在不断地努力改变生产条件，提高人民的生活水平，大寨也逐渐地被县、地和省委发现和重点培养。它在20世纪60年代声名鹊起，成为全国性的典型。从1964年到1980年持续16年的学大寨运动同样体现了典型的意义。因此，笔者认为大寨继西沟之后，成为人民公社时期的典型，对大寨的研究，为探讨特定时期国家与社会的互动关系、农民生活状况提供了一个研究平台，其蕴含的社会价值对当代农村发展是一个有意义的借鉴。

如今，中国农村又走到了一个大变迁的十字路口。2005年冬，中共十六届五中全会提出“建设社会主义新农村”的战略目标，为农村发展提供更强大的动力。2006年春，全国人大把“建设社会主义新农村”确定为国家大政方针。如何因地制宜地确定新农村建设的道路和形式？如何真正地发挥村庄和农民在新农村建设中的主体作用？这些都是摆在执政者面前急需解决的问题。“以史为镜，可以知兴替”“前事不忘，后事之师”等哲理告诉我们，大寨是中华人民共和国60多年农业和农村发展历程的见证者，

① 张乐天：《告别理想——人民公社制度研究》，东方出版中心，1998，第13页。

② 行龙：《在村庄与国家之间——劳动模范李顺达的个人生活史》，《山西大学学报》2007年第3期，第153页。

它的经历是社会主义新农村建设的可贵实践，对大寨及农业学大寨运动进行研究，总结历史经验和教训，颇有现实意义。

二　学术史回顾

20 世纪六七十年代，《人民日报》《新华月报》和《山西日报》等以社论、新闻报道（典型经验介绍、各级政府的号召、会议发言稿）以及诗歌、散文、报告文学、美术等多种形式对大寨和农业学大寨进行了大量的报道和赞颂。同时出版了多达上百种农业学大寨的图书。“文化大革命”前的报道基本属实，推动了中国农村工作的发展。“文化大革命”开始后，由于受“左”倾思想和个人崇拜心理的影响，报道和图书多缺少理性分析和论证，带有浓厚的政治色彩。1978 年农业部副部长杨显东赴大寨参观考察后，在政协会上尖锐地提出：“动员全国各地学大寨是极大的浪费，是把农业引向歧途，是把农民推入贫困的峡谷！”[①] 从此，大寨的盖子被揭开了，对大寨的批判接踵而至。各种报道和舆论又对大寨在“文化大革命”中的极“左”表现进行强烈指责，揭露学大寨对各地农村造成的各种恶果。1980 年 11 月 23 日，中共中央向全国转批了山西省委《关于全省农业学大寨经验教训的初步总结》（以下简称《总结》），对大寨以及 1964 年以来的农业学大寨运动作出政治定性。此后，农业学大寨运动正式退出了历史舞台。从史料的角度来看，虽然这两个时期反差极大的报道有助于我们客观地认识农业学大寨时期的社会景象，但由于受到政治因素的影响，都不可避免地带有时代的偏颇性。因而，这两个时期对大寨的种种报道和出版物都称不上严格的学术研究。

20 世纪 80 年代末至 90 年代初，随着家庭联产承包责任制的实行给农村经济带来了巨大的繁荣，学界开始反思集体化经济。部分省（市、区）相继整理出版了反映本省（市、区）的农业合作化史料，如国家农业委员会办公厅主编的《农业集体化重要文件汇编》（中共中央党校出版社 1982

① 吴象：《大寨的盖子是如何揭开的》，《质量天地》1999 年第 1 期，第 27 页。

年版）、王祝光主编的《广西农村合作经济史料》（广西人民出版社 1988 年版）、王耕今主编的《乡村三十年—凤阳农村社会经济发展实录（1949～1983）》（农村读物出版社 1989 年版）、贵州农业合作化史料编写委员会编撰的《贵州农村合作经济史料》（贵州人民出版社 1987 年版）、甘肃省农业合作化史编写办公室编的《甘肃省农业合作制重要文献汇编》（甘肃人民出版社 1988 年版）、山东省农业合作化编辑委员会编的《山东省农业合作化史料集》（山东人民出版社 1989 年版）、黄道霞主编的《建国以来农业合作史料汇编》（中共党史出版社 1992 年版）、《青海农牧区合作经济史料》编写委员会编的《青海农牧区合作经济史料》（青海人民出版社 1993 年版）、于文贤主编的《渭南地区农业合作化史料》（陕西人民出版社 1993 年版）、中共广东省委农村工作部等编的《广东农业合作制文件资料汇编》（广东人民出版社 1993 年版）等。这些书籍的编撰和出版为研究集体化时期的农村经济奠定了基础。随之，学术研究也取得突破性进展。20 世纪 80 年代末，学界围绕着《总结》对农业学大寨运动进行重新阐释和研究。李德彬、赵德馨、蒋家俊、柏福临等在编撰中华人民共和国经济史时，或多或少地都涉猎了农业学大寨运动的内容。特别是赵德馨从生产力的角度考察了农业学大寨运动对中国农村产生的影响。90 年代初，孙启泰、熊志勇应“40 年国是反思丛书”之邀，合著《大寨红旗的升起与坠落》（河南人民出版社 1990 年版），该书大量地利用了记者报道和调查报告资料，叙述了大寨红旗升起与坠落的全过程，分析了农业学大寨运动兴起的原因，总结了经验教训，成为农业学大寨研究的开山之作。1994 年 10 月，农业部农村经济研究中心当代农业史研究室委托郭延狄主持了中华人民共和国史研究第一批课题“农业学大寨运动的回顾”，并于 1995 年完成初稿，1997 年 10 月结题。①

此后，随着中国改革开放的深化和经济体制的转型，历史学界、经济学界和社会学界对大寨这个作为中国农村经济发展和社会转型中绕不开的

① 转引自农业部农村经济研究中心、当代农业史研究室编《当代中国农业变革与发展研究》，中国农业出版社，1998，第 117 页。

历史环节给予关注，出版了一些涉及农业学大寨运动的著作。代表性著作有：武力和董辅礽等主编的《中华人民共和国经济史》、《中国农业全书》编辑委员会编辑的各省农业卷、陈吉元等主编的《中国农村社会经济变迁（1949～1989）》（山西经济出版社1993年版）、温锐的《理想·历史·现实——毛泽东与中国农村经济变革》（山西高校联合出版社1995年版）、杜润生主编的《当代中国农村合作制》（当代中国出版社2002年版）、周志强的《中国共产党与中国农业发展道路》（中共党史出版社2003年版）、王玉贵、娄胜华合著的《当代中国农村社会经济变迁研究》（群言出版社2006年版），等等。令人欣喜的是陈大斌的《大寨寓言》（新华出版社2008年版）和李静萍的《农业学大寨运动史》（中央文献出版社2011年版）相继出版，进一步促使我们理解大寨和大寨的典型意义。

此外，还有一批有关大寨和陈永贵的报告文学和传记作品，如孔令贤的《大寨》（山西人民出版社2003年版）和《大寨沧桑》（山西经济出版社2005年版）、吴思的《陈永贵沉浮中南海——改造中国的试验》（花城出版社1993年版）、秦怀录的《扎白毛巾的副总理——陈永贵》（当代中国出版社1993年版）、映泉的《陈永贵传》（长江文艺出版社1996年版）、冯东书的《“文盲宰相”陈永贵》（中国文联出版公司1998年版）、谭成健的《大寨：中国名村》（中原人民出版社1998年版）、文红斌的《大寨人的豪言壮语》（香港笔会2004年版）、宋连生的《农业学大寨始末》（湖北人民出版社2005年版）、陈春梅的《我的爷爷陈永贵——从农民到国家副总理》（作家出版社2008年版），等等。这些回忆录、传记、实录生动地再现了大寨及陈永贵的形象，丰富了我们对大寨及农业学大寨运动的认识。

总之，从1980年至今，经过一段时间的沉淀和反思，国内学术界对农业学大寨运动研究呈现多元化趋势。这一时期研究的主要论题有如下五个。[①]

---

① 参见光梅红《农业学大寨运动研究述评》，《古今农业》2008年第3期，第93～101页。收入本书时做了部分修改。

1. 农业学大寨运动的历史分期

山西省委的《总结》报告以向大寨学习的内容不同为界分成两个时期，认为“文化大革命”中的大寨已经由一个农业战线上的先进典型逐步变为一个推行“左”倾路线的典型。①

对此结论，史学界和经济学界从不同的学术背景出发，产生了两种不同的认识。

以孙启泰、熊志勇为代表，基本采用《总结》的观点。主张以中共八届十一中全会或“文革”为断线，将运动一分为二，之前的为“学大寨，赶大寨”运动，之后的十几年为农业学大寨运动。② 周德中也认为“四清”和“文革”两个时期的农业学大寨运动有本质性的区别，“四清”时的农业学大寨是一场发扬自力更生精神的教育运动，“文革”中的大寨则完全成了一个政治符号，农业学大寨运动也政治化了。③ 这个笼统的认识并无错，只是随着当代中国史研究的不断深入，史学界对于农业学大寨这一政治典范的认识也发生了变化。郑谦认为以1970年北方地区农业会议的召开为契机，农业学大寨运动的内容发生明显转变，其“左”的内容被淡化，而纠“左”和落实政策的内容在“左”的外表中发展起来。④ 张神根也认为，北方地区农业会议“在扛着大寨红旗的同时，开始着手纠正学大寨运动中的偏差，抓农业政策的落实”。⑤

经济学界以程漱兰为代表，运用发展经济学的理论，将农业学大寨置于农业合作化－集体化模式发展的内在逻辑下进行分析，将“农业学大寨”运动分为初兴（1964～1970年）、高潮（1970～1978年）、衰落（1978～1980年）三个阶段。⑥

---

① 黄道霞主编《建国以来农业合作化史料汇编》，中共党史出版社，1992，第885页。

② 孙启泰、熊志勇：《大寨红旗的升起与坠落》，河南人民出版社，1990，第58页。

③ 周德中：《毛泽东与农业学大寨》，《党的文献》1994年第3期，第40页。

④ 郑谦：《1970年前后国内形势的几个特点——以1970年北方地区农业会议为例》，《中共党史研究》2002年第5期，第49页。

⑤ 张神根：《1966年至1978年发展农业三种思路的变动轨迹》，《中共党史研究》1998年第5期，第57页。

⑥ 程漱兰：《中国农村发展：理论与实践》，中国人民大学出版社，1999，第223～224页。

事实上，这两种分法都暗含着一个条件，那就是运用阶级斗争理论来解释农业学大寨，但由于他们的学术背景不同，因而他们分析问题的角度也不同。史学界从运动发展进程本身分析，强调“文革”时期的大寨只是一个政治符号，并按其性质的变化分为两个时期。经济学界则从为国家工业化提供剩余的农业集体化模式角度进行分析，认为毛泽东针对干部侵占农民剩余的问题而提出阶级斗争，并贯穿于“文革”前后，按照固有体制能量发挥的程度将农业学大寨运动分为三个时期。由此看来，问题的关键就在于如何理解毛泽东的阶级斗争理论，以及群众路线的实践运用。

2. **农业学大寨运动的发动原因**

学界认为，大寨红旗的升起是当时中国政治、经济和社会发展的产物，只是着眼点略有差异。

张湛彬、吴象等从毛泽东构建中国农村发展模式的角度分析农业学大寨运动的原因。张湛彬认为：“在‘大跃进’被证明走不通时，处于低谷中的中国农村经济如何发展，是全党和毛泽东正着力思考和探索的课题，要发现和树立一个成功的典型，大寨正是这样一个非常难得的典型。”“这个典型必须继承战争年代的献身精神和英雄主义气概，同时又切实改变了贫穷面貌，生产得到发展，人民生活得到改善。”[①] 吴象指出：毛泽东经过长期的选择和比较，认为大寨充分体现了人民公社的优越性和阶级斗争为纲的正确性，体现了个人崇拜一定程度上的必要性和反修防修的重要性。[②]李静萍对上述观点进行了总结，认为粮食短缺的现实要求、反修防修的战略需要、集体经营的必然选择和奋斗精神的时代呼吁是大寨荣兴的基础。[③]程漱兰认为大寨典型是集体化体制的理想境界。[④]

晓晋分析了大寨的崛起及农业学大寨运动的具体过程，认为大寨之所以能成为一个闻名全国的先进典型，“除了大寨人的主观努力和陈永贵的

① 张湛彬：《陈永贵和大寨的沉浮》，《党史博览》2002 年第 2 期，第 4 页。

② 吴象：《“农业学大寨”的沉重教训》，《炎黄春秋》1998 年第 11 期，第 14 页。

③ 李静萍：《潮起潮落——农业学大寨运动回眸》，山西人民出版社，2012，第 454 ~ 472 页。

④ 程漱兰：《中国农村发展：理论与实践》，中国人民大学出版社，1999，第 223 页。

精明强干等因素之外，中共山西省委、晋中地委、昔阳县委对大寨、对陈永贵的大力培养和帮助扶持是大寨红旗升起的另外一个因素”。①

孙启泰、熊志勇从中国传统经济结构与文化意识的角度分析农业学大寨运动兴起、衰败的原因。他们指出：“从一定意义上说，广大农村自给自足的自然经济结构，庞大的科学文化素质较低的农民群体和家庭血缘关系衍化出来的‘忠君’思想，既是农业学大寨运动兴起的土壤，又是运动走向失败的内在因素。”②

以上观点从不同的侧面分析了农业学大寨运动兴起的原因，但均不外乎于内外因分析，忽略了大寨作为群众路线典型的本体论探讨。本书将沿着张湛彬的观点前行，探讨促成大寨的崛起和农业学大寨运动兴起的共同因素。

3. 大寨典型的性质问题

《总结》中认为，“文革”前的大寨是农业生产典型，“文革”开始后是推行“左”倾路线的典型，学术界对《总结》的结论颇多异议，总体上对大寨形成以下三种认识。

第一种认为大寨是为实现工业化做出牺牲的农业典型。程漱兰认为，20 世纪 50 年代初期，中国借鉴苏联发展经济的模式和经验，走上了以发展重工业为中心的现代化道路，其资本积累的唯一来源是农业。因此，这种现代化模式中存在着两大类两难命题，即在确保农业对工业的外部支持时，杜绝农业内部的剥夺。解决问题的关键点在于农业集体化内部必须有清廉且具奉献精神的革命干部。作者认为陈永贵为代表的好干部是大寨集体经济良好发展的起始动力，大寨以自己合作化－集体化 30 余年的经济业绩，显示出其发展道路是“既定的规范化的集体经济模式中，保工富农，国民两利的最好可能”。③

第二种认为大寨是政治典型。所谓政治典型就是指符合毛泽东设计的

① 晓晋：《大寨红旗是怎样升起的》，《世纪桥》2000 年第 5 期，第 44 页。

② 孙启泰、熊志勇：《大寨红旗的升起与坠落》，河南人民出版社，1990，第 102 页。

③ 程漱兰：《中国农村发展：理论与实践》，中国人民大学出版社，1999，第 229 页。规范化是指 20 世纪 60 年代的“三级所有，队为基础”的体制。

中国农村发展道路和模式的典型。王先俊认为，毛泽东的“抓革命、促生产”是实现社会主义现代化的发展模式，大寨模式是毛泽东“抓革命、促生产”的社会发展模式在农村的具体化。[①] 王玉贵也认为“农业学大寨运动的掀起则是用榜样的力量和正面引导的方式，以确保公社制度的稳定与巩固”。[②] 郑以灵也提出毛泽东号召“农业学大寨”的出发点就在于建构乡村理想社会模式。[③]

第三种认为大寨是政治和生产典型。杜润生等认为“文革”期间的大寨在遭到“左”的严重干扰的条件下，生产和建设继续发展，是农业生产的典型。但“随着‘文革’运动的发展，大寨不少方面逐渐被树为抓阶级斗争的典型，被当做推行‘左’倾政策的工具，学大寨越来越带有浓厚的政治色彩”。[④] 温锐认为大寨以其在五六十年代艰苦创业创造的奇迹支持毛泽东的“一大二公”的优越性，是“三面红旗”胜利的典范。然而，自1964 年毛泽东发出“农业学大寨”的号召后，“大寨农民用巨大牺牲换来的成就，自然就被‘合理’地演绎为‘一大二公’的成果，大寨人身上那感人的奋斗精神也被政治斗争所扭曲，农业学大寨也就成了毛泽东晚年追求‘一大二公’的新载体”。[⑤] 周志强认为，“中共中央和毛泽东号召全国农业学大寨，既是将大寨作为自力更生，建设山区的‘生产典型’，又是将其作为体现人民公社制度优越性的‘政治典型’来塑造的，是现实理想相结合需要的产物，它不仅充分体现了毛泽东追求社会均等的理想原则，而且成为击退盛行一时的包产到户主张的有力的现实武器。”[⑥]

前两种观点分别使用“现代化”与“社会主义”两种不同的理论解释

---

① 王先俊：《毛泽东对中国社会发展目标与模式的建构》，《毛泽东思想论坛》1997 年第 4 期，第 35 页。

② 王玉贵、娄胜华：《当代中国农村社会经济变迁研究——以苏南地区为中心的考察》，群言出版社，2006，第 401 页。

③ 郑以灵：《论毛泽东的乡村理想》，《厦门大学学报》1999 年第 2 期，第 63 页。

④ 杜润生主编《当代中国的农业合作制》，当代中国出版社，2002，第 732 ~ 733 页。

⑤ 温锐：《理想 · 历史 · 现实——毛泽东与中国农村经济变革》，山西高校联合出版社，1995，第 222 ~ 224 页；孙启泰、熊志勇：《论晚年毛泽东的理想社会模式与农业学大寨运动的兴起》，《北京大学研究生学刊》1990 年第 2 期，第 91 页。

⑥ 周志强：《中国共产党与中国农业发展道路》，中共党史出版社，2003，第 287 页。

当代中国社会变迁。而脱离历史研究的历史唯物主义精神，用单纯某一种理论解释当时的事件，具有片面性。事实上，当代中国社会变迁过程中“现代化”与“社会主义”二者间的关系，既复杂又多变，完全套到大寨身上有点窖藏原酒贴新标的感觉。第三种观点将大寨置身于这种复杂多变的关系中进行分析，做出了符合实际情况的判断。

4. 大寨精神的评价

1964 年 12 月，周恩来在三届全国人大一次会议上将大寨经验提升为大寨精神，概括为政治挂帅、思想领先的原则，自力更生、艰苦奋斗的精神，爱国家、爱集体的共产主义风格。它是特定时代的产物，是民族精神和时代精神的体现和升华。学界对大寨精神也给予了高度评价。陈彩虹认为大寨精神是融“工具价值”与“内在价值”为一体，大寨自力更生、艰苦奋斗的精神永存。① 温锐、罗平汉等认为大寨农民自力更生、艰苦奋斗，摆脱贫穷的顽强精神永远值得中国人民学习和继承。② 陈吉元、陈家骥等将大寨大队在 1963 年总结自力更生的十大好处作为大寨精神财富的一部分。③ 晋中地区大寨精神科研组也指出大寨精神曾激励着全国人民为战胜困难而奋发图强，努力改造自然，不断改善生产条件，使中国农村面貌发生了巨大的变化。在新的形势下，我们应该把握时代脉搏，赋予大寨精神新的内涵，使之成为推动社会主义现代化事业前进的精神力量。④

但是，周恩来总结的大寨精神在“文革”中发生了变异。王朝彬认为，由于历史的原因和大寨自身的局限性，“文革”开始后，政治家们根据政治形势和政治斗争的需要，重新塑造大寨精神（在无产阶级专政下继续革命的大批修正主义、大批资本主义、大干社会主义），并通过全国的农业学大寨使自己的主张变为全国人民的实际行动。⑤ 这样，学大寨运动

---

① 陈彩虹：《经济学的视界》，中国发展出版社，2003，第 318 ~ 327 页。

② 温锐：《理想 · 历史 · 现实——毛泽东与中国农村经济变革》，山西高校联合出版社，1995，第 222 页；罗平汉：《农村人民公社史》，福建人民出版社，2003，第 342 页。

③ 陈吉元等：《中国农村社会经济变迁（1949 ~ 1989）》，山西经济出版社，1993，第 379 页。

④ 晋中地区大寨精神科研组：《弘扬大寨精神》，《前进》1995 年第 1 期，第 26 ~ 27 页。

⑤ 王朝彬：《徘徊与崛起：中国农业 50 年反思》，中共党史出版社，1998，第 191 页。

中出现了严重的“左”倾错误和教训，背离了大寨精神。

5. **农业学大寨运动的评价**

《总结》采用辩证唯物主义的方法，一分为二地分析了农业学大寨。认为“文化大革命”前的农业学大寨基本上值得肯定。“文化大革命”开始后的农业学大寨运动，在政治上、经济上、思想上都给山西带来了很大的危害。它破坏了党的各项农村经济政策，破坏了党和群众的密切联系，挫伤了广大干部群众的积极性，严重地阻碍了农业生产的发展，使山西省农村经济路子越走越窄。但同时对农业学大寨期间山西农业在农田水利建设上取得的成绩予以肯定。[①] 这一观点成为学界的主流观点。肖伟昌认为毛泽东和党中央做出农业学大寨决策的初衷是正确的，对中国政治、经济建设起过积极的作用，但也产生了不可低估的负面影响。因此，应该以慎重的、严肃的、实事求是的科学态度来研究这一段历史。[②] 郑有贵对“文化大革命”时期的农业生产进行了综合性的分析研究，认为学大寨使得这一时期的农业出现一系列波动，但对于搞好农田水利建设，改善生产条件起了不可忽视的历史作用。[③] 周德中则认为农业学大寨运动是一场全国性的持久性的复杂运动，不能简单地加以肯定或否定，主张实事求是地对此做出评价。大寨是以自力更生精神改变山村面貌的先进典型，对农业学大寨运动在“发扬自力更生精神，不随便向国家伸手”“大搞农业基本建设，改变生产条件”“基层干部参加生产劳动，联系群众”三个方面给予肯定。对于运动中搞阶级斗争、“割资本主义尾巴”、“搞穷过渡”等行为产生的影响也予以否定。[④] 孙启泰、熊志勇指出，毛泽东发动农业学大寨运动是建设时期推行“农村包围城市”的战略，它本身就是一个完全错误的命题；但他们肯定了“农业学大寨”在充分发挥中国人力资源优势，促进人们自力更生地解决生产生活中的实际问题上发挥的作用，这在当时严重经

---

① 黄道霞主编《建国以来农业合作化史料汇编》，中共党史出版社，1992，第 888 页。

② 肖伟昌：《毛泽东巩固人民民主专政的思想轨迹》，《当代中国史研究》2000 年第 5 期，第 89 页。

③ 郑有贵：《“文化大革命”时期农业生产波动及其动因探析》，《中共党史研究》1998 年第 3 期，第 77 页。

④ 周德中：《毛泽东与农业学大寨》，《党的文献》1994 年第 3 期，第 41 页。

济困难条件下尤为重要。[①]

还有一些学者以毛泽东号召农业学大寨的目的和成效是否一致为检验标准，基本否定了农业学大寨。李宗植、赵德馨、孙健、武力等经济史学者指出，“文化大革命”期间，林彪、江青集团在农业战线竭力推行“左”的路线，在全国强制推广“大寨经验”，用“专政办法办农业”，使中国农村经济深陷困境，酿成了严重后果。武力还指出“将大寨精神强行与‘阶级斗争’和政治路线联系起来，并且将其做法具体化为全国各地各行业发展的唯一效仿模式，则是片面和机械化的做法，束缚了对经济规律的认识和探索，更被极少数人当作维护政治路线的棍子”。[②] 温锐也认为，农业学大寨运动客观上背离了毛泽东自己在农村经济变革中自始至终追求发展生产、脱贫求富的终极目标。[③]

以程漱兰为代表的中国农村发展经济学学者以农村经济体制变革的趋势为出发点，基本肯定农业学大寨。她认为农业学大寨发挥了合作化－集体化体制内部所能容纳的全部生产力，从而使新体制得以产生的物质条件趋于成熟，最终实现了新旧体制的转换。[④]

上述三种评价分析层面不同且各有侧重。客观地说，农业学大寨运动是大寨发展模式的推广，但由于“文化大革命”的错误倾向，促使大寨在后期凸显了“革命化”典型的特征。学大寨运动一方面是建设社会主义新农村理想的召唤，另一方面却由于遭遇了“文革”，政治层面的影响被过分夸大，即使对政治产生巨大推进作用，但其作为农业典型被掩盖了。理解、学习农业学大寨运动，必须将其置于国家治理的场域，正确处理政治与农业生产的关系，这也是新时代学习大寨典型的意义所在。

综上所述，学界对农业学大寨运动的研究已经取得了一定的成果，并

---

① 孙启泰、熊志勇：《大寨红旗的升起与坠落》，河南人民出版社，1990，第101、39页。

② 李宗植、张润君：《中华人民共和国经济史》（1949～1999），兰州大学出版社，1999，第263页；孙健主编《中国经济通史》（下卷），中国人民大学出版社，2000，第1800页；武力主编《中华人民共和国经济史》，中国经济出版社，1999，第770页。

③ 温锐：《对毛泽东关于农地所有制变革实践的再探讨》，《历史教学》1998年第9期，第10页。

④ 程漱兰：《中国农村发展：理论与实践》，中国人民大学出版社，1999，第252～253页。

在一定程度上对以往的结论进行了修正，但未能形成对话交流，仍存在着一定的研究空间。笔者认为主要有以下几点。

1. **充分利用和挖掘资料**

史料是历史研究的依据，多种史料的综合运用有助于拓宽研究视野，形成客观的认识。目前，有关农业学大寨运动的研究成果主要利用的史料来源于《农业集体化重要文件汇编》《建国以来农业合作化史料汇编》及《人民日报》《山西日报》《红旗》等报刊的报道。前文提到的部分文献资料由于发行范围有限，未能得到充分利用。史料汇编是这场运动主导者的活动记录，报刊的报道是社会舆论的导向，不可避免地留有意识形态"过滤"的特征。历史研究在于挖掘反映当时政治社会精英内心活动，理清他们根据形势和自己形象塑造的各种历史证据，构筑真实的历史。而要鉴别这些文献的真实性、客观地诠释人物的历史活动，就必须理清历史事件的发展脉络。对当事人的采访可以佐证文献资料，通过对比分析，得出客观结论。近年来，一些当时驻大寨的新华社、山西日报社的记者以及农业学大寨的亲历者，根据自己对大寨、农业学大寨和陈永贵的认识及采访记录，出版了一系列报告文学和传记文学作品。如秦怀录的《扎白毛巾的副总理——陈永贵》、孔令贤的《大寨沧桑》、冯东书的《文盲宰相——陈永贵》、吴思的《陈永贵沉浮中南海——改造中国的试验》等，这些作品丰富了我们对大寨、农业学大寨运动和陈永贵的认识。但是政治精英与广大民众的利益并非完全一致。因而仅从政治精英的角度来考察运动是不够的，还必须了解广大民众在政治高压和意识形态化下的行为。这就需要我们在研读档案资料的基础上继续做大量的田野调查，加强口述史料的搜集与整理，与政治精英人物的决策相对照，对农业学大寨运动的微观情形形成多元化的认识。值得庆幸的是，山西省社科院历史所非常注意口述史的价值，2005 年底成立了口述大寨史课题组，历时两年完成对 150 位大寨人的访谈，并于 2008 年出版了《口述大寨史》[①]。该书通过大寨人集体的记忆，记录了大寨村 60 年的变迁，其中，上册主要讲述了改革开放前的大寨

① 孙丽萍主编《口述大寨史》，南方日报出版社，2008。

历史。这对本书的写作提供了一定的便利。

2. 采用新的研究方法和理论

农业学大寨运动是由毛泽东发出号召，由广大干部群众参加的一场全国性的、历时最长的一次复杂性的群众运动，涉及的问题跨越若干研究领域和层面。像张化的《一九七五年农业学大寨会议与农业整顿的要求》、郑谦的《1970 年前后国内形势的几个特点——以 1970 年北方地区农业会议为例》、张神根的《一九六六至一九七八年发展农业三种思路的变动轨迹》等论文从政策层面、农业发展思路层面进行分析，主要关注历史走向的探讨，揭示农业学大寨必然会被新的农业政策所代替。另像江波的《“农业学大寨”运动的由来》、温晋生的《大寨发展史略》等文章主要采用叙事的方式，介绍了大寨的具体情况。这两种方法都忽视了农业学大寨的地方主导者和参与者的行为与活动，将本来复杂多变的历史本身简单化、概念化、抽象化和碎片化。因此，博采众长，借鉴社会学、人类学和经济学的方法，采用兼顾宏观与微观的研究方法，把握中央与地方、地方与地方、地方与乡村的互动关系，既还原被宏观研究屏蔽的社会真貌，又能从微观研究中揭示整个农村发展的内在联系和普遍规律。唯其如此，才能更加客观地、深入地研究大寨和“农业学大寨”运动。

3. 问题意识的培养

问题意识是在学术研究中逐渐形成的一种解决问题的观念，而提出问题是解决问题的先导。法国年鉴学派代表人物布洛赫指出：“有时候揭示问题本身比试图解决它们更为重要。”① 著名历史学家杜赞奇也认为：“历史研究领域能够在消逝的陈迹中获得生命，是因为我们要提出新问题，要对历史表述提问和重新构思，还要看到新的关联。”② 目前，对大寨和农业学大寨的研究基本上处于历史事实的梳理，鲜有涉及论述大寨典型的时代意义，以及通过农业学大寨运动透视人民公社时期革命与生产、革命与教化的关系，揭示乡村政治精英在社会主义政治、经济和文化重塑中的功效及面临的困境。

---

① 〔法〕布洛赫：《法国农村史》，商务印书馆，1997，第 1 页。

② 黄宗智：《中国研究的范式问题讨论》，社会科学文献出版社，2003，第 15 页。

三 研究思路

基于以上研究存在的问题，本书建立在多样化的史料基础上，力图客观地反映大寨及农业学大寨运动的真实面貌。主要使用的资料有：昔阳县档案馆馆藏的革命历史资料，昔阳县委、县政府和革命委员会的相关资料；已出版的地方省、市、自治区的农业合作化史料；部分口述资料。

为能客观地反映大寨及农业学大寨运动的真实性，本书力求采用宏观研究的方法，将大寨和农业学大寨置于国家政治理想和革命建构运动中，勾勒出大寨典型的树立、典型的推广、典型的政治化、典型的祛偏、典型沉寂的基本轨迹。同时兼采微观研究方法，从国家与社会的互动，以及中央、地方内部的互动场景理解农业学大寨运动，勾勒农业学大寨运动的全景。为此，本书设想从以下三个方面进行研究。

第一，典型的概况。主要介绍大寨村的自然环境、生产条件、人地关系、村落环境以及大寨成为全国典型前的发展历程。本部分内容旨在说明集体化对大寨乡村社会的影响。

第二，典型树立的意义。冯仕政认为中国共产党之所以采取“树典型”工作方法，除共产党特殊的组织方式和意识形态外，最主要的是“中心－边陲”二元分立的社会结构。这种二元分立的社会结构使政治精英文化与大众文化相脱节，不利于国家对社会的动员。[①] 典型的树立恰好为政治精英文化与大众文化的沟通建立了纽带。大寨是人民公社时期树立的典型。三年困难的发生造成人民公社制度局部形象的下滑，一时间饱受诟病。作为基层精英的部分干部与乡村传统共同体，不断利用国家为度荒而适度容忍包产到户政策的契机，分田到户，进行自救。而大寨在陈永贵的带领下，依靠集体的力量，因地制宜地改善生产条件，实施科学种田，推行较合理的劳动管理制度，以及大寨人发挥艰苦奋斗的精神，不仅粮食产量逐年增长，且对国家的贡献日益增加。大寨的出现足以证明人民公社制

① 冯仕政：《典型：一个政治社会学的研究》，《学海》2003 年第 3 期，第 124～125 页。

度的优越性，其自力更生、艰苦奋斗，爱国、爱集体的奉献精神与其他乡村干部、社员的行为形成鲜明的对比，反驳了否定人民公社论。大寨典型树立的意义就在于，一方面通过对其宣传使大众在潜移默化中改变自己的价值观和认识框架，使毛泽东政治理想与大众理想间的分歧逐渐消融；另一方面典型也外在地彰显着政治和道德的特征，内在地强化典型对国家的认同，自觉地承担起教育大众的责任和义务。

第三，农业学大寨运动是中国共产党通过运动形式治理乡村理念的体现。李里峰认为："群众运动为国家意志在乡村社会的实施提供了常规行政手段所无法比拟的有利条件，成为一种行之有效的乡村治理手段，也塑造了一种动态的乡村社会结构。"① 大寨典型兴起时，国家就赋予其凝聚人心、教育大众的功能。学大寨运动一开始就与"四清"运动并行，"文化大革命"爆发后又融入其中，并随"文化大革命"的起伏而起伏。"文化大革命"初期，国家借助于召开会议、组织参观、学习毛主席著作、组织大会战等形式将大寨典型推广到全国。北方地区农业会议、第一次全国农业学大寨会议、中共十一届三中全会的召开又使人们重新认识上一阶段的学大寨运动。大寨农民自我管理、自我治理，尽管受政治事件的不利影响，但是折射的群众路线伟大实践与生命力，是新型农村建设学习的榜样。

---

① 李里峰：《运动式治理：一项关于土改的政治学分析》，《福建论坛》2010 年第 4 期，第 73 页。

· 第一章 ·

崛起前的大寨

“农业学大寨”运动的榜样——大寨村是坐落于太行山西麓的一个普通山村，但它从20世纪60年代中叶起誉满中华，名闻世界。本章主要对大寨崛起前的情况进行介绍和分析，以准确地理解集体化对大寨的影响。

第一节　自然环境和生产条件

大寨村位于昔阳县[①]城东南约5公里处，东经113°，北纬37°之间，东西长2.015公里，南北宽1.7公里，总面积2.034平方公里。大寨何时起有人居住，已不可考。相传，它是由一个古老的兵营演变发展起来的。北宋建隆四年（963年），宋军占领乐平（今昔阳），北汉不甘罢休，遣侍卫指挥使蔚进、马军都指挥使郝贵超联合辽兵攻乐平，汉辽联军与宋军在乐平交锋三次，均被宋军击败。后来，北汉军引六万骑兵来夺乐平，又在城下被宋军左神武将曹彬、召义军节度使李继勋击败。当时宋军在乐平境内的一个重要关隘——虹桥关驻军把守，在距虹桥关约

① 昔阳县位于山西省东陲中部，太行中脊西麓。春秋战国时期，分属晋国、赵国领地。秦时设沾县，属上党郡。东汉建安末年（219年），境内置乐平郡，别置乐平县，始有乐平之称。后几经变迁，到民国元年（1912年）5月，恢复县制，又因与江西饶州乐平县重名，且战国时境内有昔阳城，经内务部议，遂于三年4月17日更县名为昔阳。参见史文寿、凌三苟主编《昔阳县志》，中华书局，1999，第73～74页。

10 华里的虎头山下安营扎寨。随着战争的结束，这座军营也逐渐废弃。而因战争产生的散兵游勇和难民却从四面八方迁来，在此耕种繁衍，形成了大寨这个村庄。

大寨地势由东南向西北倾斜，平均海拔 1000 米左右，相对高度差约 277 米。属石灰质的土石山区，地貌总体呈现为山岭沟谷相间，山高坡陡，纵横交错，起伏不平。高处的石质山地坡度一般为 20°～30°，最大有四十多度，土层薄。向阳坡多为岩石裸露之地，经多年雨水侵蚀、冲刷，低处泥沙沉积，形成纵横交错的黄土沟壑区。具体表现为，虎头山坡成扇形分布着七沟八梁。由东向西依次排列为小背峪沟、康家岭、后底沟、射阳圪梁、合作沟（原名白驼沟）、老坟沟、枣树堰、团结沟（原名赵背峪沟）、麦岭寨、狼窝掌、青石咀。此外，还有向阳岭、神土角等小山梁。[①] 因此，大寨的地貌有"七沟八梁一面坡"之称。

虎头山坡以褐土为主要耕作土壤，占全村土地总面积的 31.3%。具体划分为黄土质褐土、石灰岩质草灌褐土、红黄土质褐土、埋藏黑垆土性褐土和堆垫褐土五种类型，其中适合农作物生产的土壤有埋藏黑垆土性褐土和堆垫褐土。埋藏黑垆土性褐土约占全村土地面积的 0.7%。堆垫褐土是大寨在 20 世纪 70 年代搬掉红白相间的土塄头、土柱子，大造人造平原的改良土壤，约占全村土地面积的 12.3%。其他土壤都不利于农作物的生长，黄土质褐土所含养分较少，有机质缺乏，土壤结构较差，遇水容易泛浆，脱水又会板结；石灰岩质草灌褐土质地粗而松，透水漏肥，养分少，有机质含量低；红黄土质褐土虽含养分较高，保水保肥性能较强，但透水性差，雨天成稀泥，旱天易板结。如此看来，1945 年前后，大寨的耕作土壤面积占全村土地面积不多于 30%，适合农作物生产的土壤最多不过全村土地面积的 10%。800 多亩耕地，共 4700 多块，散布在这"七沟八梁一面坡"上，每块土地平均不到 2 分，且缺边少堰，地堎[②]、地墙荆棘杂芜。

---

① 参见王俊山主编《大寨村志》，山西人民出版社，2002，第 4 页。

② 堎指山区梯田的"地坝"，即沿着山坡或山沟，从下往上，每隔一段建一道坝墙。

大寨的气候属温带大陆性季风气候，四季分明，年平均气温为9.2℃，年平均降水量在450毫米～650毫米之间，年均无霜期162天。由于大寨地形复杂多样，坡地、梁地、沟地等不同地形地段又形成各不相同的小气候。就光照而言，梁地全年平均实际日照时间5.5小时～5.8小时；坡地和宽沟地为4.0小时～7.5小时；窄沟地、背阳地实际日照只有2.5小时～6.0小时。就地形温度而言，冬季各类地形温度差异明显，按1月份平均气温对照，梁地气温最高，为-6.1℃，窄地气温最低，为-11.2℃，相差5.1℃；夏季温差相对较小，7月份梁地平均气温比窄地平均气温高1.2℃。光照时间不均衡、气温差别很大，都不利于农作物的种植和成熟。就无霜期而言，有的地块多达190天，有的只有130天，致使大寨秋收作物未熟先死，粮食产量减少。就降水量而言，约65%以上的降水量集中在七八月份，易暴发山洪，含沙量多达50.8公斤/立方米，常造成洪灾。而春季则降水较少，易发生春旱，年际概率为70%。[①] 1964年中国农业部部长廖鲁言对大寨进行考察时，用“沟深坡陡土瘠薄，出门上地就爬坡，一亩土地五六块，旱、涝、风、雹灾情多”总结大寨的自然特点。[②]

大寨不仅土壤贫瘠，气候条件差，而且自然资源也极度匮乏。大寨地下水资源奇缺。1964年前，全村仅有六眼小井，主要靠大气降水，正常年份可维持人畜饮用，遇旱年即发生水荒。林业资源差。多石少山，十年九旱的地质、气候条件决定了大寨的植被差，以灌木为主，但多遭受砍伐，只稀稀疏疏地零星散见，不成规模。到20世纪50年代初期，大寨村四周已成为“山上和尚头，下雨洪水流，远目不见树，歇晌晒日头”的荒山秃岭。[③]

综上所述，在昔阳县所有村庄中，大寨的自然条件处于中等偏下水平，相对比较恶劣，生产力水平极其低下，主要表现在生产工具、牲畜、

---

① 参见王俊山主编《大寨村志》，山西人民出版社，2002，第5～17页。

② 1964年廖鲁言在大寨视察报告之一：《以农田基本建设为中心全面贯彻农业八字宪法》（1964年5月9日），昔阳县档案馆藏昔阳县委档案，档案号3/1/351（档案号依次为：全宗号、目录号、案卷号，目录号“1”为“永久类”档案，“2”为“长期类”档案）。

③ 参见王俊山主编《大寨村志》，山西人民出版社，2002，第13、90页。

农业劳动力和耕作习惯上。

1. **生产工具落后**

大寨村在耕种、田间管理、田间运输、场上作业及浇灌使用的都是手工农具。其中，耕地用木犁；种谷、黍用耧、磴；平地用钯、耢、耙；挖地、装运用铁锹；刨地用镢、镐；锄地用锄头；凿石头用锤、钎、榔头、铁棍；收割用镰刀、找镰；打场用拉哥、碌碡、扇车、条筛、铁叉、木锨、簸箕；运输用筐（筐篮）、扁担、尖担；担水用水桶；饲养用铡刀、刀床、石槽、节篓、圆筛；积肥用粪筐、粪叉、茅勺、茅锅；挽谷、间玉米用小锄；抬石头用铁绳、抬杆等。

2. **牲畜严重短缺**

1951 年，昔阳全县共有耕畜 26616.75 头，其中驴、牛、骡、马分别为 13198.75 头、12865.75 头、369.5 匹、182.75 匹。每百户拥有 67.3 头牲畜，其中驴、牛、骡、马分别为 33.3 头、32.5 头、0.93 匹、0.46 匹。[①] 而大寨村 1945 年有 7 头牛，8 头驴，没有骡、马。到 1955 年大寨村第一次贷款购买大牲畜之前，这种状况基本没有改观。也就是说 1951 年前后大寨平均每百户仅拥有牲畜约为 24 头，其中驴、牛、骡、马分别约为 10.9 头、12.5 头、0 匹、0 匹，远远低于昔阳全县的平均水平。从地畜关系来看，1945 年前后大寨村共有耕地 810 亩，地畜比为 54∶1。牲畜的严重不足影响着耕地效果，有耕畜的农户一般秋、春耕两遍地，耕畜少的农户只在春季耕一遍，无耕畜的农户只好用镢头刨。

3. **农业劳动力短缺**

由于自然条件比较恶劣，加之战乱和自然灾害的侵袭，大寨人口自然增长缓慢，呈高出生、高死亡，低增长态势。1940 年日军推行“三光”政策，大寨有 27 名青壮年被活埋，其他村民因冻饿和债务所逼，不到三年就死去 42 人。[②] 到日本投降前夕，全村 64 户人家只剩下 190 多口人，户均

---

① 根据 1951 年《昔阳县户数、畜力调查统计表》计算而得，昔阳县档案馆藏昔阳县委档案，档案号：3/1/18。原数据为小数。

② 山西省农业合作化史编辑委员会编《山西农业合作史典型调查卷》，山西人民出版社，1989，第 38 页。

2.97人，远远低于1936年昔阳县户均3.93人的统计，[①] 人口损失较重。

当时，如果一个农民能掌握耕作全过程的所有农活，尤其是会摇耧耙种，便是一个“好受苦人”[②]。如果用今天的眼光来看，所谓的“好受苦人”便是农业技术最为娴熟的种地能手。据大寨村老人回忆，当时这种“好受苦人”全村不过三五人而已，也就是说大寨在1945年前后不仅短缺农业劳动力，而且更加短缺农业技术娴熟的种地能手。

4. **粗放式耕作习惯**

1945年，昔阳县包括大寨以种植粮食作物为主，经济作物不仅种类少、种植面积小，而且产量很低，多为自产自用，商品率不高。粮食作物又以谷子、玉米、小麦、高粱、大豆为主。在耕作上一直延续“稀种薄收”的旧习惯，一亩玉米地植株七八百株，谷子八九千株。“玉米地里卧下牛，还嫌种得稠”“稀谷饱，稠谷秕”的说法形象地反映了当时的种植习惯。

在土地贫瘠、生产力水平低的环境中，大寨人形成了纯朴、能吃苦、坚韧、倔强的性格特征，而这正是大寨人不畏艰难，敢于与天斗、与地斗的人格魅力所在。

第二节　人地关系

目前，学界多数研究者认为1945年大寨村各阶层的土地占有率不均，4户地主富农，占有土地480亩，占总耕地面积的60%；12户中农有耕地176亩，占总耕地面积的22%；而48户贫下中农，总共才有144亩薄地，仅占总耕地面积的18%。[③] 这是学界通常采用的一组数字，但笔者在昔

---

① 史文寿、凌三苟主编《昔阳县志》，中华书局，1999，第125页。

② 王俊山主编《大寨村志》，山西人民出版社，2002，第173页。

③ 目前学界有关大寨土地改革前的土地占有情况的研究均采纳这一观点。陈吉元、陈家骥：《中国农村经济社会变迁》（1949～1989），山西经济出版社，1993，第364～365页；史文寿、凌三苟主编《昔阳县志》，中华书局，1999，第214页；王俊山主编《大寨村志》，山西人民出版社，2002，第30页；温晋生：《大寨发展史略》，《世纪桥》2002年第6期，第32页。

阳县档案馆查阅资料的过程中，发现了表 1 - 1 的有关统计数字，与上述观点有出入。笔者认为表 1 - 1 的统计数字比较真实地反映了大寨土地改革前的土地占有情况，即 4 户地主富农占土地 283 亩，占总耕地的 34.9%；贫下中农占地 311 亩，占总耕地的 38.3%；富裕中农占地 216 亩，占总耕地的 26.8%。理由如下：第一，学界采用的这组数字可能来自于有关大寨的宣传资料，例如昔阳县《大寨地理》编写组编写的《大寨地理》。[①] 而这一描述与解放战争时期毛泽东在《目前形势和我们的任务》一文对乡村土地占有状况和阶级结构估计的相吻合，即估计 8% 的地主富农占有全部土地的 70% ~80%，占据乡村人口绝大多数的其他阶层总共只拥有 20% ~30% 的土地。[②] 毛泽东的这一估计在土地改革时期已经深入人心，不可置疑。第二，1949 年中华人民共和国成立后，广大农村开展了土地改革。如果表 1 - 1 的“土改前”指的是 1949 年，则与昔阳档案馆资料显示的，这年大寨只有地主、富农和贫农各一户，其余均是中农的记载不相符。又据《大寨村志》记载，1949 年大寨 53 户贫下中农共占耕地面积的 68%。[③] 因此，可以断定 1956 年的这一统计数字不是指 1949 年时的情况。第三，抗战时期的大寨属游击区，共产党无力立足于当地，不可能开展行之有效的土地改革，因此地主富农占有耕地比例变动不大。第四，与全省、全县的情况基本相符。从山西全省的情况来看，地主富农占总耕地面积的 26.13%，[④] 昔阳东部 4 区 81 户地主的土地占总耕地的 41%。[⑤] 另据《昔阳县志》记载，1936 年全县地主富农的土地占耕地面积的 40.5%。[⑥]

---

① 昔阳县《大寨地理》编写组编《大寨地理》，商务印书馆，1975，第 12 ~13 页。

② 中共中央文献编辑委员会编《毛泽东选集》第 4 卷，人民出版社，1991，第 1251 页。

③ 王俊山主编《大寨村志》，山西人民出版社，2002，第 30 页。

④ 中共山西省委党史研究室、山西省档案馆编《太行革命根据地土地问题资料选编》，内部发行，1983，第 11 页。

⑤ 同上书，第 13 页。

⑥ 史文寿、凌三苟主编《昔阳县志》，中华书局，1999，第 153 页。

表 1－1　土改前大寨村各阶层占有生产资料情况统计表

成　份	户数（户）	人口（人）	土地（亩）	人均土地（亩）	户均牲畜（头）	羊（只）	户均农具（件）	雇用人数（人）
地　主	1	3	58	19.3	2	36	28	2.5
富　农	3	29	225	7.7	2.2		21	
富　裕中　农	12	48	216	4.5	1.25		15	
中　农	12	45	169	3.75	0.6		6	
贫　农	15	53	63	1.2	0.2		4	
雇　农	23	78	79	1			3	
合　计	66	256	810					

资料来源：根据《土改前后大寨村各阶层变化情况》表编制（1956 年 5 月 9 日），昔阳县档案馆藏昔阳县委档案，档案号：3/2/75。

如上所述，1945 年前，尽管大寨地主富农占有耕地的比例不是很高，但村民生活消费水平的差别还是比较明显的。地主富农住的是砖瓦结构的四合院，衣食无虞，并雇工劳动。而广大贫下中农只能靠吃豆叶菜、谷糠和少量粮食掺和充饥。因此当地有民谣："扛长工，没铺盖，卖儿郎，当乞丐，终年还不清地富的债！""冬盼春，春盼秋，打下的粮食交了租，牛马日子何时了，好汉也难逃这穷山沟"，生动地再现了贫下中农的真实生活。

第三节　村庄社会关系

姓氏结构反映了村庄的社会关系及其结构，也对村落共同体的行动和发展产生着影响。对大寨村姓氏结构的分析有助于我们理解集体化对大寨产生的影响。

大寨村是个移民村，主要有贾、李、赵、陈、梁、牛、石等姓，诸姓中，贾氏人口占大寨总人口六七成，按其原籍的不同归属为三个大家族，李、赵氏分别占大寨人口的 15% 和 20%。据《大寨村志》记载，贾氏在嘉庆时已定居于大寨，是从平定县大石门村迁入的。李氏是从昔阳县巴洲村、留庄村、建都村迁入，赵氏是从昔阳县坡村、丁塔村，平定县南山村迁入，其余姓氏也是昔阳其他各地迁入。[①] 贾氏是大寨村最早的居民。土改前，他们因掌握较多的土地而握村中大权，在土改中被划为地主富农的贾姓有贾泰元、贾春元、贾登元和贾子寿。按照同姓不通婚的原则，贾氏中的富裕家庭多娶嫁于外村外姓，贾氏中的贫穷家庭又多与逃荒到大寨的外姓结合，如贾进财与河西村逃难到大寨的宋氏之女宋立英结婚。也有外姓人士被贾氏家族认干亲的现象，如陈永贵是贾家寡妇李月妮的干儿子。土改时，与北方其他地区的土改一样，基本上是当地的大姓家族成员担任主要领导。大寨农会也同样如此，主席是贾承运，成员有贾承福、贾承财、贾进财、陈永贵和贾志远。大寨贾姓中的底层成员开始掌握政权，并在土改中分得地主富农的财产。贾进财分贾春元一眼窑洞三间房，贾承福、贾承禄分贾泰元庭院，陈永贵、梁治云、贾承选分贾登元的大院，赵大和、赵小和分贾登元长工房。石桂林和赵周义分贾子寿的房。这个班子成员中，多属于贾氏中的"承"字辈，他们的关系可见不一般，而贾承福和贾进财更是亲兄弟。外姓中的陈永贵、梁治云、赵大和、赵小和均住在贾登元的四合院内，贫下中农的阶级身份，又生活在同一个屋檐下，使他们形成了一个小共同体。

在 1952 年底，贾进财让"贤"之前，贾氏一直掌控着大寨。贾进财与陈永贵的共同点就是穷苦人出身，是好"受苦人"。但相比于这一共性，他们的异质性更多。贾进财由于读书少，对国家政策的理解和记忆能力较差，工作起来比较吃力，又不善言谈，无法通过自我宣传与上级领导机关建立一种良好的社会关系。陈永贵虽也是文盲，即使到担任副总理时已有所进步，也不过刚达到扫盲程度。但他记忆能力很强，善于思考问题，点子比较多，且一旦做出决定不会改变。同时，陈永贵语言表达能力强，似乎天生就是一个善于鼓动的"演说家"。他的这些能力使其更符合群众路线对乡村干部的要求，在组织互助组中就充分显示了他的动员和管理能力。1952 年后，随着初级社、高级社等更加复杂的公共组织机构的建立，

---

① 参见王俊山主编《大寨村志》，山西人民出版社，2002，第 28 ~29 页。

国家对乡村干部的要求远远不止是一个农业生产好手，贾进财深感自己能力不行，决定让“贤”。此后，外来姓氏开始掌握大寨的管理大权，形成了以陈永贵为核心，其他外姓和贾氏共同管理大寨的格局。大寨人也在大寨社会变迁的过程中建立起了以陈永贵为中心的不可动摇的权威秩序。这种格局避免了因贾氏与其他姓氏对峙而导致管理权因形势的变化而发生权力的频繁更替，进而影响大寨的发展的局面出现。

第四节　大寨的社会变迁

据现有文献记载，以大寨村名入志是民国元年（1912 年）的事情。1912 年乐平县恢复县置，大寨村隶属沾城镇管辖。民国 3 年乐平改称昔阳，大寨仍属昔阳县沾城镇管辖。民国 6 年 11 月，阎锡山在山西实施“村本政治”，推行编村制，全县改为一镇三乡，大寨隶属昔阳第一区。抗战时期昔阳县分为昔东和昔西两县，大寨属昔东一区管辖。大寨成为中国共产党领导下的抗日武装活动地区之一，村民在共产党的影响下，逐渐觉悟起来。吴思在《陈永贵沉浮中南海——改造中国的试验》一书中指出，陈永贵敢主事，敢拍胸脯，敢打抱不平，又能随机应变，在村里便成了不可多得的人才。大寨的富户既害怕日本人又怕八路军，就请出陈永贵这位外姓人替他们支应。[①] 陈永贵就当上了维持会代表，周旋于日本人与共产党之间，为共产党领导的抗日游击队做过一些有益的工作。

抗日战争胜利后，根据中共太行区党委在新区开展除奸反霸、减租减息工作的指示，大寨人从 1945 年冬至 1946 年投入到除奸反霸的斗争中。在斗争中，大寨村第一次成立了由贾承福、贾承财、贾进财三人组成的共产党小组，贾进财任组长，对外称政治主任兼农救会主席。1946 年“五四指示”颁布后，大寨人在共产党党组织的领导下投入到轰轰烈烈的土改运动中。到 1948 年土改运动结束时，大寨的贫下中农不再过“五多”（即当

---

① 吴思：《陈永贵沉浮中南海——改造中国的试验》，花城出版社，1993，第 14 页。

长工打短工的多，负债欠账的多，讨吃要饭的多，卖儿卖女的多，寻死上吊的多）的生活，他们从地主富农那里分得了土地、房屋、窑洞、牲畜，全村35户贫下中农各得其所。这一切都使大寨人感激共产党政府。陈永贵曾对昔阳县委领导说："呀，老张（张怀英），在日本人、国民党时，我就不是陈永贵了？我就没有能力了？我怎么就房无一间地无一垄啦？"[①] 陈永贵的话表明其坚信共产党是穷苦人的大救星，决定跟共产党干事业。从20世纪40年代中期起，陈永贵紧跟共产党的战略部署，时时走在全县的前列。

早在1946年，毛泽东发出"组织起来"的号召，昔阳县委要求新区在秋季有50%的村庄组织起来。[②] 当年，大寨便在贾进财的领导下首先组织了一个15户的临时变工组。1947年，太行区生产运动受到大规模参战的影响，昔阳县"常年在前线与后方供应军输前线的人力约26589人，占整个劳力的2/3，畜力占97%，且全县7/8的地区受灾，粮食作物仅有三成的收获"。[③] 太行人民的生活依旧很艰难。针对这种情况，中共晋冀鲁豫中央局于3月1日做出指示，要求必须发展新英雄主义，开展立功运动，实行奖励政策，各级共产党党委应注意各种典型的创造和发明。[④] 按照上级指示，昔阳县普遍开展了立功运动，以发展、巩固和提高互助组，同时在运动中培养贫雇农骨干和积极分子以形成新的领导核心。[⑤] 在县区干部的帮助下，大寨由一个互助组变成了两个互助组。一个是贾进财领导的20多户人家组成的互助组，另一个是陈永贵联合了4个年过半百的老农和6个十五六岁的青年农民，由9户人家组成的互助组。这两个互助组就是后

---

① 吴思：《陈永贵沉浮中南海——改造中国的试验》，花城出版社，1993，第16页。

② 《昔阳县全县两个半月生产工作布置》（1946年7月11日），昔阳县档案馆藏昔阳县革命历史档案，档案号：2/2/101。

③ 县委联合办公室：《昔阳县半年来生产运动的总结》（1947年9月1日），昔阳县档案馆藏昔阳县革命历史档案，档案号：2/2/118。

④ 《中共晋冀鲁豫中央局关于开展生产运动的指示》（1947年3月1日），载华北解放区财政经济史资料选编编辑组编《华北解放区财政经济史资料选编》第1辑，中国财经出版社，1996，第185页。

⑤ 县委联合办公室：《昔阳县半年来生产运动总结》（1947年9月1日），昔阳县档案馆藏昔阳县革命历史档案，档案号：2/2/118。

来被人们津津乐道的“好汉组”和“老少组”。它们成立后，不仅解决了因战争需要造成的劳力、畜力短缺无法开展生产的困难，而且开展了生产竞赛，获得丰收。

随后的几年中，县、区领导的主要精力由支援前线作战转到恢复农业生产上，大大加强了对互助合作的领导。在这种情况下，贾进财和陈永贵领导的两个互助组在种庄稼、搞副业、战旱魔、度饥荒、发展生产、安排社员生活等方面开展竞赛，吸引了更多的群众，逐年发展壮大。到1949年冬天，两个互助组由临时性的互助组变为季节性的互助组，陈永贵的互助组扩大到49户。1952年两个互助组转变为常年互助组。

随着互助组的巩固和发展，大寨农业产量得到迅速提高。1945年大寨粮食亩产不到50公斤，年总产也只有三四万公斤。[①] 到1949年，“大寨的粮食亩产由互助组初期的63公斤，提高到87.5公斤，总产达到7.3万公斤，人均占有粮食287公斤”。[②] 到1952年，粮食亩产达118.5公斤，总产达9.65万公斤。[③] 同年，陈永贵互助组出现了15户亩产250公斤以上的高额丰产户，受到了山西省政府的奖励。陈永贵也作为三等丰产模范互助组的代表出席了山西省年度劳模会。

这一时期的大寨响应共产党“发家致富”的号召，集资办煤窑，组织供销社，探索农工贸综合发展的道路。但是1949~1952年全国物价发生大波动，农民又缺乏经商经验，大寨的这种探索遭到了失败。

互助组经过几年的发展让翻身的农民初步解决了生产中的困难和温饱问题，感受到组织起来的好处，但是互助组中的农户之间缺乏共同利益纽带，耕作次序的矛盾日渐凸现。同时，在土地加工、增施肥料等方面不能有效地组织生产。鉴于此，地方省委和中央都在积极探索农村发展的道路。1951年12月，中共中央下发《关于农业生产互助合作的决议（草

---

① 山西省农业合作化史编辑委员会编《山西农业合作史典型调查卷》，山西人民出版社，1989，第35页。

② 陈吉元、陈家骥：《中国农村经济社会变迁》（1949~1989），山西经济出版社，1993，第366页。

③ 《大寨大队调查报告》（1964年5月），载黄道霞主编《建国以来农业合作化史料汇编》，中共党史出版社，1992，第795页。

案)》(以下简称《决议》)。山西省根据《决议》的要求，坚持“只许办好，不许办坏”的方针，实行县委负责经办，地委审查批准，省委进行控制的办法，谨慎地在各地推广农业生产合作社。1952 年山西省各县根据省委的指示，在小范围内试办合作社。昔阳县当时选择“组织起来基础较好，党的支部坚强，又有好的领导骨干”的白羊峪、东丰稔、赵壁、前东峪 4 村试办农业社，共组织了 5 个农业社。[①] 陈永贵也向县委申请组织农业社，但未通过。

1952 年底，中共昔阳县委按照中共中央和华北局的统一部署，对县内办得比较成功的互助组负责人进行了培训，使全县在原有 5 个初级社的基础上，进一步发展到 34 个。陈永贵领导的大寨互助组就是其中的一个。恰在当年冬天，贾进财“让贤”，陈永贵担任了大寨党支部书记。这为陈永贵施展自己的才华提供了一个政治舞台。1953 年 1 月 27 日至 2 月 4 日，陈永贵、贾承让参加了县委举办的建社训练班。会后，2 月 5 ~ 18 日的短短 14 天时间里，大寨便建立了农业生产合作社，定名为“新胜农业社”。到 1954 年，新胜农业社扩大到 52 户，占到全村总户数的 66%。到 1955 年夏，在各省市党委书记会议上，毛泽东明确提出了农业合作化发展的总体规划。10 月，中共七届六中全会（扩大）会议上，与会者一面倒地批判了“右倾保守”思想。11 月后，农业合作化运动获得迅猛发展。大寨于 1955 年 12 月，由初级社转变为高级社，定名为“新胜高级农业生产合作社”。但是，还未等社员思想稳定下来，在全国大批“小脚女人走路”的声浪中，大寨联合周围的武家坪、庙坪、金石坡、高家岭等 5 个社合并为一个社，仍定名为“新胜高级农业生产合作社”。

5 个社合并后，因为当时生产力水平不高，村与村间的经济发展不平衡，加之人们的思想不一致，所以 1956 年秋天结算后，新胜高级农业生产合作社又分成了 5 个社。尽管如此，大寨粮食产量仍保持着上升势头，到

---

① 《华北各地重点试办农业生产合作社的经验》(1952 年 8 月 25 日)，载黄道霞主编《建国以来农业合作化史料汇编》，第 90 页。白羊峪、东丰稔、赵壁、前东峪四村是抗战时期的根据地，早在 1940 年，当地的共产党员就发动群众组织互助组，有较好的群众基础，1952 年之前是全县先进的互助组，因此昔阳县委决定在这四个村试办初级社。

秋后结算时，粮食亩产达到 168.5 公斤，总产 12.93 万公斤，比上年增产 9.3%；卖粮 3.9 万公斤，比上年增长 11.4%；总收入 3.1384 万元，比上年增长 58%。

正当大寨小社并大社，大社又分成小社时，中共中央于 1958 年春通过了《关于把小型的农业合作社适当地并为大社的意见》（以下简称《意见》），《人民日报》于 4 月 12 日以《编辑的话》的形式，将此《意见》的主要观点公开发表。此后，许多地方干部开始大讲办大社的优越性和迫切性。当时，晋中地委派工作组到昔阳县大寨乡帮助工作。他们和陈永贵一道学习了《人民日报》关于河南省新乡地区办人民公社的经验，随后到武家坪等 7 个村去发动社员，建议创办人民公社。这一建议虽然获得了周围村庄一些干部的赞称，但也引起了一些社员的反感。大寨社员说："大寨猪羊满圈，骡马成群，粮有粮，钱有钱，和他们合并起来不是自寻亏吃是什么?"大寨如此，其他村的意见也很不一致。有的说："村多人杂心不齐，要想搞好不容易。"有的说："现在还是人担驴驮木犁耕，怕是合起来效果也不会好。"还有的说："各个村有穷有富，条件也不一样，最后怎么处理，咱们心里也没有底。"[①] 然而，部分干部和群众对建立人民公社的种种顾虑很快被人民公社化运动所淹没。1958 年 8 月上旬，毛泽东到河北、河南和山东等地视察，对并公社产生兴趣，认为大社可以包括工、农、兵、学、商。8 月 12 日、13 日，《人民日报》头版头条相继报道了毛泽东视察河南、山东，大力赞赏人民公社的消息。当毛泽东关于"还是办人民公社好"的伟大号召传遍了神州大地时，干部和群众都意识到既然成立人民公社是毛泽东的决策，是中共中央的号召，那么大寨作为一个先进单位，应该是走在运动的前头。陈永贵自己也认为，事物总是向前发展的，事情既然迟早都得办，倒不如把挨批评变为受表扬。于是，他在 8 月 21 日联络全乡 7 个村，共选派 64 名代表到县委请示："要求立即批准他们办人民公社。"[②] 此举正合昔阳县委领导人的心意，欣然批准。8 月 24 日上午，

① 山西省农业合作化史编辑委员会编《山西农业合作史典型调查卷》，山西人民出版社，1989，第 45 页。

② 同上书。

大寨1200人在武家坪集会，宣布红旗人民公社正式成立，于是，大寨率先建立了昔阳县第一个人民公社。虽然在大寨成立人民公社的问题上，大寨人经过一段时间的酝酿，但实际行动仅仅经过三天的时间就完成了。

总之，大寨的解放使大寨人坚定了跟共产党走的信心，按照中国共产党的战略部署，大寨在农业集体化的过程中走在昔阳的前列，成为昔阳县的明星村。

· 第二章 ·

典型的孕育

学界认为，大寨典型的出现是中国政治、经济、文化发展的产物，对大寨本身的分析略显薄弱，因此，本章将大寨置于当时国家治理的场域中进行考察。

第一节　大寨创造了生产奇迹

新中国成立后，中国模仿苏联走“优先发展重工业”的工业化道路。为给工业化建设提供资本积累和原材料市场，中国农业走上了集体化的道路。1956 年农业社会主义改造完成后，中国共产党人就开始思考如何加快中国经济建设的步伐。受苏联赶超战略的影响和经典作家对人民公社论述的启示，中国从 1958 年起发起了“大跃进”和人民公社化运动，深刻影响了农村经济和人民的生活水平。就粮食而言，1960 年，粮食实际产量只有 1435 亿公斤，比 1959 年又减少了 265 亿公斤，下降幅度为 15.6%；比 1957 年产量减少 425 亿公斤，下降幅度达 22.4%，甚至低于 1951 年的 1437 亿公斤的水平。[①] 就人民的生活水平而言，1960 年农民生活水平降到新中国成立以来的最低点，紧接着城镇居民的生活水平也在 1961 年降到新中国成立以来的最低点。

① 国家统计局编《中国统计年鉴（1991）》，中国统计出版社，1991，第 364 页。

1962年稍有回升，全国平均每人消费额也只有117元，按可比价格计算，比1957年下降15.4%。全国城乡居民的粮食、食用植物油、猪肉和棉花等基本生活资料严重不足的状况持续了四年之久。其中，农民的生活水平远远低于城镇居民的生活水平，1962年，全国城乡居民人均粮食消费量为164.5公斤，其中城镇居民为184公斤，农民为160.5公斤，分别比1957年下降19%、6.1%和21.5%；食用植物油消费量为1.1公斤，其中城镇居民为2.4公斤，农民为0.8公斤，分别比1957年下降54.2%、52.4%和56.8%；猪肉消费量为2.2公斤，其中城镇居民为3.8公斤、农民为1.9公斤，分别比1957年下降56.9%、57.8%和56.3%；棉布消费量为3.7米，其中城镇居民为7.2米，农民为3米，分别比1957年下降45.9%、37.1%和49.7%。① 在全民困难时期，大寨却创造了生产的奇迹，成为一颗冉冉升起的村庄明星。

新中国成立后，大寨粮食总产量逐年增长，由1949年的72570公斤增长到1962年的275630公斤，年均增长率为9.378%，比同一时期全国粮食总产量年均增长率2.26%高出7.118个百分点。② 三年困难时期，大寨粮食总产量依旧逐年上升，年均增长率为5.12%，而全国却为负增长。

促使大寨经济迅速发展的因素，除大寨人坚信共产党的政策总是有利于穷苦人的信念外，笔者认为应该着重研究大寨内部的具体情况。

由表2-1可知，促成大寨粮食产量增长的因素主要有两个：首先是不断调整各种农作物的种植比例，不断增加高产作物——玉米的种植面积。从1957年开始，玉米种植面积超过谷子种植面积，约占粮田面积的46.5%，是谷子种植面积的1.14倍；到1962年，玉米种植面积约占粮田面积的65.9%，是谷子种植面积的2.73倍，成为大寨的第一粮食作物。

---

① 朱荣主编《当代中国农业》，当代中国出版社，1992，第224页。

② 根据《建国三十年来农业统计表》计算而得，载中国农业年鉴编辑委员会编《中国农业年鉴（1980）》，农业出版社，1981，第34页。

表 2－1 1949～1962 年大寨主要粮食作物生产情况表

年份	粮田面积（亩）	粮食总产（千公斤）	粮食亩产（公斤）	玉米			谷子			小麦		
				面积（亩）	总产（千公斤）	亩产（公斤）	面积（亩）	总产（千公斤）	亩产（公斤）	面积（亩）	总产（千公斤）	亩产（公斤）
1949	877	2.57	87.5	208	26.60	128	326	29.01	9.5	34	1.41	41.5
1950	840	85.02	101.0	177	27.67	156.5	351	35.27	100.5	24	1.09	45.5
1951	835	87.64	105.0	184	29.50	160.5	360	33.68	93.5	20	1.20	60.0
1952	812	96.36	118.5	217	38.51	177.5	334	34.07	102.0	15	1.13	75.0
1953	814	101.64	125.0	250	40.89	163.5	368	43.54	118.5	15	0.53	35.0
1954	778	106.86	137.5	250	44.39	177.5	350	47.26	135.0	25	1.14	45.5
1955	781	118.32	151.5	262	49.05	187.0	314	47.15	150.0	30	3.25	108.0
1956	768	129.33	168.5	263	52.98	201.5	317	56.34	177.5	31	2.06	66.5
1957	781	138.34	174.5	363	86.01	237.5	318	41.52	181.5	40	1.45	36.3
1958	768	208.52	217.5	429	131.10	305.5	251	58.96	235	40	3.85	96.5
1959	763	235.00	308.0	450	159.95	349.0	235	56.93	242	40	2.66	66.5
1960	734	242.60	330.5	470	170.43	362.5	184	45.88	249.5	50	5.25	105.0
1961	723	243.13	336.0	460	172.9	376	188	49.76	264.5	50	5.64	113.0
1962	712	275.63	387	469	199.09	424.5	172	42.55	246.0	40	5.28	132.0

资料来源：王俊山主编《大寨村志》，山西人民出版社，2002，第 72 页。

表 2－2 1949～1962 年玉米和谷子种植面积比例表

年份	粮田面积（亩）	玉米种植面积（亩）	占粮田面积的比例（%）	谷子种植面积（亩）	占粮田面积的比例（%）
1949	877	208	23.7	326	37.2
1950	840	177	21.1	351	41.8
1951	835	184	22.0	360	41.8
1952	812	217	26.7	334	41.1
1953	814	250	30.7	368	45.2
1954	778	250	32.1	350	45.0
1955	781	262	33.5	314	40.2
1956	768	263	34.1	317	41.3
1957	781	363	46.5	318	40.7

续表

年份	粮田面积（亩）	玉米种植面积（亩）	占粮田面积的比例（%）	谷子种植面积（亩）	占粮田面积的比例（%）
1958	768	429	55.9	251	32.9
1959	763	450	59.0	235	30.8
1960	734	470	64.0	184	25.1
1961	723	460	63.6	188	26.0
1962	712	469	65.9	172	24.2

说明：根据表 2－1 整理所得。

其次是在粮田面积有所下降的情况下，玉米、谷子的单产分别实现较高的涨幅。谷子和玉米对土壤有一定要求。据《中国实业志》（山西卷）记载，谷子“宜于肥厚之砂粘合土，及带暗色之砂粘土，但在不良土地内，亦能生长”。玉米以“砂粘土及砂质多之肥厚土为宜”。[①] 相比较而言，玉米对土壤和肥料的需求较谷子高。而大寨的耕作土壤基本上是褐土性土，熟土层薄，一般只有三寸深，缺乏有机物质，土壤结构不良，蓄水保墒能力差。在这种条件下，大寨地块愈种愈小，土层愈种愈薄，肥力愈种愈低。“三天无雨苗发黄，一股急雨土冲光”就是对跑土、跑肥、跑水“三跑”田的形象写真。所以要想增加玉米和谷子的单产，必须首先巩固基本农田，并在此基础上改良土壤，提高蓄水保墒能力，大搞农田基本建设。

为了达到增产的目的，大寨成立初级社的当年就制定了《大寨十年发展规划》，决心治理大寨的沟沟岔岔。从 1953 年至 1960 年，大寨累计投工 11000 个，对农田进行了大幅度改造。具体措施如下。

第一，改坡地、梁地为梯田。大寨原有耕地“东一簸箕、西一巴掌”“缺边少堰、里高外低”“夹石带沙、活土层薄”。大寨党支部针对大寨村七沟八梁，80% 是山坡地，一遇大雨，“地里上粪池边流，冲走水肥露石头”的特点，采取治沟与整坡相结合的农田基本建设办法。

① 实业部国际贸易局编《中国实业志》（山西卷），实业部国际贸易局，1935，第四编第五章，（丁）63、（丁）75。

他们将580亩坡地全部进行整修，其中通过加石堰，起高垫低，变成水平梯田的有260亩。经过整修，全部坡地变成了保水、保肥、保土的“三保田”。

第二，闸沟治滩。大寨针对“雨降一面坡，汇流七条沟，水过土不见，满沟乱石滩”的特点，采取了“打坝闸沟，刨土垫滩”的办法，从1953年冬到1959年冬，先后苦战六年，在七条沟里打坝180道，除保住120亩耕地，还造地32亩（见表2－3）。其中最为艰苦的是对狼窝掌的治理，大寨传统民谣称“狼窝掌里三大害，山洪饿狼石头块，天旱不长草，下雨就成灾”，可见改造前狼窝掌条件之恶劣。从1955年开始第一次治理，连续三冬打坝造地，夏天被洪水冲垮，直到1958年将坝型由直线变成拱形，并用石灰和水泥灌浆，上游又修了水池，顺沟又修了排水池，才彻底根治狼窝掌水土流失的现象。因大寨人连续三年苦战狼窝掌并最终取得成功，故此历程获“三战”之美誉。

表2－3　大寨大队七条大沟的治理实践

沟　名	治理时间	投工数（个）	打石坝（道）
合作沟（白驼沟）	1953年冬	1700多	25
后底沟	1954年冬	2200多	25
小背峪沟	1954年冬	2200多	—
狼窝掌（三治）	1955年冬	6700多	42
	1956年冬	—	—
	1957年冬	—	—
团结沟（背峪沟）	1957年冬	1100多个	—
麻黄沟	1959年冬	2100多个	12
老坟沟	1960年冬	2000多个	653米

资料来源：王俊山主编《大寨村志》，山西人民出版社，2002，第37～43页。

第三，整修道路。从大寨村通往农田的道路，过去在个体经济的条件下，形成两个特点：一是弯曲性大，要走很多冤枉路，不仅加重了劳力的负担，而且浪费时间；二是道路狭窄，使得集体化以后新添置的大车发挥不了作用。从合作化以后，伴随着土地的整修，大寨人把关键性的五条弯路变成“直路”，使120亩“远地”变成“近地”；加宽了两条大约3里多长的路面，变人担为车拉，使350亩地的道路通了马车。①

大寨通过修梯田、闸沟治滩、整修道路等多种措施，巩固并增加了基本农田，改善了生产条件，使七沟八梁一面坡的面貌焕然一新。

在巩固基本农田的情况下，大寨还采取多种措施改良土壤。

第一，多施肥、巧施肥。从1953年创办初级社开始，大寨逐年增多农家肥投施量，1953年每亩平均施农家肥27担（每担约六七十斤，约合八九百公斤），1961年增加到81担（约合2400公斤～2500公斤）。其中，秸秆肥51担（约合1500公斤～1700公斤），占60%以上，猪、羊圈肥共15担（约合四五百公斤），约占20%，其余的15%为社员家庭积肥，5%为青肥。②

在昔阳科技人员的帮助下，陈永贵改革了沤制秸秆肥的方法。据昔阳科委总结：陈永贵的秸秆沤制法改变了过去“在沤肥时就大量往秸秆里边加土”的做法，首先将秸秆切成寸把长的碎秆；接着将一定数量的骡马粪、人粪尿和水与之搅拌均匀；然后再掺土，堆成高4至6尺，长宽根据数量多少而定的大堆，使肥堆既保温又通气；最后勤翻堆，一般10天左右翻一次，翻上两三次就可以使用。大寨社员将这种沤肥法叫做“高温速成沤肥法”，沤出的秸秆肥不仅克服了过去的“白棒棒”（未腐烂的秸秆）现象，而且还可以把附着在秸秆上的草籽及害虫、虫卵杀死，有效地减少了田间杂草和害虫。③

据统计，大寨每年有20万公斤左右的玉米秸秆还田，平均每亩约250公斤。后来秸秆还田还得到了很高的评价。1964年廖鲁言到大寨考察后，给中央和毛泽东的信中写道：这（秸秆还田）不仅增施了肥料，而且大大增加了土壤中的腐殖质，使土壤变得很松软，团粒结构非常之好。1尺多

---

① 陈吉元、陈家骥：《中国农村社会经济变迁（1949～1989）》，山西经济出版社，1993，第369页。

② 1964年中国农业部部长廖鲁言在大寨视察报告之一：《以农田基本建设为中心全面贯彻农业八字宪法》，昔阳县档案馆藏昔阳县委档案，档案号：3/1/351。

③《陈永贵在劳动中》（1964年7月8日），昔阳县档案馆藏昔阳县委档案，档案号：3/1/360。

厚的活土层，好比是1尺多厚的海绵，其中有无数的小水库，蓄水保墒的能力非常之高。①

大寨在解决肥料的质量问题时，还注重科学施肥，提高肥效。从1954年起，大寨在陈永贵的带领下，开始改革施肥方法，摸索出了不同土性施用不同肥的有效办法：红土地黏性大，上灰渣肥；沙土地土性松，施土肥；背阴地阴凉，施骡马肥；阴性地地性热，施猪粪；沟洼地土层厚，地力肥，施秸秆粪；岭坡地土层薄，地力瘦，施圈粪。② 从此，大寨干部社员明白了“种庄稼没巧，肥多就好”的旧谚语并不全有道理，科学施肥才是正确的选择。

大寨在施用大量农家肥的同时，也开始施用化肥。化肥主要有氮肥和磷肥两种。1953年氮肥的总使用量为900公斤，平均每亩约1公斤。③ 到1960年，在县农业科技人员的指导下，大寨人掌握了磷肥与人粪尿、骡马粪加水搅拌闷沤施用的新方法。同年，施氮肥9000公斤，亩均12.6公斤；磷肥1万公斤，亩均13.2公斤。④ 到1963年的氮肥总用量为1万公斤，每亩平均将近15公斤，磷肥共2万公斤，每亩平均约25公斤。⑤

第二，借“客土”。大寨社员说“土倒土，打担五”。针对大寨土壤以红黏土和白砂土为主的特征，大寨人往黏土地里调砂土，砂土地里调黏土，白土地里调红土，这就是大寨的“三调”。与“三调”相配套的是“一垫”，即增加活土层。1953年，陈永贵在瓦窑头的八亩白砂土上进行改良试验，每亩垫四百担红土，当年亩产谷子115公斤，比1952年增产近一

① 廖鲁言关于报送《大寨大队调查报告》的信（1964年5月25日），载黄道霞主编《建国以来农业合作史料汇编》，中共党史出版社，1992，第795页。

② 1964年中国农业部部长廖鲁言在大寨视察报告之二：《陈永贵种试验田》（1964年5月8日），昔阳县档案馆藏昔阳县委档案，档案号：3/1/351。

③ 1964年中国农业部部长廖鲁言在大寨的视察报告之一：《以农田基本建设为中心全面贯彻农业八字宪法》（1964年5月9日），昔阳县档案馆藏昔阳县委档案，档案号：3/1/351。亩均施肥量是按照802亩耕地计算的，而且当时使用的氮肥是硝铵，含氮量比硫铵高50%。

④ 王俊山主编《大寨村志》，山西人民出版社，2002，第61页。

⑤ 1964年中国农业部部长廖鲁言在大寨视察报告之一：《以农田基本建设为中心全面贯彻农业八字宪法》（1964年5月9日），昔阳县档案馆藏昔阳县委档案，档案号：3/1/351。

倍。因此，从1954年起，每年分批改良四十至五十亩，每亩加“客土”四百至五百担。到1962年共有四百多亩土地得到改良。通过“客土”改良，不但改善了土壤性质，而且还使土层加厚一寸左右。[①]

总之，大寨在这个时期通过农田建设，增加地亩；巧施农家肥和化肥，提高地力；借“客土”，增加活土层，改善土壤结构，使劣地变好地，瘦地变肥地。“大寨大队的耕地，已经基本上建成旱涝保收、稳产高产的农田”。[②] 这就为大面积播种高产作物玉米和提高玉米、谷子产量创造了有利条件。

此外，玉米、谷子等粮食作物单产的增长与推广农业新技术，实行科学种田，应用“八字宪法”（即毛泽东提出的水、肥、土、种、密、薄、管、工8个方面）有着密切的关系，具体表现在以下方面。

第一，优选良种。1945年前后，大寨村民依据“母壮儿肥”的传统观念选种，具体方法是在长势优良的大田里，挑选秸秆粗壮、穗大籽饱的作物单独收藏，作为家用种子。1953年之前，大寨有毛毛谷、鱼肚白、八叶叶、武安谷、大白谷、冒州黄、大黄谷、代州黄等30余个谷子品种。玉米也沿用大黄、二黄、小黄、二红皮、小白等七八个品种。[③] 1953后，大寨农业社开始引进和培育优种，逐步淘汰了一些不适合大寨种植的低产品种，保留了一些高产品种。1954年陈永贵从县农场换回30斤金皇后玉米[④]，又从山东带回山东黄。1961年，大寨又率先试种“金皇后”和“大黄”的杂交新品种——“晋杂一号”。它的使用使玉米单产更上一层楼，以1962年计，“比原来的金皇后每亩50公斤能多打2~5公斤，比二黄玉茭多打15

---

① 1964年中国农业部部长廖鲁言在大寨视察报告之一：《以农田基本建设为中心全面贯彻农业八字宪法》（1964年5月9日），昔阳县档案馆藏昔阳县委档案，档案号：3/1/351。

② 廖鲁言关于报送《大寨大队调查报告》的信（1964年5月25日），载黄道霞主编《建国以来农业合作化史料汇编》，中共党史出版社，1992，第795页。

③ 王俊山主编《大寨村志》，山西人民出版社，2002，第55~56页。

④ 1946年昔阳建设科进行生产总结时指出金皇后必须要好地、多上肥、稀植才能多打粮。1947年县委决定推广普种金皇后，并建立以区为单位的8个留耕示范区。当时大寨所在的一区在大寨的周边村武家坪试种。建设科：《昔阳县生产简单总结》（1946年2月28日）；《昔阳县1947年农作物推广计划》（1947年3月4日），昔阳县档案馆藏昔阳革命历史档案，档案号：2/2/101。

公斤。”[①] 谷子选种搞得更好，经过去粗取精、除劣留优，到 1962 年，“只留下了武安谷和冒州黄两个品种。”“这两个品种不仅产量高，而且出米率也高，”过去每百斤谷子能出米 35 公斤 ~37.5 公斤，后来达到了“八米二糠”。[②] 再后来大队辟有专门的优种地，采取田间选穗、场内粒选的方法，培育出了高产、耐旱、秆壮、抗倒伏的优良品种——大寨谷。

第二，“三深”耕作。所谓“三深”耕作是指深耕、深种、深刨。

深耕：20 世纪 50 年代由于土层瘠薄，土地耕翻的活土层仅有二三寸。1955 年，大寨第一次贷款购买了 18 头黄牛。至 1960 年，全村黄牛发展到 30 头，是 1945 年 7 头的 4 倍多。充足的畜力使套耕、深耕得以实现，使活土层得到改良，到 60 年代初深耕五六寸。

深种：农业合作化时期，大寨的玉米一般种 3 寸到 4 寸，比习惯种 2 寸多到 3 寸，加深半寸到一寸。同时大寨的玉米深种也不是千篇一律的，他们因地因品种不同而进行不同深度的耕种。陈永贵将这一经验总结为：阳坡地，地温较高，土壤湿度较低，播种深度宜为 3 寸至 4 寸；阴坡地和沟地，地温较低，湿度较高，播种深度宜为 2.5 寸至 3 寸。土层厚的种得深些，土层薄的种得浅些。金皇后玉米“芽软”，出土力弱，不宜播种过深。山东黄、晋杂一号，幼芽出土能力较强，可以较金皇后深 0.5 寸至 1 寸。

深刨：由于大寨雨季集中在六、七、八三个月，秋冬少雨，春季常旱。大寨人认为深刨的最大好处是蓄水，既减少水土流失，防止秋涝，又增加土壤底墒，有利于大秋作物的生长和次年的春播。50 年代，他们普遍用锄头锄玉米地。到 60 年代，普遍改用镢头刨，且深达 1 尺左右，比锄头锄深了四寸多。

“三深法”使活土层厚了，真正做到了多上粪，庄稼得了劲，提高了亩产。仅深种单项试验，每亩地就可比浅种多打粮 1 公斤 ~1.5 公斤。[③]

---

① 陈吉元、陈家骥：《中国农村社会经济变迁（1949 ~1989）》，山西经济出版社，1993，第 369 页。

② 1964 年中国农业部部长廖鲁言在大寨视察报告之二：《陈永贵种试验田》（1964 年 5 月 8 日），昔阳县档案馆藏昔阳县委档案，档案号：3/1/351。

③ 1964 年中国农业部部长廖鲁言在大寨视察报告之一：《以农田基本建设为中心全面贯彻农业八字宪法》（1964 年 5 月 9 日），昔阳县档案馆藏昔阳县委档案，档案号：3/1/351。

第三，合理密植。20 世纪 60 年代初，大寨总结了 1958 年大搞密植的经验教训，根据土地、肥料、光照、品种等条件合理密植。50 年代前，大寨有“玉茭地里卧小牛，还嫌种的稠”的农谚。农业合作化后，大寨大搞农田基本建设，广积肥，巧施肥，加厚了活土层，提高了土地肥力。到 1962 年，玉米、谷子的亩株数普遍有了增加。每亩地种山东黄的最高株数达 3000 株，而其他品种的玉米一般“每亩平均种到 1600 株，最稠不过 1800 株，最稀不少于 1400 株”。这比 50 年代初每亩增加了 600 株到 2000 株，比 1958 年减少了 200 株。沟地和梁地的种植情况又不同，“群众叫这是合理密植，攻大穗”。即使在同一块地里，行距和株距也不一样。陈永贵发现边行的玉米通风透光，比地中间的玉米长得好。他在 1956 年试验把玉米边行的株、行距适当缩小，由原来的 1.8×1.8 改为 1.5×1.5 和 1.5×1.3 或 1.5×1.2，结果单株产量并不减少。[①] 此后，大寨的玉米地都是两行边行种得密些，做到了“寸土必争”。

第四，“四不专种”“三不空”。“四不专种”即高粱、豆、瓜、菜不专种，“三不空”即地边、地角、地墙不空，用今天的话来说，就是发展“立体式”农业。大寨这么做是为了解决生产和生活间的矛盾。为了增加粮食总产和亩产，改变原先“三三制”[②] 的粮食种植比例，增加玉米种植面积。这样一来，又遇到了扩种玉米与社员生活多种需要的矛盾。大寨通过试验，推行玉米地带豆子、玉米地带高粱、谷子地里带豆子等多种带种[③]的办法解决了这一矛盾，大大提高土地利用率，做到了地尽其力。

除此之外，幼苗移栽、防止害虫等技术以及使用新式农具等都是促成大寨粮食增产的因素。

客观地说，上述大寨粮食增产的措施与同一时期国家推广良种、提高栽培技术和积造有机肥等政策有着密切的关系。问题的关键在于大寨的领

---

① 1964 年廖鲁言在大寨视察报告之二：《陈永贵种试验田》（1964 年 5 月 8 日），昔阳县档案馆藏昔阳县委档案，档案号：3/1/351。

② 所谓“三三制”是指，玉米占三分之一，谷子占三分之一，豆子、高粱、麻籽、瓜菜、小麦和马铃薯等合占三分之一。

③ 带种不同于间种，带种不会改变玉米和谷子的行株距。

导人能保持较清醒的头脑，从大寨的自然条件出发，尊重农业生产的规律，独立思考并制定适合本地情况的增产措施。这就是大寨农业增产的秘诀之一——“因地制宜”发展生产。

最后，大寨生产奇迹的创造与其过硬的支部有关，与大寨人的集体努力有关。据民国重修《昔阳县志》记载，昔阳人“秉性躁劲，赋气果决”。[①] 大寨人同样具有这样的特点，他们在陈永贵式干部的带领下，上下一股劲，用自己的双手，苦干、巧干地改善生产条件，他们的事迹感动着一代又一代人。在治山治沟的冬天里，大寨人披星戴月地劳动，早上、中午均不回家吃饭。当家人把饭食送上山时，早已冻成了冰疙瘩，要用筷子捣碎了才能吃。这就是大寨人创业史上有名的冰碴饭[②]。10 年里，大寨人年年冬天在山上吃着冰碴饭苦干。干累了就在寒风凛冽的山坡上找背风处歇会，喘口气再干，成就了创业史上的“五十好汉”。

10 年里，大寨支部委员个个都是精兵强将，贾进财担负着开山取石的任务，抡起二十几斤的头号大铁锤，就是几百下不停手。从 1962 年到 1964 年，平均每年开采约两万抬石头（每抬是一立方尺）。[③] 梁便良带领几个壮劳力，从石窝肩抬二三百斤重的大石头到山沟的耕地。陈永贵和贾来恒负责垒坝。宋立英带领“半边天”挑灰浆、担土垫地。大寨人正是以这种超常的意志来对付当时恶劣的生存条件，他们这种艰苦奋斗精神正是大寨粮食产量增长的另一秘诀。

总之，大寨人无论在农田建设上，还是粮食作物种植上的苦干、实干、巧干，都是对毛泽东发展农业“八字宪法”的灵活运用，解决了大寨人的吃粮问题，充分体现了集体经济的优越性。

---

① 皇甫振清等修，李大宇等纂《续修昔阳县志》卷一“风俗”，台湾成文出版社，1961 年影印本，第 47 页。

② 在学大寨时期，冰碴饭被当作一种奋斗精神加以歌颂，编有“冰碴饭儿甜，冰碴饭儿香……”的歌谣。事实上，大寨人并不是喜欢吃冰碴饭，而是恶劣的自然环境逼着大寨人非吃不可。

③ 1964 年中国农业部部长廖鲁言在大寨视察报告之七：《自觉“让贤”的大寨大队前任支部书记贾进财同志》（1964 年 5 月 8 日），昔阳县档案馆藏昔阳县委档案，档案号：3/1/351。

第二节　大寨成为时代的楷模

1963年的大寨，多灾多难。旱、涝、雹、风等一连串的自然灾害，接踵而来。对大寨社会经济影响最大的是8月上旬的大水灾。8月2~7日，大寨"遭受了前所未有的洪灾袭击。……初步受灾情况是这样：全大队有粮田面积729亩，山流冲地，堎塌盖禾，当年没有收成的有446.5亩，占粮田面积的62%。其中：冲走地基的319亩，占粮田面积的18%。……合作社以来新修的七道沟地，沟沟有毁坏。有114亩沟地冲走了地基，占沟地面积的38%。塌堎五千多丈，占70%。山流了，地冲了，房塌了，全大队共80户，就有78户房屋倒塌，共塌房77间，占房总数的61.6%，未塌有危险的36间，占房总数的28%；共塌窑113眼，占窑总数的79%，未塌有危险的27眼，占窑总数的18%；全大队只留下112间房，5眼窑算作保险的。在78户中，有34户（147人）房窑全塌，财产淹尽，无家可归；有15户（61口人）基本塌完，居住困难；有22户（89口人）非经整修，不能再住。这次灾害，共冲盖粮食23575斤（集体9610斤，个户13965斤）；共淤盖盆、缸、瓮、板、衣、被、布匹和各种用具1505件，价值4303元。毁坏已见收入的干果树1095株，占原有株数的30%"。[①] 当时的陈永贵在县里开会回不来，党支部怀着决不能让群众的生命财产受到损失，也决不能让集体的财产遭到损失的信念，在最短的时间里组织了抢险队。贾承让、贾来恒、宋立英、赵大和等带领30多名共产党员、基干民兵冲向那些危险的地方。在党支部的领导和奋力抢救下，全体社员无一伤亡，大量的集体粮食和全部的牲畜都被抢救出来。正如《大寨之路》[②] 写的那样，"共青团支部副书记贾吉义领着一帮年轻人，刚刚把23头大牲口从快要倒塌的圈里救出来，忽然听见大队长贾承让喊：'抢救粮食呀，仓

① 陈吉元、陈家骥：《中国农村社会经济变迁（1949~1989）》，山西经济出版社，1993，第378页。

② 莎荫、范银环：《大寨之路》，《人民日报》1964年2月10日，第1版。

库快塌了！’他们又直奔仓库，夜黑的像一片漆，放着粮食的窑洞，土皮一片一片塌下来，危险！但是，贾承让冲进去了，贾吉义冲进去了，陈明珠冲进去了。年轻人、老年人都冲进去了。他们冒着塌窑的危险，扛的扛，担的担，奋战了 2 小时，3 万斤粮食刚运出窑洞，突然，轰隆一声，窑顶裂开了 1 尺宽的大缝，泥土哗哗塌下来。”

大寨遭灾的消息很快传遍社会各界，中央和省、地、县、公社各级慰问团到大寨，带来了各级领导的关怀，全国各地的慰问信也从四面八方寄到大寨，不断地表明要给大寨物资支援。先后有医药补助费 80 元、安置金 100 元、苇席 50 领、救灾费 1000 元四批物资送到大寨。大寨部分社员认为，不靠国家帮助，很难战胜灾害。要不要接受外援，这是陈永贵在救灾中遇到的第一个问题，他拿不定主意，便找贾进财商量。贾进财说：“我天天打石头，耳朵不灵。远处的情况咱不知道，只说近处吧，听说水泉今年一个劳动日只能分五分钱，可咱大寨今年还能分一元钱——国家的钱有限，我看有钱得使到刀刃上。”陈永贵高兴地说：“咱大寨遭了灾，可咱的共产主义风格不倒；咱把方便让给别人，咱要自力更生战胜困难！”① 就这样农业合作化前后担任大寨大队的两位书记在援助问题上取得了思想上的统一，并提出大寨要自力更生解决困难，要做到“三不要”（不要国家的救济粮、救济款、救济物资），“三不少”（社员口粮、劳动日分配、卖给国家的粮食不少），他们谢绝了国家的大量支援，依靠自己的力量抗灾自救。

事后，人们一面赞叹陈永贵的骇世惊言，脱俗举动，一面对此做出不一的解释，有的认为陈永贵深知“气可鼓而不可泄”，有的认为陈永贵是首先响应毛泽东艰苦奋斗的号召，有的认为大寨人想保住自己艰苦奋斗、自力更生的大旗。我们现在无法考证陈永贵当时做出这一决定的实际过程，究竟是什么原因使他做出这种有悖常理的选择？笔者认为，陈永贵之所以做出这个决定，主要有三个原因。

首先，为国分忧是陈永贵一贯的做法，他认为国家的关怀就是最大的

① 孙谦：《大寨英雄谱——陈永贵抗灾记》，《人民文学》1964 年第 4 期，第 89 页。

鼓励。例如1953年，国家为保证工业化战略对粮食和工业原料的需求，实行粮食统购统销政策，并将其作为一场运动来抓。县、区干部全力以赴动员农民多交爱国粮，当时很多干部有宁负国家不负乡亲的思想，因为乡村社会是熟人社会。但陈永贵有着自己的思考，他并不认为多卖粮食就是坑老百姓。他不仅自己带头售粮1750公斤，还结合本村实际情况，帮助农民算了三笔账、回忆旧社会的痛苦、物价波动及奸商的投机给农民带来的损失，打消了当地农民存粮不存钱的习惯。① 同时，大寨在1953年使用化肥和新式农具使农业增产，使农民进一步认识到工农联盟的重要性。因此，大寨人在自报售粮时超额完成68.3%。② 在交粮和送粮的过程中，通过表彰自报售粮的模范人物和积极分子，通过节约使用粮款的教育，迅速完成售粮任务。当时昔阳干部群众对此不理解，有谩骂，有嘲笑。陈永贵并不计较这些，相反对自己提出了更高的要求。1954年，国家针对购粮过头的情况，又给农民一些返销粮。陈永贵为顾全大局，主动不要上级的援助。从1953年开始，大寨售粮总量占总产量的比例一直攀升，由1953年的22.1%上升到1960年的57.5%（见表2-4）。

表2-4　1953~1960年大寨留粮*、售粮情况统计表

单位：公斤

大寨社员口粮情况				征购任务				
年　份	社员口粮	占总产（%）	人均占有粮食	总产量	售粮	占总产（%）	人均	户均
1953	42340.5	41.5	145.5	101640	22500	22.1	76	304
1954	49335	46.1	165	106860	26000	24.3	95	333
1955	56240	47.5	185	118320	35000	29.5	116.5	437.5

① 当地农民有存粮不存钱的习惯，表现为：每年若没有特殊花项，或者能够变卖其他东西而生活，终不肯出卖粮食，最少也要保存四五个月，等到不能继续保存时才大量出售。同时还得看看春夏雨水是否均匀，如果雨水不匀，即使玉米不能长期保存，也要设法把玉米碾皮保存于瓮内，够一年备荒食用。《县政府粮食局计划收购、计划供应工作总结》（1954年1月21日），昔阳县档案馆藏昔阳县委档案，档案号：3/1/37。

② 中共昔阳县委员会：《通报——大寨村在统购统销中是如何发动思想工作的?》（1953年12月28日），昔阳县档案馆藏昔阳县委档案，档案号：3/1/37。

续表

年份	大寨社员口粮情况			征购任务				
	社员口粮	占总产（%）	人均占有粮食	总产量	售粮	占总产（%）	人均	户均
1956	56392.5	43.5	180	129330	39000	30.1	126	487.5
1957	57837	42.4	188.5	136340	43050	30.4	133	522
1958	79500	38.1	250	208520	95000	45.5	298.5	1212.5
1959	77280	32.8	240	235000	120000	51.9	372.5	1500
1960	65800	27.4	200	242500	140000	57.5	425.5	1750

* 留粮情况指社员口粮

资料来源：《大寨留粮情况表》（1960年），昔阳县档案馆藏昔阳县委档案，档案号：3/1/308。

陈永贵为国分忧的精神在某种程度上契合了中央的精神。周恩来在《国民经济的调整工作和当前任务》中指出，在实现调整任务的过程中，我们还可能遇到这样或者那样的新的困难。但是，困难从来没有吓倒过勤劳勇敢的中国人民。我们有着在中国共产党领导下的巩固的工农联盟和以工农联盟为基础的广泛的人民民主统一战线，有着在过去几年的伟大实践中取得的丰富的经验等许多有利条件，只要我们能够充分地运用这些有利条件，善于依靠群众，发挥群众的积极性和创造性，就一定能够一步一步地战胜我们面前的困难，胜利地完成国民经济的调整任务。[①] 为了战胜经济困难，中央号召全国人民为国分忧，继续发扬艰苦奋斗作风。

其次，陈永贵有乐观精神。陈永贵在灾后返回村里时，大寨已经是满目疮痍，面目全非。从常理上讲，他内心应该非常难过，顿感压力倍增。多年之后，宋立英回忆当时的情况说"陈永贵也是愁哩"[②]。但当他看到社员哭哭啼啼，唉声叹气，情绪极度低落时，便问社员："人怎么样?"社员们说："人都在。"陈永贵似乎忘记了刚才的难过，接着说："人在就是大喜!"后来在大寨公社召开的大队支部书记汇报救灾工作会议上，陈永贵是这么解释"喜"的含义，"我给大伙儿说，这场灾要在旧社会，我们这些人都不在了，

① 中央文献研究室编《周恩来选集》下卷，人民出版社，1984，第386~387页。

② 孙丽萍主编《口述大寨史》上篇，南方日报出版社，2008，第20页。

有的压死了，有的逃荒去了。现在有了党的领导，全队没有死一个人，这还不是喜事！拿我个人来说，民国9年（1920年），只旱了一个多月时间，我一家5口，因为父亲没人雇他做工，只好将我母亲、姐姐、弟弟卖了，留下父子两人，父亲还是落个上吊死了，只剩下我一人。现在我家又是5口人，又遭了灾，但人一个也不缺。从大队到我个人，不都是喜事吗？"① 可见，陈永贵的人生经历对其产生了深刻的影响，他从新旧社会的两种景象中感受到中国共产党和新社会的伟大，"喜"表达了其乐观向上的精神面貌。

陈永贵的这种乐观精神与农民在三年困难时期普遍存在的悲观畏难情绪形成了对比。当时昔阳县的基层干部产生了新的"三头"思想，即集体生产没搞头，艰苦奋斗没有头，社会主义没盼头。表现为情绪消沉，士气低落，生活散漫，对工作缺乏责任心，组织涣散，纪律松弛，随便离开工作岗位，擅自不参加会议。有的干部甚至把革命工作看成是吃亏的事。他们说："当干部劳眼多、误工多、惹人多、麻烦多，收入少。"② 在1963年遭灾后，大寨公社的许多干部"个个垂头丧气，仰天长叹，不知所以"③，这种反衬更凸显了陈永贵勇于挑战困难的品格是多么的难能可贵。当时大寨中学的郝维联老师高度评价了陈云贵，说他是个"强人、硬汉、主意真、有办法，大伙儿信得过，靠得住"。④

最后，生活经验也是陈永贵处事的依据，他看到救济会使人产生依赖思想，变得越来越懒。村里有一个社员贾承宝，一家七口人，两个劳力，社里年年给他家救济款，但他天天叫喊没钱花；年年救济给他衣服，他常常叫喊没衣穿。这件事使陈永贵深深地认识到依赖思想要不得，认为"党中央、省地委和各地人民来大寨进行亲自慰问，这是一种无限的支援，给钱是死宝，精神鼓舞是活宝"。⑤

① 孔令贤：《回望昨夜星》，中国文联出版社，2002，第13页。

② 县委宣传部：《合作化以来各个时期党内思想动向的点滴》（1961年12月28日），昔阳县档案馆藏昔阳县委档案，档案号：3/2/251。

③ 孔令贤：《回望昨夜星》，中国文联出版社，2002，第11页。

④ 同上书，第16页。

⑤ 《关于大寨生产大队1963年工作的基本总结》（1963年10月23日），昔阳县档案馆藏昔阳县委档案，档案号：3/2/286。

陈永贵做出拒绝国家援助的决定后，思考的第二个问题就是怎样说服社员。据原县委干部孔庆中回忆，陈永贵在当时想出了自力更生的十大好处。

> 一不要国家负担，对国家建设社会主义有利；二去掉依赖思想，充分发挥集体的力量，可以使社员的干劲更大，对发展集体经济有利；三可以促进社员勤俭持家，节约度荒，对个人有利；四自力更生战胜灾害，充分显示人民公社集体经济的优越性，就可以有力地回击阶级敌人，叫他们看看，人定胜天并不是白说的，对阶级斗争有利；五困难情况下可以更好地锻炼和考验干部，促使干部团结群众，对干部有利；六对后进赶先进有利。别人都在赶大寨、学大寨，你遭了灾要国家救济，还有什么学头！七依靠自己的力量，战胜困难，争取丰收，对继续保持大寨的先进荣誉有利；八培养社员战胜困难的勇气，提高对自然灾害作斗争的本领，对发展生产有利；九大寨不要公社扶助，公社就可以去支援别的队，使全公社都能共同渡过困难，对人民公社有利；十依靠集体、相互帮助，可以增强社员之间、干部与群众之间的团结，对团结有利。①

陈永贵从国家、集体、社员三个方面分析了自力更生的十大好处，融国家话语、传统话语和政治功利性话语为一体。陈永贵意识到欲说服社员接受“三不要”“三不少”的决定，还必须借助国家意识形态的话语激发社员团结一致，共渡难关的心理，同时又用争名保誉的激将法激发社员中蕴藏的主观能动性。据李银良回忆，陈永贵以要救济就是发国难财为理由劝说和教育大寨人。② 现在看来，这个理由似乎太牵强了，但当时的大寨人却都接受了这个理由，并以崭新的姿态投入到重建家园的劳动中。经过社员们的艰苦奋斗，秋后一算账，当年产粮 21 万公斤，卖给国家粮食 10 多万公斤，户均 1500 公斤，劳动日分值 1 元，基本上没有影响社员的生

① 张铁夫：《赞陈永贵和大寨人的精神》，《人民日报》1964 年 1 月 31 日，第 6 版。

② 李银良（1935～），大寨人，现为大寨森林公园员工。孙丽萍主编《口述大寨史》上篇，南方日报出版社，2008，第 22 页。

活。这在当时全国不少农村和农民挣扎在贫困线上，年年“吃粮靠返销，花钱靠救济”的环境下，大寨创造了一个了不起的成绩。

总之，大寨人在灾害面前表现出的乐观向上、自力更生、艰苦奋斗的精神和以国家为怀的高尚风格，使大寨赢得了广泛的赞誉。这与许多地方出现的基层干部和乡村传统共同体“合谋”“瞒产私分”行为形成鲜明对比，大寨对国家的忠诚使其成为众多典型中的典型，成为当之无愧的时代楷模。

第三节　大寨证明了人民公社的优越性

三年困难时期，对人民公社制度责难最多的莫过于干部的工作作风、分配制度和交换制度，大寨的做法为全国提供了样板。

一　干部参加劳动

早在1956年农业合作化实现后，农业社出现了一些情况，如管理机构庞大，脱产或闲职人员增多，社员负担加重。再如基层干部不深入实际，瞎指挥生产。当时社员心有不满，却又不敢讲出来，就编了一些顺口溜，如：“头等人地边串，二等人打算盘，三等人过阳泉，四等人下河滩”；“好好劳动七八分，游游逛逛十来分，坐在家里瞎指挥，秋收时节地没耕，男女老少一肚气，埋怨干部不上地”。[①] 从社员的话语里至少可以反映出三个问题：一是脱产干部有特权；二是农业合作社评分制度有不合理之处；三是脱产干部脱离了农业生产。并且在一些地方，干部凭借权力，多吃多占，更有甚者贪污挪用公款、侵吞国家和集体财产。干部的腐败作风在社员中造成了坏影响，大大降低了社员的劳动积极性。针对干部作风问题，中央于1957年发出了干部要参加集体生产劳动的号召。地、县干部提出没

① 宋连生：《农业学大寨始末》，湖北人民出版社，2005，第49页。

有时间劳动，村干部也只是在地里做一些象征性劳动。然而大寨的情景却完全不同，大寨自1953年成立初级农业社起，党支部就把参加集体生产劳动作为衡量一个干部的标准，不劳动不能当干部，劳动不过硬不是好干部。陈永贵经常说："一懒生百邪，一个人思想变坏常常从懒开始。"因此，他提出"干部、干部、就要先干一步。当干部只能比社员多流汗不能比群众多报酬；只能比社员多挑担，不能比社员多照顾；只能比社员多艰苦，不能比社员多享受。"他不仅严格要求自己，而且严格要求其他共产党员干部，凡是重活、脏活、关键活都是干部走在前面，这叫干部带头"扛三活"。对于生产大队干部按照上级规定应该享有的定量误工补贴，他们坚决少要。1958年以前大寨有十名干部享受误工补贴，1959年以来只有党支部书记、大队长和会计三人享受误工补贴。而且补贴工分占全大队工分总数的比例逐年下降，由1957年、1958年的1.1%降到1959年的0.79%，1960年的0.65%，1961年的0.58%，1962年的0.38%。[①] 陈永贵从1957年以来每年做工300个左右，贾承让每年也做200多个工（见表2-5）。

表2-5　1956~1962年大寨党支部书记、大队长做工及补工情况统计表

单位：个

年　份	陈永贵		贾承让	
	做工	补工	做工	补工
1956	180	140	50	260
1957	320	21	180	130
1958	312	28	210	110
1959	309	31	240	80
1960	314	36	245	75
1961	311	39	265	65
1962	295	45	280	30

资料来源：王俊山主编《大寨村志》，山西人民出版社，2002，第137页。

① 1964年中国农业部部长廖鲁言在大寨考察报告之三：《队干部参加集体劳动》（1964年5月8日），昔阳县档案馆藏昔阳县委档案，档案号：3/1/351。

同时，大寨党支部以其实践证明只要合理地利用时间，不会影响其他工作。根据陈永贵的提议，大寨党支部对干部参加劳动做出“三不准”的规定：一是没有特别重大的事情，一般不准占用劳动时间在村里开会；二是不准干部占用劳动时间在办公室里办公；三是不准从地里叫走社员谈话。干部做工作，都要利用“三会”时间，即碰头会、饭场会、地头会。[①]更为重要的是干部在劳动中必须做到“眼看、耳听、口说、手做”，既能了解生产情况，检查作业质量，又能帮助社员提高生产技术水平。

大寨干部参加劳动既改善了干群关系，又增加了粮食产量，充分体现了集体经济的优越性。与“人民公社化”运动中出现的许多基层干部铺张浪费、贪污腐化、破坏党章、违法乱纪的行为相比，大寨干部的行为难能可贵。大寨干部之所以能主动地参加劳动生产，最初的确是出于减轻农民负担，提高社员的生产积极性考虑的，大寨干部参加劳动又不影响各项工作的开展又是因为大寨村比较小。还需要说明的一点是陈永贵对新社会的“忠”。《人民日报》记者何燕凌在大寨调研写成的长篇通讯《在农村阵地上》，将陈永贵不同寻常的精神世界描述得入木三分。

> 在一次支部会上，永贵对同志们说：我们当干部，就是为自己的阶级兄弟当长工。过去给地主当长工的时候，人家地主提出两个条件：一是卖力气干活；二是一心“向主”。那是给人家当牛马，哪能真心向人家？很多人就因为有点骨气，不“向主”，当长工人家也不要。现在我们当干部，阶级兄弟、社员群众就是我们的主人，我们自己也是这集体的主人；我们怎么能不“向主”呢？“向主”就是向自己；不向自己，又向谁呢？能为社员多办点事，再辛苦也是乐意的。我们办的社会主义的事，要让每个社员都能满意社会主义。

当毛泽东认为“苏联党和国家的领导现在被修正主义者篡夺了”[②]，资本主义在苏联全面复辟后，他将阶级斗争与反修防修结合起来看待农村人

---

① 宋连生：《农业学大寨始末》，湖北人民出版社，2005，第47页。

② 《在扩大的中央工作会议上的讲话》（1962年1月30日），载中共中央文献研究室编《建国以来毛泽东文稿》第10册，中央文献出版社，1996，第37页。

民公社中存在的干部作风问题。他在《关于山东、河南、甘肃和贵州某些地区所发生的严重情况的指示》中指出："贵州遵义和毕节地区的群众生产、生活中的严重情况，特别是干部中的极其严重的不可容忍的铺张浪费、贪污腐化、破坏党章、违法乱纪、不顾人民死活的情况，有些简直不能想象。其中某些反革命的破坏行为，显然是封建势力在地方上篡夺领导权，实行绝望性的破坏性的报复。这是农村中阶级斗争的最激烈表现。"① 农村社会主义教育运动开始后，随着对阶级斗争形势的估计越来越"左"，中央认为"领导权不在我们手里的，不是有没有三分之一，而是不止三分之一的问题"，"大量农村干部正在和平演变之中"。如何有效地防止基层干部变修，使其像陈永贵一样地"忠于"社会主义社会，毛泽东或许从大寨这里获得了启示，赋予"干部参加劳动"更多的政治内涵。

1963 年 3 月，中共中央转发昔阳县干部参加劳动已形成社会风尚的调查材料中指出："干部参加劳动，是党的优良传统之一，是党在社会主义建设时期的一项极为重要的政策。认真贯彻执行这项政策，对于农村工作来说，其重要性是很明显的。农业合作化以来的无数事例证明：凡是办得好的社、队，无例外的都具备社、队的领导干部经常和社员在一起积极参加劳动的特点。反之，凡是办得不好的社、队，往往具有一个相反的特点，即这些社、队的领导干部，不愿意和社员在一起积极参加劳动，因而脱离群众，不能抵抗剥削阶级思想的侵袭，生活特殊化，贪污多占群众的劳动果实，有的甚至逐步蜕化变质，堕落成为富裕农民和资本主义分子利益的代言人，修正主义的社会基础。"② 毛泽东在《关于目前农村工作中若干问题的决定（草案）》（即《前十条》）中指出干部参加集体生产劳动，"对于社会主义制度说来，是带根本性的一件大事"，因为"干部不参加集体生产劳动，势必脱离广大的劳动群众，势必出修正主义"。文件还特别引用毛泽东 5 月 9 日对《浙江省七个关于干部参加劳动的好材料》的批语，"阶级斗争、生产斗争和科学实验，是建设社会主义强大国家的三项伟大革命运

---

① 国家农业委员会办公厅编《农业集体化重要文件汇编》下册，中共中央党校出版社，1981，第 416 页。

② 同上书，第 667 页。

动，是使共产党人免除官僚主义、避免修正主义和教条主义，永远立于不败之地的确实保证，是使无产阶级能够和广大劳动群众联合起来，实行民主专政的可靠保证。不然的话，让地、富、反、坏、牛鬼蛇神一齐跑了出来，而我们的干部则不闻不问，有许多人甚至敌我不分，互相勾结，被敌人腐蚀侵袭，分化瓦解，拉出去，打进来，许多工人、农民和知识分子也被敌人软硬兼施，照此办理，那就不要很多时间，少则几年、十几年，多则几十年，就不可避免地要出现全国性的反革命复辟，马列主义的党就一定会变成修正主义的党，变成法西斯党，整个中国就要改变颜色了。”①

二　大寨工分制体现了按劳分配原则

大寨在总结自己和吸收外部经验的基础上，因地制宜地推行了一系列有利于调动社员积极性的劳动管理制度和分配制度。初级社时，大寨改“死分活评”为“包工与评工相结合”的办法。对于责任明显的农活，确定出劳力、时间、报酬和完成任务的数量和质量，然后包给社员，经过检查验收，再给社员记工。对于一些一眼看不透，不好包和不能包的农活进行评工记分。同时，又推行了劳力、农活站队、因人制宜、合理分工和长计划、短安排的管理方法。并且在共产党支部的领导下展开了社与组、人与人的劳动竞赛。高级社时，大寨 1955 年从武乡窑上沟学来了定额管理的办法。1956 年又学习长治苏中友好集体农庄的超产奖励办法。1957 年开始实行“以产定工”。经 1958 年“大跃进”，大寨在 1959 年 3 月贯彻山西省委关于恢复定额管理精神的基础上，进一步整顿，健全了这一制度。据陈永贵本人给昔阳县的有关报告中说：全大队“90% 以上的农活实行小包工，事事有标准，件件有定额，克服了劳动中的混乱现象，确保提高劳动效率和质量”。三年调整时期，大寨又在定额包工的基础上，进一步调整发展为“分包到组，以组活动；包工到组，小型结合；以人定工，以人活

---

① 中共中央文献研究室编《建国以来毛泽东文稿》第 10 册，中央文献出版社，1996，第 292 页。

动”三种组织形式。这三种劳动组织形式既适应了农业生产的分散性，作业项目的复杂性，又符合当时农民的思想觉悟水平，加强了社员责任心，有效地提高了社员的劳动自觉性。[①]

1963 年水灾之后，结合大寨抗灾自救的特殊情况和长期以来形成的社员觉悟比较高的情况，陈永贵大胆革新，采用“标兵工分，自报公议”的评工记分办法。该办法强调政治领先，突出人的思想因素，简便易行，有效地解决了公社化以来各地在评工记分中形成的平均主义和高级社时期定额管理过于繁琐的问题，在一定程度上体现了按劳分配的原则，但又差距不大。这种“有制度，不繁琐；有差别，不悬殊”的劳动分配制度，既符合毛泽东在调整时期强调按劳付酬的原则，又避免了毛泽东担心的两极分化的出现。所以毛泽东第一次听到这一办法时，就高兴地说：“这个办法好。评工记分就是不要搞繁琐哲学。又有差别，又不悬殊，才能调动广大群众的社会主义劳动积极性。”[②]

三 大寨对私有观念的自觉抵制

中国共产党历来非常重视和善于对农民进行思想政治教育。1949 年 6 月 30 日，毛泽东在《论人民民主专政》中说，严重的问题是教育农民。农民的经济是分散的，根据苏联的经验，需要很长的时间和细心的工作，才能做到农业社会化。因此，新中国成立初期，中国共产党围绕每一阶段的重大任务、重大政策和时事政治，从克服农民小生产者私有观念的角度，对农民进行阶级教育、爱国主义和国际主义、集体主义和社会主义教育。大寨人尤其是陈永贵自组织初级社起就坚信“身教胜过言教”，自觉地对各种私有观念进行抵制，通过抓典型对大寨人进行集体主义教育。

1953 年，初级社建立时，土地以实际产量作价入股，陈永贵见富农贾

① 1964 年中国农业部部长廖鲁言在大寨视察报告之六：《大寨的劳动管理在前进中》（1964 年 5 月 8 日），昔阳县档案馆藏昔阳县委档案，档案号：3/1/351；郑社奎、范堆相编《山西农村 50 年》，山西经济出版社，1999，第 324 ~325 页。

② 陶鲁笳：《毛主席号召“农业学大寨”的由来》，《文史精华》1996 年第 4 期，第 6 页。

正元报 47 石（合 1400 公斤～1600 公斤）粮食，明知贾正元多报粮食，却故意将自己的 37 石（合 1100 公斤～1200 公斤）粮食压为 28 石（合八九百公斤）上报。当梁便良问到陈永贵的用意时，陈永贵说："你看那贾正元，明明没有那么高产量，却报那么多，这不是想在土地股上捞一把，侵占别人在劳力上应分的红吗？如果大家都这样，农业社还能办好？我少报 9 股，可以把困难户拉一把，把大家的劳动劲头提一把。这样，农业社办好了，不知多打几个 9 石（合二三百公斤）粮食呢！"① 1955 年底，初级社转高级社，粮食归集体所有，社员的生产资料作价卖给集体。陈永贵带头把自家的壮牛和即将产仔的母猪低价入社。这带动了其他一些社员，贾进财卖掉自己的老牛，又添了一些钱买回一头壮牛加入合作社。陈永贵以自己的行动在大寨进行了一次次无形的集体主义教育。

在对青年人的教育中，陈永贵善于抓典型对大寨人进行集体主义、爱国主义教育。赵小和就是一个非常典型的例子。9 岁父亲去世，10 岁母亲去世，12 岁给地主放羊，后被地主连人带羊卖到平定，抗战胜利后回到大寨，给队里放羊。开始，他一边放羊一边为自己割荆条编筐卖，由于疏于照顾，100 多只羊死了 20 多只。针对赵小和的做法，陈永贵通过新旧社会的对比，对赵小和进行集体主义教育，使其明白了"爱社如爱家"的道理，因此，他对集体的态度有了很大的转变。后来，他外出为队里买牛，回来路上捡了邻队的一头牛，赶了回来；一次从城里运钢材，多拉回一根，让队里打农具用；又一次他给粮食局拉粮，把粮食局的麻袋顺手拿回几条。针对赵小和的这些行为，大寨党支部让他学习毛泽东的《纪念白求恩》《为人民服务》等著作，使其认识到爱自己的集体，更要爱别人的集体，这才是真正的集体主义。自此以后，赵小和一心爱集体，直至为大寨的建设殉职。②

同时，陈永贵还视各种非农的商业行为为投机倒把行为。20 世纪 40 年代"大寨挖煤窑的悲剧被视为批资本主义的实例讲了 20 多年；60 年代

---

① 孔令贤：《大寨沧桑》，山西经济出版社，2005，第 34～35 页。

② 参见孔令贤《大寨沧桑》，山西经济出版社，2005，第 53～54 页。

初期，邻县有人到大寨高价买谷糠，他认为是投机倒把，是资本主义，不卖1斤3角而只卖3分，甚至专门组织人到市场上卖高价馒头摊点前高声叫卖平价和低价馒头，打一枪换一个地方，以向资本主义进攻”。[①] 这反映了作为一个农民的陈永贵对资本主义褊狭的看法。

综上所述，三年困难时期，当人民公社制度遭受质疑时，大寨对党和国家忠诚，大寨干部在生产劳动中与群众不仅同劳动，且干最苦、最累、最难的活，与群众打成一片，树立了干部的威信，身体力行着群众路线，证明了集体经济和社会主义制度的优越性。大寨人和大寨干部所具有的这种道德品质，在国家领导人看来，正好契合毛泽东坚持三面红旗政治理想与群众关心的自我生存问题，凝聚了人心。因此，大寨的崛起主要是因为其自身表现出来的特征符合国家的需要。不断实践群众路线，在一定程度上有效地弥补了“大跃进”的不利影响。

① 孔令贤：《回望昨夜星》，中国文联出版社，2002，第121页。

· 第三章 ·

典型的树立

第一节 从昔阳走向全省

一 大寨典型的树立

大寨集体经济的巩固和发展，尤其是粮食总产、亩产持续增长使之逐渐成为昔阳县的明星村。1961 年，昔阳县仅有大寨大队、刀把口大队被评为山西省特等先进集体。1962 年，昔阳县的大寨大队、白羊峪大队、井沟大队被评为山西省特等先进集体。① 大寨大队连续两年受到山西省的表彰，它在昔阳的名声逐步赶上并超过抗战时期已在太行区挂名的白羊峪、刀把口两个大队。到 1963 年大寨大队以其粮食高产和陈永贵参加集体劳动而声名鹊起，大有超越早已闻名全国的李顺达②

① 山西省农牧厅编《山西农业劳模录》（1949 ~ 1989），山西人民出版社，1989，第 454 ~ 455、504 ~ 505 页。

② 李顺达（1915 ~ 1983），中华人民共和国成立后的第一代劳模，1952 年获中央人民政府农业部颁发的唯一的一次全国最高奖项“爱国丰产金星奖章”。1958 年响应中央建立“人民公社”的号召，建立了西沟金星人民公社。由于李顺达等人坚持农林牧生产，1958 年西沟粮食亩产达到 227 公斤，比 1957 年每亩增产 15 公斤，社内总收入增长 17%，人均分配收入也增加了 11 元，提高了 16.8%。参见张松斌、周建红主编《西沟村志》，中华书局，2002，第 10 页。

领导的西沟大队之势。在大寨典型树立的过程中，各级政府对它的培养和支持是至关重要的。

中共昔阳县委最早发现并培养了它。[①] 1946 年春季，张怀英调任一区武委会主任，他在虎头山查看地形时，陈永贵给他留下了深刻的印象。1948 年 7 月，正太战役结束，昔阳周边的敌情基本解除，组织起来、发展生产成为当时的工作中心。张怀英改任区委副书记，主要抓生产工作。1947 年底，解放区对基层干部开展了一次整党运动，这次整党运动的一个客观影响是使党“组织遭到削弱，干部队伍瘫痪，生产和社会秩序受到影响。”[②] 加之，土改后的农民对“组织起来”的看法不一致。所以，“组织不起来”是农村的常态。张怀英正在为“组织起来”寻找经验时，董来籽向他提供了大寨“老少组”的事迹，他便亲自到大寨进行查看，证明了这个区干部的汇报完全属实。[③] 1950 年 11 月，昔阳县人民政府奖给大寨一面锦旗，上写“组织起来，发展生产”八个大字。1952 年，陈永贵和贾进财互助组被评为山西省三等模范互助组，陈永贵和贾进财出席了省劳模会，这标志着陈永贵实现了从普通农民向劳动模范的转变。同年年底，大寨成立初级社后就通过了“十年造地计划”。1953 年首战白驼沟的成就引起了昔阳县委的重视。年底，县委推举陈永贵出席了晋中地区劳模大会。1954 年 5 月 9 日，县委以《关心全社利益的陈永贵同志》为题将陈永贵的模范事迹通报全县，望各农业社、互助组认真学习讨论，对照自己行为进行检查工作，提高全体社员、互助组员政治思想觉悟，改进工作。[④] 县委认为“陈永贵同志一贯的突出表现是：大公无私、积极工作、一切为了全社和国家”。《通报》中还特别提到，陈永贵在生产中指导生产技术，在休息中

---

① 李静萍认为大寨乡党委最先发现大寨这个典型，理由是大寨乡党委最早总结、推广了大寨的做法，并于 1960 年取得了显著的成绩。参见《潮起潮落——农业学大寨运动回眸》，山西人民出版社，2012，第 5 页。从各种资料的记载来看，笔者认为最早发现并对大寨进行指导的是中共昔阳县委，最早开展学大寨运动的是大寨乡。

② 黄道炫：《洗脸——1946～1948 年农村土改中的干部整改》，《历史研究》2007 年第 4 期，第 107 页。

③ 参见段存章《我在大寨十三年》，农村读物出版社，2003，第 316～317 页。

④ 中共昔阳县委：《通报》（1954 年 5 月 9 日），昔阳县档案馆藏昔阳县委档案，档案号：3/1/50。

宣传时事政治，在实际中注意解决群众思想问题，关心穷苦农民的生活。同年，县委推举大寨农业社代表昔阳县出席山西省劳模大会。1957 年，陈永贵、宋立英出席山西省农业社第一次代表大会，并各获一枚奖章。1958 年底，在山西省农村社会主义建设先进单位代表会议上，大寨新胜社被授予粮食、畜牧两项模范。1959 年，陈永贵被树为昔阳县农村党支部书记标兵，应邀进京参加十周年国庆庆典。此时的大寨和陈永贵已成为昔阳县境内的一面旗帜。

中共晋中地委、山西省委也关注着大寨。1953 年，晋中地委书记姚宗泰听了陈永贵在成立初级社学习会上的发言，兴奋地对昔阳县委书记张怀英说："你们县大寨村的陈永贵发言质量高，讲得好，有水平！"同年晋中地区劳模会上，陈永贵做了发言，晋中地委书记岳太忠在总结讲话时说："大寨的陈永贵就很有头脑，是个很好的人才。希望其他合作社也像大寨那样，不仅要搞好当年的生产，而且也要大搞农田基本建设。这样，集体经济才能逐步壮大，社会主义的优越性才能逐步发展出来！"① 1956 年 5 月，晋中地委书记王成旺来昔阳视察工作，对大寨进行了实地考察，高兴地对张怀英说："大寨各项工作做得不错，陈永贵有能力。"1958 年 8 月，他再次到大寨总结经验。他在陈永贵家吃过两次饭，临走时要如数把钱和粮票给陈永贵，陈永贵笑着怎么也不肯收，张怀英在一边解围："大寨粮食多，算了吧。"1959 年冬，新任晋中地委书记贾俊利用在大寨开现场会的机会，在张怀英的陪同下，深入调查研究，号召向模范党支部书记陈永贵学习。于是，晋中地区掀起了学大寨、学陈永贵的热潮。晋中地委向山西省委汇报了这一情况，省委书记陶鲁笳②作了批示。1960 年 2 月，山西省委批转晋中地委的报告，发出"学习模范党支部书记陈永贵"的号召。《山西日报》也发表了《陈永贵——党支部书记的好榜样》的通讯，并配发社论。同年 9 月，省委候补书记黄志刚来到昔阳指导工作。他经过实地考察，对张怀英说："我转了不少地方，哪儿也没有昔阳县的情况好；在

① 宋连生：《农业学大寨始末》，湖北人民出版社，2005，第 27 页。

② 抗战时期，昔阳县被分为昔东和昔西两块根据地，陶鲁笳曾任昔东和昔西县委书记，因此十分关注昔阳县的发展状况。

昔阳，哪儿也没有大寨好，竟看不出任何灾情，简直就是个‘世外桃源’！”11月，省委书记池必卿陪在太原养病的化工部部长彭涛（曾任太行特委书记）到大寨，他们在集体食堂与社员一起用餐，彭涛吃得很高兴，赞扬说：“哈，大寨的饭不错，比我在省里机关食堂里油还多！”[①]

省、地、县各级领导给予大寨精神鼓励的同时，还具体指导大寨工作。例如1957年，大寨社员就其发展方向发生了争论，一部分人主张大搞土地基本建设，彻底整修七沟八梁一面坡；一部分人主张干三窑（砖、瓦、煤）三坊（油、酒、粉），搞副业，抓现钱。对此争论，大寨党支部和省委领导帮助社员算了一笔账。如果开三窑三坊至少要用30个强劳力，农业劳力就减一半。往年每人投工三百多个，现在就得投六百多工才能保住原来水平，这一条是没有办法做到的。开办三窑三坊至少投资两万元，但农林牧副各业的总生产费用只有9920元，仅为副业投资的一半。农业还搞不搞呢？这一笔账一摆出来，大寨的底清了，大寨人的心亮了。算账会最后得出的结论是：不以粮为纲，各种生产都搞不好。[②] 1960年，晋中地区掀起“学永贵、赶永贵”运动后，县委进一步加强对陈永贵的思想教育，不断地给他指明前进中的问题，启发他个人树立工作中前进的自觉性。在县委领导的帮助下，大寨党支部于3月份向全县农村支部发起了1960年十大倡议，[③] 进一步巩固了大寨大队在全县的地位。

---

① 谭成健：《大寨：中国名村纪实》，中原农民出版社，1998，第65~66页。笔者考察了20世纪60年代初各省树立的典型，他们均是因为粮食产量高而被发现的。例如陕西米脂县的高西沟村。1961年春，陕西省委搞阶级分化调查，调查组人员发现高西沟村人居然能够吃上窝窝头，这对处于饥饿状态中的农民来说，已经算是过上天堂般的生活了。高西沟村从此闻名于西北。冷梦：《高西沟调查——中国新农村启示录》，载《北京文学》月刊社编《北京文学》（优秀报告文学精选），中国社会出版社，2008，第56页。

② 《太行山上的一面生产红旗——介绍昔阳大寨大队连年增产经验》，《山西日报》1961年12月30日，第2版。

③ 十大倡议为：第一以粮为帅，全面跃进，各项指标，样样先进；第二是学习马列主义和毛主席著作，在巩固提高夜间党校、团校和业余红专学校的基础上，开展人人学哲学、个个讲理论活动，1960年每个党员要讲5~10本理论书籍；第三是加强组织建设，不断提高党的战斗力，适当地有计划地培养积极分子，要按党中央提出“积极慎重”的建党方针和更高更严的党员标准，1960年吸收2个党员；第四大搞技术革新，提高劳动效率；第五大走群众路线，每个党员都要成为深知群众心理、掌握群众思想的组织者、领导者和鼓舞者；第六广树标兵，在党内开展一个带头作用好，参加劳动好，共产主义风格好，（转下页注）

此外，大寨优先享受了部分稀缺资源（见表3－1）。改革开放前的中国是一个物资缺乏的时代，倡导“好钢用在刀刃上”的思想，且资源控制严格，只有那些积极响应中央号召和政策者，或者生产模范、典型才有可能获得政策支持。据秦怀录②回忆，他访问昔阳县委书记张怀英时，张回忆道：“50年代地委书记来视察，就问陈永贵产量还能不能提高。陈永贵就说，要有点化肥来，怎么不能再提高？王成旺就跟县委书记张怀英谈，说大寨这个化肥怎么供的，再给供一点么。张怀英说不能供他，我给大寨安排的化肥不是随便供的，你产量有多少，就给配备多少。”但私下里，县里还是把“撒到地下的带土面面化肥，交给大寨”。③ 这从侧面说明大寨多少获得了一些额外的支持，但并非重金打造出来的。从现有的档案和报刊资料记载看，从1954年起，大寨先后多次受到国家的奖励，这既是对大寨过去经济成就的嘉奖，又为大寨未来经济的发展奠定了物质基础。

表3－1　1963年前国家对大寨的支援情况

名　　称	年　　份	备　　注
贷　　款	1954年秋贷7000元①	1955年秋全部还清
化　　肥	1961年被评为山西省特等先进单位，省委奖化肥五吨② 1962年被评为山西省特等先进单位，省委奖化肥四吨③	
农业投资	1955年被评为粮食增产先进单位，获奖金200元④ 1958年大寨被评为县甲等农业社，获奖金20元⑤ 1960年大寨管理区获得10万元农业投资款⑥	

(接上页注③)贯彻执行政策好，互相团结好，学习好，服从领导好，完成任务好，关心群众生活好的学、赶、帮的竞赛运动；第七大搞文化革命，向科学文化进军；第八听党的话，坚决执行党的政策，积极发扬共产主义风格；第九充分发挥每个党员的主观能动性，争取完成1960年的各项跃进指标；第十健全各种制度，定期进行评比。中共昔阳县委组织部：《组织工作通报》第3期（1960年2月20日），昔阳县档案馆藏昔阳县委档案，档案号：3/2/223。

② 秦怀录（1947～），昔阳县氮肥厂职工，山西省作协会员，著有《扎白毛巾的副总理——陈永贵》一书。

③ 孙丽萍主编《口述大寨史》上篇，南方日报出版社，2008，第243页。

续表

名　称	年　份	备　注
农用工具	1954 年被评为模范农业生产合作社，省委奖喷雾器一台，喷粉器一台，药剂 120 斤[⑥]	1959～1962 年未使用锅驼机和发电机
	1958 年被评为粮食增产社，奖农村水土速测箱 1 个[⑥]	
	1961 年被评为山西省特等先进单位，省委奖胶轮大车一辆，小平车五辆[②]	
	另有锅驼机、发电机、吹风机、电动机、铡草机五台农业机械[①]	

资料来源：

①1964 年廖鲁言在大寨视察报告之四：《国家、工业和兄弟社队的支援》（1964 年 5 月 8 日），昔阳县档案馆藏昔阳县委档案，档案号：3/1/351。

②《山西省 1961 年度农业生产先进单位代表会议授奖名单》，《山西日报》1962 年 3 月 5 日，第 2 版；山西省农牧厅编《山西农业劳模录》（1949～1989），山西人民出版社，1989，第 456、497 页。

③《山西省 1962 年度农业生产先进单位代表会授奖名单》，《山西日报》1963 年 3 月 22 日，第 2 版。

④山西省农牧厅编《山西农业劳模录》（1949～1989），山西人民出版社，1989，第 189、174、261 页。

⑤农村工作部：《关于 1958 年模范奖励花名登记表》（1958 年 11 月 22 日），昔阳县档案馆藏昔阳县委档案，档案号：3/2/140。

⑥《关于发放 1960 年农业生产投资款的通知》（1960 年 3 月 20 日），昔阳县档案馆藏昔阳县委档案，档案号：3/1/233。

同时，县粮食局从 1959 年起，每年拨粮 2 万斤给大寨，用于加工粉条。其中 1959～1960 年曾利用粉渣做过酒。[①] 这在当时的昔阳县是屈指可数的。

二　典型在山西省内的学习

早期的学大寨运动首先是从大寨乡[②]开始的，“大跃进”运动和人民公社化运动开展后，大寨引起了县委、地委和省委的进一步重视，当时主要

① 中国农业部部长廖鲁言在大寨视察报告之四：《国家、工业和兄弟社队的支援》（1964 年 5 月 8 日），昔阳县档案馆藏昔阳县委档案，档案号：3/1/351。

② 1956 年 4 月，昔阳县取消区级建制，实行县对乡的直接领导。

学习陈永贵的领导作风和大寨艰苦奋斗搞生产的经验。

早在1956年，大寨大队所在的大寨农业社就开展了学大寨、赶大寨运动。[①] 1958年“大跃进”和“人民公社化运动”开展后，农村普遍地存在“五风”问题，大寨却保持了清醒的头脑。针对全县“五风”盛行的情况，昔阳县于1959年开展了“赶大寨、赶刀把口、赶白羊峪”的三赶群众运动，取得了明显的成效。同年，晋中地委发现大寨这一典型，并于12月23日在昔阳县城召开了社会主义思想教育运动现场会，号召在全区推广大寨支部工作经验，并向山西省委写了报告。为推动学习陈永贵运动的开展，昔阳县办起了“大寨奇迹实物展览馆”，介绍陈永贵领导大寨治理穷山沟的事迹。县委还提出：“赶大寨必须分秒必争”，计划全县“分三年全部赶上大寨”[②] 的号召。

1960年2月，中共山西省委批转晋中地委的报告，发出了学习模范支部陈永贵的号召，要求全省的基层干部首先是党支部书记，开展学习陈永贵带头参加集体生产劳动、搞好生产、搞好工作的运动。3月15日，《山西农民报》以整版篇幅介绍了陈永贵的事迹，认为陈永贵是“有共产主义劳动观点的手脑并用的新人”，是“又当司令又当兵，手脑并用新英雄”。该报不仅充分肯定了陈永贵做出的成绩，而且认为农村基层干部参加劳动，不仅解决了自己的工资问题，更重要的是掌握了生产情况和生产中的问题，加强了共产党的领导，密切了共产党和群众的关系，是群众路线的深刻体现。这样，“学永贵、赶永贵”和“学大寨、赶大寨”运动在山西省逐渐展开。4月，中共昔阳县委组织部、宣传部决定将学习陈永贵作为党课和群众政治课的全部内容。[③] 经过学习，昔阳全县有20%的公社、管理区支书主任成为陈永贵式的领导。[④] 6月18日，《山西日报》再次发表

---

① 中共昔阳县委中心通讯组、《山西日报》晋中采通站：《大寨公社“赶大寨”的运动越来越扎实》，《山西日报》1961年6月10日，第1版。

② 张怀英：《全面贯彻党的政策，力争生产持续跃进》（1959年），昔阳县档案馆藏昔阳县委档案，档案号：3/2/217。

③ 县委组织部、宣传部：《关于加强支部教育工作通知》（1960年4月9日），昔阳县档案馆藏昔阳县委档案，档案号：3/1/228。

④ 《中共昔阳县委关于开展学习模范支部书记陈永贵运动向地委专题报告》（1960年6月1日），昔阳县档案馆藏昔阳县委档案，档案号：3/2/223。

中共晋中地委关于《学习陈永贵和大寨党支部书记的领导作风的决定》（以下简称《决定》），并配发了题为《陈永贵——党支部书记的好榜样》的社论，动员全省共产党员，特别是各村党支部书记向陈永贵学习。《决定》明确指出："以陈永贵为首的昔阳县城关人民公社大寨管理区党支部在领导农业生产和各项工作中取得了极其丰富的经验，是晋中区数千个党支部的一面红旗，陈永贵成为晋中区数万个基层干部中的一个典型，是值得学习的好榜样。"《决定》进一步指出，陈永贵和大寨党支部的领导办法是多方面的，最值得学习的是：学习陈永贵同志在办初级社以来的八年中，一直坚持参加生产、领导生产的方法；学习陈永贵同志坚持贯彻执行党的群众路线的工作方法；学习陈永贵同志用无产阶级立场观点分析问题的方法；学习陈永贵同志先公后私的精神和远大的共产主义理想；学习陈永贵同志处处关心群众生活的做法。《决定》最后指出，学习和推广陈永贵和大寨党支部的领导方法是为了建设好党支部，从思想上和组织上彻底改进支部的领导，改善基层组织的领导作风和领导方法。

从 1961 年开始，在强调学习陈永贵领导生产作风的同时，各地又强调学习大寨综合运用农业"八字宪法"的一系列具体生产措施。如 1961 年 12 月 30 日，《山西日报》刊登《太行山上一面高产红旗——介绍昔阳县大寨大队逐年增产经验》一文，从改良土壤、合理密植、选用优种、干部领导等方面对大寨增产的经验作了介绍。1962 年又介绍大寨干部参加劳动生产的经验。这年，中共晋中地委发出通知，要求在全区推广大寨干部参加生产和领导生产相结合、革命干劲和科学态度相结合、以农田基本建设为中心、综合运用"八字宪法"高速度地发展农业生产的先进经验。1963 年 3 月 23 日，中共中央转发了中共晋中地委农村工作部《昔阳县干部参加劳动已形成社会风尚》一文及中共山西省委的评语。此后，干部参加劳动生产成为干部考核的一项重要指标。同年，中共山西省委又介绍了大寨大队"一带二"的生产经验。3 月 14 日，中共山西省委召开全省农业生产先进单位代表会议，陈永贵在会上生动、系统地介绍了大寨自力更生发展生产的经验，特别讲到大寨与邻村井沟等大队互学互帮的情况。省委第一书记陶鲁笳在大会上向全省每个农业先进单位提出要求，向大寨学习，不仅要把自己的社队管好，还要发扬共产主义风格，带好两个落后队。从此，在中共山西省委的发动下，大寨成为山西农村的一面旗帜，“学大寨，一带二”的比学赶帮运动普遍地开展起来。但从实效来看，成绩并不显著。李静萍通过检索这一时期的《山西日报》，认为当时山西省树立的学习榜样实在太多了，自然分散了人们对大寨和陈永贵的注意。[①] 事实上，1965 年省委第一书记陶鲁笳和昔阳县干部对学大寨运动总结时，都认为学大寨运动没有引起足够的重视。许多干部认为“领导硬让学，就走一个过场算啦”，或者口头上喊学大寨，但没有实际行动。[②] 总之，当时的学大寨运动在多数地区还只限于一般号召，小范围的真抓实干，并未形成群众运动。

到 1963 年 11 月，当大寨自力更生抗灾，完成国家征购任务的消息传到省委时，陈永贵也因此应邀出席全省宣传工作会议和农业工作会议，并作了《巩固集体经济、发展农业生产》的报告。会议认为大寨就是毛泽东穷则思变革命精神的榜样，是坚持自力更生建设山区的一面红旗。[③] 11 月 9 日，中共山西省委发出通知，号召全省各级共产党组织向大寨人民学习。在大寨精神鼓舞下，山西各地的学大寨运动有了起色。是年冬，山西各地因地制宜地推广大寨经验，在全省范围内掀起了一个以农田基本建设为中心的生产运动高潮，参加冬季生产的劳力达 400 多万人，占农村总劳力的 70% 以上，是历年来规模最大、成绩最突出的一年。通过打坝淤地、淤滩漫地、修水平梯田等办法，新建基本农田 37 万亩，整修梯田、地埂和新培地埂 244 万亩，修边垒堰、里切外垫、填穴补壑 115 万亩。各项农田基本建设的成绩，都比 1962 年同期增加 1 倍以上，其中水地区平田整地面积超过 2 倍。[④]

---

① 李静萍：《潮起潮落——农业学大寨运动回眸》，山西人民出版社，2012，第 12 页。

② 《大学大寨经验，促进备耕生产新高潮——巴洲公社进一步开展大学大寨运动》（1965 年 3 月 12 日），昔阳县档案馆藏昔阳县委档案，档案号：3/2/345。

③ 《全省农业工作会议》（1963 年 11 月 3 日～18 日），载山西省史志研究院编《当代山西重要会议》，中央文献出版社，2002，第 388～391 页。

④ 农业部农村经济研究中心、当代农业史研究室编《当代中国农业变革与发展研究》，中国农业出版社，1998，第 127 页。

第二节　走向全国

在 1963 年之前，大寨只是山西农业战线的先进单位之一。如果放在全国范围考察，各省、市、自治区不同类型地区都有一批自己的先进典型，如山西的西沟，山东的历家寨，河南的刘庄、南崔庄，云南的松林，甘肃的火烧沟，陕西的高西沟，吉林的扶余等等。仅大寨所在的晋中地区就有八杆农业生产高产红旗，[①] 它们在依靠集体力量，自力更生，艰苦奋斗，改变贫穷落后面貌，走向共同富裕方面，绝不逊于大寨。然而，在 20 世纪 60 年代初，大寨却脱颖而出成为亿万“中国农民的方向标”，与陈永贵、各级领导干部和新闻工作者对大寨的宣传有着密切的关系。

一　大寨抗灾事迹的宣传

（一）媒体的宣传

对于陈永贵提出的“三不要”“三不少”的口号，当时很多干部都认为他在吹牛皮，是不可能做到的，大寨却如数完成国家征购任务，这足以使各级领导对其刮目相看，山西广播电台、《山西日报》相继报道了大寨抗灾救灾的事迹。当时，山西人民广播电台于 1963 年 11 月 5、6 日集中播放了陈永贵的讲话录音，之后又不间断地播放大寨事迹。[②]《山西日报》也报道了大寨人民“用自己双手，靠集体力量，战胜狂洪暴雨、医好灾害创

① 1963 年 2 月，中共晋中地委在八类地区树立八杆农业生产高产红旗，即井水灌溉区的太谷杨家庄、大水灌溉区的榆次张庆、长流水地区的文水北徐、垣平旱地区的榆次张胡、土石山地区的昔阳大寨、黄土丘陵地区的临县安业、高寒地区的昔阳北头。参见晋中史志研究院编《中国共产党晋中简明历史》，中央文献出版社，2004，第 287 页。

② 山西人民广播电台：《关于“陈永贵和大寨生产大队”的宣传计划》（1963 年 11 月 20 日），昔阳县档案馆藏昔阳县委档案，档案号：3/2/305。

伤”的事迹。[①] 编辑部每天都收到几十份歌颂和学习大寨的稿件，其中有来自农村基层干部和公社社员的，也有来自城市工矿企业的，有来自通讯员的，也有来自作家的。由此可见，大寨自力更生抗灾救灾事迹在山西的影响之深，震动之大。[②]

大寨抗灾救灾的事迹还引起了中央媒体的重视，中央新影驻山西记者李秉宽还拍摄了《大寨人抗灾自救》和《好八连访大寨》两个新闻片。[③]《人民日报》也对大寨抗灾事迹进行了报道，如《在农村阵地上——记昔阳大砦（寨的异体字，原文如此）公社大砦大队党支部和支部书记陈永贵》《赞陈永贵和大寨人的精神》《大寨之路》《大寨大队自力更生迅速治好自然灾害的严重创伤》《大寨一年来医治自然灾害创伤的实践证明》《大寨又一年》《奋发图强、自力更生、以国为怀、顾全大局、大寨大队受灾严重红旗不倒》[④] 等等，介绍了大寨人在困难面前，自力更生、众志成城、同心协力医治自然灾害创伤，进一步发展和巩固集体经济，恢复家园的事迹。其中影响最大的是宋莎荫、范银怀采写的长篇通讯《大寨之路》，《人民日报》发表时还配发了题为《用革命精神建设山区的好榜样》的社论。这是中央党报首次全面系统地介绍大寨的先进事迹和成功经验，也是首次发表学习大寨精神的社论。

距《大寨之路》报道50年后的今天，再次阅读此文，在深深地被大寨精神所感动的同时，也或多或少地感受到国家意识形态的影响，《大寨之路》围绕着政治挂帅、集体主义、艰苦奋斗的思想，塑造了大寨典型。

---

① 《大寨人民志不屈旗不倒》，《山西日报》1963年11月10日，第1版；《大寨：自力更生奋发图强建设山区的旗帜》，《山西日报》1964年1月7日第1、2版，1月8日第1～3版。

② 山西日报农村部：《典型报道和时代精神——大寨报道的前前后后》，《新闻战线》1964年增刊，第5～9页。

③ 李秉宽：《重上虎头山》，载马驷骥编《新闻电影——我们曾经的年代》，中国摄影出版社，2002，第351～358页。

④ 以上均见《人民日报》1964年1月31日，第6版；1964年9月16日第1、2版；1964年10月1日，第10版；1964年12月28日，第2版。

1963 年是三年困难刚过去的第一年，国家仍然十分困难，时代呼唤持续践行共产党长期以来的艰苦奋斗、自力更生、发奋图强的精神。正是在这种情况下，山西省委向全省发出学习大寨的通知，新华社山西分社和山西日报社决定有计划地宣传大寨。据范银怀回忆，时任新华社山西分社副社长的马明和记者冯东书便携带1963 年 11 月 9 日《山西日报》登载的大寨自力更生战胜灾害的报道，以及根据山西省委学大寨的通知编写成的一篇新闻稿，到北京向人民日报社、新华社领导汇报全面报道大寨的计划。时任新华社总社副社长、国内部主任的穆青热情支持大寨报道，认为应着重从政治思想上挖掘主题思想和陈永贵的人物形象，[①] 这就为《大寨之路》的写作定下了基调。当他们回到太原向分社负责同志汇报总社、人民日报社负责同志对大寨的评价时，又从省委传来李一清、王光伟对大寨的高度评价，这更坚定了大家写好大寨稿件的决心，对大寨的形象也形成了共识，认为它确实体现了毛泽东思想，是社会主义时期的农业典型。

明确了报道思想，便按照生产斗争、科学实验、阶级斗争的框架和顺序组织材料撰写《大寨之路》。1963 年 12 月下旬，穆青到太原进一步谈了对《大寨之路》的修改意见，指出农村的比、学、赶、帮还未形成“气候”。1964 年要成为大比之年，大学之年。为推动农业战线的学、帮运动，一定要把《大寨之路》修改好。后经润色，1964 年 2 月 9 日，新华社将《大寨之路》广播，2 月 10 日《人民日报》发表。[②] 可见，《大寨之路》是当时新闻记者群体智慧的结晶。它由六部分组成：第一部分总体介绍，第二、三部分主要介绍了大寨生产斗争的事迹和科学实验的经验。第四部分

① 穆青对大寨主题思想的挖掘与他的新闻思想有着密切的关系。1963 年 3 月，他在《多从政治上思想上考虑报道的主题》中谈道：“中国人民艰苦斗争的顽强意志，不畏艰险的英雄气概，蓬蓬勃勃的革命朝气，是最值得珍视的。这是中国人民宝贵的精神财富，是中国人民的骄傲。反映这种伟大的精神面貌，也是为了发扬这种精神，继承这种宝贵的精神财富。”“这是一件意义十分重大的事情”。参见穆青《穆青论新闻》，新华出版社，2003，第 87 页。

② 范银怀：《〈大寨之路〉发表之前》，《党史文汇》1997 年第 6 期，第 8 ~ 10 页；范银怀：《〈大寨之路〉与“农业学大寨”》，《新闻记者》2000 年第 8 期，第 40 ~ 41 页。

以大寨人在水灾之后的实际行动证明了集体经济的优越性。第五部分宣扬了大寨人是在阶级斗争的熏陶下成长起来的，是在革命的熔炉中炼出来的观点，称赞广大贫下中农是社会主义建设的核心力量。第六部分突出了大寨人对农业现代化向往的思想。《大寨之路》充分肯定了大寨人自力更生、艰苦奋斗改变生产条件的革命精神，高度评价大寨之路“是大寨人靠集体的劳动和智慧，征服大自然的路”“是大寨人高举毛泽东思想的红旗，扫除旧思想、旧习惯，使农民革命精神昂扬的路”“是组织千百万群众，自己解放自己，以艰苦奋斗、奋发图强、自力更生、勤俭创业的革命精神，夺取生产斗争、阶级斗争和科学实验三大革命胜利的路”，通讯最后提出要“学习大寨精神!”“走大寨之路!”。

配发的题为《用革命精神建设山区的好榜样》的社论，以总路线、“大跃进”、人民公社三面红旗为指导思想，高度赞扬了大寨用革命精神建设山区的先进事迹和宝贵经验，旨在消除畏难情绪，鼓舞士气。社论指出:“大寨的亲身经历证明了这样一个真理:尽管自然条件多么不利，但是只要人们有了建设社会主义的雄心大志，充分发扬革命精神，并且把革命干劲和科学态度结合起来，就一定能够使大地变样，河山易色，创造出伟大的成绩。”社论号召从四个方面学习大寨人的革命精神:（1）学习他们远大的革命理想和对未来坚定不移的信心;（2）学习他们藐视困难、敢于和困难作斗争的顽强精神;（3）学习他们把伟大革命精神和严格的科学态度结合起来的优良作风;（4）学习他们自力更生、奋发图强的优良作风和严格要求自己、以整体利益为重的共产主义风格。要像大寨那样，有了困难首先不应当是要求国家和别单位的支援，而主要依靠自己的力量搞好生产和工作。社论认为:大寨贫困落后的过去，是中国农村过去的缩影，大寨的现在，土地变样、生产变样、技术变样、人的思想变样，又是当前中国农村的现实写照。因此，各地要很好地总结学大寨的经验，在无数个“大寨”的带动下，中国农村人民必将鼓起更大的革命干劲，积极开展科学实验，推动农业生产的新高潮，促进农业生产和农业现代化更快更好地向前发展。

《大寨之路》和社论的发表以官方媒体所具有的权威、迅捷、广泛的优势，令大寨名满全国。它们高度肯定了大寨艰苦奋斗的精神和取得的成就，同时也将大寨人勤俭持家、艰苦朴素的传统美德，以及追求美好生活的愿望提升到追求远大革命思想的高度来认识，这一点超越了大寨人自身的思想认识水平。

（二）昔阳籍人士的传播

在大寨走向全国的过程中，昔阳籍人士的宣传也起到了积极的作用。中共中央中南局候补书记李一清[①]就是这样一位自觉宣传大寨的人物。1963 年 11 月间，他到北京参加全国计划工作会议。其间，华北局第一书记李雪峰对他讲起了大灾之后不向国家要一分钱的大寨的情况，大寨的事迹使其心动，决定回家乡看一看。会后，他直奔太原。山西省委第一书记陶鲁笳又向他介绍了大寨和陈永贵的许多令人感动的故事，并安排省计委副主任李进军陪同访问大寨。他首先听了昔阳县委干部的汇报，接着亲自到大寨看了看大寨的灾情和恢复家园的情况，听陈永贵一讲，大寨人那种战天斗地、自强不息的精神和顶天立地的英雄气概使其处于高度亢奋状态。

离开大寨后，李一清返回太原，又在陶鲁笳面前大赞特赞陈永贵，说他虽然是一个农民，却像个政治家一样去看待国家与集体的利益，夸他在复杂多变的环境中表现了非凡的指挥才能，还讲到了他如何严格要求自己，始终保持农民的朴素作风。接着，陶鲁笳建议李一清在方便的时候，把大寨大队和陈永贵的情况向中央反映一下。李一清愉快地接受了这一建议。

---

① 李一清（1908～1996），昔阳南关人。1924 年考入太原进山中学读书，受民主革命思潮影响，积极参与学生的爱国活动。1930 年毕业于清华大学。1935 年加入中国共产党。1938 年创建昔阳晋东游击队并任司令。1940 年后，在晋冀鲁豫边区从事抗日政权建设。1948 年 4 月随刘邓大军南下，出任中原临时人民政府副主席。中华人民共和国成立后，任中南军政委员会委员兼财经委副主任。三年困难时期任中南局书记处书记。据山西省社会科学院原副院长、农业经济学家陈家骥回忆，三年困难时期，毛泽东提出要干部返乡调查，解决农村的“五风”问题、吃不饱饭问题。李一清于 1962 年回家乡调查时就听说别的地方没吃的，大寨有吃的；别的地方交不起公粮，大寨能交起。他也成为第一个向毛泽东汇报大寨精神的人。参见孙丽萍主编《口述大寨史》上篇，南方日报出版社，2008，第 129 页。

此后有关李一清对大寨的具体宣传，有不同版本。曾任山西省委副秘书长、《山西日报》总编辑多年的吴象说，李一清到北京写专题报告向中央反映大寨的自力更生、艰苦奋斗建设家园的事迹。后来回到广州，遇到国家计委副主任王光伟，他原准备去四川考察，听到李一清的介绍也大受感动，竟改变行程，专程到昔阳大寨考察，回京后向周恩来总理作了口头汇报，又向中共中央、国务院分别写了书面报告，邓小平、彭真阅后也连连称好。[①] 张怀英回忆说：李一清从太原到北京，先后向主持中央计划委员会（以下简称计委）日常工作的副主任张劲夫作了汇报，建议中央计委向中央书记处、国务院作报告，在全国学习大寨这个艰苦奋斗、自力更生的典型。张劲夫听了大寨事迹很感兴趣，他正准备到四川视察工作，听了李一清的汇报后，马上到山西省昔阳县大寨进行调研。[②] 学者宋连生和谭成健也写道：在北京，他（李一清）首先对李雪锋谈起了自己的大寨之行，对大寨人及陈永贵赞不绝口。然后，他又向国务院副总理李富春、薄一波和国家计委主任张劲夫汇报了考察大寨的感受。他还向在京的老同学、老战友介绍了大寨人和陈永贵的事迹。计委主任张劲夫听了李一清汇报，便到大寨视察工作。李一清回到广东后，在中南局书记处在崇化召开的一次会议上，他又向在座的许多领导同志详细地作了汇报，参加会议的中南局第一书记陶铸、中南局第二书记王任重、湖南省委第一书记张平化、湖南省委书记处书记李瑞山和华国锋及国家计委副主任王光伟等听后也十分激动，纷纷发言，结合大寨的经验就中国农业的发展畅所欲言。王光伟返京前专程去了大寨，对那里的情况做了详细的调查，说大寨是毛泽东倡导的“三大革命”的缩影，是“自力更生，艰苦奋斗的典范”。回京后，王光伟先向周恩来作了口头汇报，然后又分别向国务院和中央书记处写了书面报告。[③] 毋庸置疑的是，正是由于李一清的多方举荐，大寨及陈永贵的事迹逐渐在中央高层领导人中间传播开来。

---

① 吴象：《“农业学大寨”的沉重教训》，《炎黄春秋》1998 年第 11 期，第 15 页。

② 张怀英：《聊天录》，长江文艺出版社，1998，第 143 页。

③ 宋连生：《农业学大寨始末》，湖北人民出版社，2005，第 98 页。谭诚健：《中国名村纪实——大寨》，中原农民出版社，1998，第 68～69 页。

（三）陈永贵的京城演说

陈永贵是一个非常善于推介自己的人。[①] 1964 年 1 月，水利部召开年度水利工程会议，主要介绍和学习了大庆自力更生建设油田的经验。会议期间，水利部副部长钱正英提出希望在水利战线上树立一个自力更生的典型。山西省水利厅副厅长高进财便向钱正英推荐了自力更生战胜特大洪灾的昔阳县大寨大队。钱正英听了汇报，同意请陈永贵在全国水利会议上介绍经验。1 月中旬，陈永贵赴北京，向来自全国各地的 300 多名代表报告大寨抗灾救灾的事迹。他不用讲稿，讲得生动感人，博得满场好评，大寨的事迹立刻在北京产生强烈反响。在他还未离京前，报告会现场录音就已经通过中央人民广播电台的电波传到长城内外，大江南北。

接着，1 月 19 日中共北京市委和农业部、农垦部、粮食部、农机部、石油部等六单位联合在人民大会堂举办了一场报告会，陈永贵受邀在会上作了题为《自力更生、奋发图强，依靠集体力量改变山区面貌》的报告。参加这次报告会的来自水利电力部、农业部、农垦部、粮食部、农业机械工业部、石油工业部的负责同志和干部，北京市农业、林业、水利等各有关部门的干部以及市郊区各公社、农场党委书记等共约一万余人。初登人民大会堂主席台，陈永贵毫不怯场，他不拿讲稿，却讲得井井有条。他从创办互助组开始讲起，讲了三战狼窝掌，最后讲到六三抗灾。陈永贵用鲜活的语言、深入浅出地讲述了大寨创业史和抗灾史，“当好汉就要当新社会的好汉”“依靠双手改天换地”“要退东吴兵，还得自己人”“年年都有新套套”“大寨人民志气不屈，红旗不倒”“爱社会主义的集体”“自力更生的十大好处”“鼓足更大干劲，争取更大丰收，努力实现‘过长江’”等内容。[②] 陈永贵的讲话高度概括了大寨的建设历史，大寨人改天换地、不屈不挠的精神感动了每一位与会者。

---

① 1963 年大水灾之后，陈永贵到太原办私事，找新华社山西分社记者范银怀，托他联系时任山西省委秘书长昔阳人毛联珏。毛联珏向陶鲁笳讲述了大寨的事迹，后经考察，大寨就被树为山西省的典型。

② 《大寨——我们的一个好榜样》，《北京日报》1964 年 1 月 24 日，第 1 版。

二　中央领导人对大寨的肯定

通过典型推动工作，这是中国共产党在革命中总结出来的有效工作方法。“大跃进”运动带来的困难使中央高层领导人对典型的选择更是十分谨慎。在毛泽东首肯的前提下，为了进一步了解、核实大寨情况，国务院派出了以农业部部长廖鲁言为组长的调查组，赴大寨进行考察。1964 年底第三届全国人民代表大会第一会议在北京召开，周恩来在《政府工作报告》中第一次向全国发出了学习大寨的号召。自此，大寨成为“人民公社名声好得很，棒打不散”的典型。

（一）毛泽东邯郸之行

连续三年的“大跃进”、人民公社运动及自然灾害给国家和民族发展事业造成了严重困难。同时，1963 年开始的中苏大论战又给中共领导人提出了如何防修反修的问题。这一时期的毛泽东在政治上集中思考防修反修的问题，在经济建设上致力于解决粮食问题，巩固集体经济。他急需一些既能体现集体经济优越性又能引领中国经济发展的典型，大寨表现的特征符合毛泽东的农业发展与制度巩固战略，因此，进入毛泽东的视野。

1964 年 3 月 28、29 日，毛泽东外出考察，专列停在河北邯郸，要河北省委书记林铁和山西省委书记陶鲁笳去汇报工作。陶鲁笳向毛泽东汇报了自己前不久在昔阳蹲点的情况，并详细地向毛泽东汇报了陈永贵的情况。当陶鲁笳汇报大寨党支部有个口号“参加生产，领导生产”时，毛泽东大加赞赏地说：“很好嘛！就像打仗一样，纸上谈兵不行；你不参加打仗，怎么指挥战争呢?”陶鲁笳还汇报了大寨评工记分方法，“十年来，大寨全村的工分账和财务账，从来是一清二楚，接受群众监督，定期向社员公布。群众称他们的支部书记是贴心书记，会计是保险会计。”陈永贵认为其做法“有制度，不繁琐；有差别，不悬殊”。毛泽东饶有兴趣地说，这个办法好，评工记分就是不要搞繁琐哲学。

接着，陶鲁笳介绍了 1963 年大寨人自力更生、重建家园的事迹和大寨干部注重科学技术、年年有新套套的一些情况。毛泽东听完汇报后，感慨地说："穷山沟里出好文章。"谈话结束后，毛泽东又仔细阅读了有关陈永贵和大寨的材料。① 从这次汇报和毛泽东的谈话可推断出，毛泽东此前对大寨和陈永贵已有所了解。经陶鲁笳的汇报，大寨人战天斗地、自力更生、艰苦奋斗的精神，大寨工分制以及陈永贵以身作则，长期参加劳动，苦干实干的精神更是给毛泽东留下了深刻印象。

（二）廖鲁言大寨之行

1964 年 2 月，农业部部长廖鲁言主持召开的全国农业工作会议在北京闭幕，会上介绍了大寨大队的经验，受到中央有关部门的肯定。4 月，廖鲁言根据周恩来的指示，率领由国务院农业办公室、中国农科院作物所，以及山西省、晋中地委有关部门组成的调查组对大寨进行了为期 21 天的考察。调查组对大寨的自然条件，农田水利基本建设、科学种田、劳动管理、干部参加劳动等方面的情况分别进行了调查。5 月 11 日晚，在与大寨党团员和贫下中农委员联席会上，廖鲁言从六个方面总结了大寨经验：一是大寨人的革命思想和敢于革命的精神；二是革命干劲和科学态度；三是干部大公无私、以身作则；四是自力更生、艰苦奋斗；五是改造人的工作；六是共产主义风格，正确处理国家、集体和个人三者之间的关系。他透露："这次全国开会，把你们作为一面旗帜。"同时也指出："大寨可是给吹开了，全国工业上树大庆，农业上学大寨，这面旗帜下来可不行。""全国学解放军、学大庆、学大寨，工农兵旗帜大家都学，全国都学，你们要搞得更好更红才行。"他告诫大寨干部，要保持谦虚谨慎、不骄不躁的作风。"首先要生产更发展，这样学起来才行，不发展，学你干什么？""你们有好多好东西，特别是搞生产。""怎么使这面旗帜更红？要达到这点，就要搞好生产。"② 可见，突出生产是廖鲁言讲话的基调。

---

① 陈大斌：《大寨寓言》，新华出版社，2008，第 42 ~ 44 页；陶鲁笳：《毛主席教我们当省委书记》，中央文献出版社，2003，第 227 ~ 232 页。

② 《廖部长在大寨党、团员、贫下中农联系会上的讲话》（1964 年 5 月 11 日），昔阳县档案馆藏昔阳县委档案，档案号：3/1/351。

廖鲁言将这次考察的结果写成《大寨大队调查报告》呈送毛泽东和中共中央，并“要大寨大队和各级领导机关、有关部门，上下共同努力，使这面旗帜越来越红，越举越高”。同时，这份报告也为周恩来起草三届全国人大政府农业部分的工作报告奠定了基础，也使毛泽东更加肯定大寨的成就。

（三）毛泽东“农业靠大寨精神”的谈话[①]

1964 年 5 月 2 日，中共中央印发的《第三个五年（1966～1970）农业发展计划的初步设想》将大寨经验概括为：“大寨的道路，就是在党的领导下，充分调动群众积极性，依靠集体力量，自力更生地和因地制宜地进行农田基本建设、实行精耕细作、发展农业生产的道路。”“大寨的精神，就是苦干实干，勤俭创业，奋发图强，自力更生的革命精神；就是从实际出发，重视科学实验，扎扎实实地一个一个地解决问题，实事求是的科学精神；就是识大体、顾全局，把方便让给别人，把困难留给自己，热爱国家、热爱集体、热爱社员的共产主义精神。”谭震林在关于该计划几个问题的说明中，也对大寨的发展模式进行了如下概括：从农田基本建设开始，达到精耕细作，达到稳产高产，主要依靠劳动力的投入。该文件提出：“发扬大寨的精神，走大寨的道路，应当成为整个农业战线上的行动口号，成为全国所有人民公社、生产大队和生产队的行动口号。”“毫无疑问，只要全国所有的人民公社、生产大队和生产队，都学大寨的精神，都走大寨的道路，我们的农业建设和农业生产，就一定能够真正实现总路线

---

① 关于毛泽东最早讲“农业靠大寨精神”的提法，学界有不同的看法。第一种：1964 年 3 月，毛泽东在一次中央工作会议上提出“农业主要靠大寨精神，靠自力更生，要多出几个大寨，多出几个陈永贵”。参见吴象《“农业学大寨”的沉重教训》，《炎黄春秋》1998 年第 11 期，第 15 页。第二种：1964 年 4 月，毛泽东在中央召开的一次会议上，听取小组讨论时的插话。谭成健：《中国名村纪实——大寨》，中原农民出版社，1998，第 131 页。第三种：1964 年 5、6 月间，毛泽东在听取第三个五年计划设想的汇报中，毛泽东的插话。见农业部农村经济研究中心、当代农业史研究室编《当代中国农业变革与发展研究》，中国农业出版社，1998，第 132 页；中国农业博物馆藏品资料处官员肖克之认为，1965 年 5 月中旬，毛泽东在听取国家计委关于“三五”计划汇报时指出，农业主要靠大寨精神。见肖克之《“最高指示：农业学大寨”的由来》，《当代中国史研究》1996 年第 5 期，第 92 页。

所要求的又多、又快、又省。”[①]

5月10日，毛泽东在听取国家计委领导小组汇报关于第三个五年计划设想，当议论到在16亿亩耕地基础上，建设四五亿亩稳产高产农田时，毛泽东插话：“很对，要自力更生，要像大寨那样，他也不要国家的钱，也不向国家要东西。”[②] 一个月以后，毛泽东在中央工作会议上关于第三个五年计划的讲话中再次谈到了大寨，他强调指出：“农业主要靠大寨精神，自力更生。这不是说可以不要工业支援。水利、化肥、农药都需要基础工业的。”[③]

此后，毛泽东多次提到学大寨问题，甚至说农业“投资不要那么多，要靠大寨精神，你给他钱，他搞得不好；你不给他钱，反而会搞得好些”。[④] 同年12月7日，毛泽东同意国家计委将拟定的编制长期计划程序印发政治局、书记处、各中央局和有关部委党组，其中又提到“农业主要靠大寨精神”。

从时间上来看，廖鲁言于1964年5月25日将大寨的考察报告呈送中共中央、毛泽东阅示，而早在此之前，中央制定第三个五年计划设想时已经将大寨精神写入其中。毛泽东也在5月10日，听取国家计委领导小组汇报关于第三个五年计划设想时，谈到了“农业靠大寨精神”。这说明包括毛泽东在内的中央领导人已经决定将大寨树立为农业典型。当毛泽东看到廖鲁言的考察报告后，进一步坚定了其决心。

（四）毛泽东宴请陈永贵

1964年12月26日是毛泽东71岁生日。他在人民大会堂举办生日宴，邀请了著名科学家钱学森、工人代表王进喜、知识青年代表邢燕子和董加

---

① 中共中央文献研究室编《建国以来重要文献选编》第18册，中央文献出版社，1998，第476～477页。

② 《毛泽东在听取第三个五年计划设想汇报时的插话》（1964年5月10、11日），载黄道霞主编《建国以来农业合作化史料汇编》，中共党史出版社，1992，第793～794页。

③ 杨胜群、田松年编《共和国重大决策的来龙去脉》，江苏人民出版社，1996，第503页。

④ 顾龙生编《毛泽东经济年谱》，中共中央党校出版社，1993，第627页。

耕、农民代表陈永贵赴宴。毛泽东对陈永贵表现出了高度的热情。毛泽东边与他握手边说："永贵好啊！""你是农业专家啊！"也是在这次宴会上，毛泽东还对陈永贵谈起了贾进财。他说："贾进财举能让贤，才使你露出峥嵘，这种事历史上也有过，但确实少。"说到这里，他又对另外的几位劳模讲："你们有了成绩，不要翘尾巴，做一点不要翘尾巴，做两点不要翘，做出三点四点更不要翘，翘尾巴不好看，要夹着尾巴做人。"① 毛泽东以这种特殊的方式肯定了大寨和陈永贵。陈永贵后来回忆这次见面，"这次我见着主席，是终身也不会忘记的。我要以实际行动来回答党中央和主席对我的教育和关怀。"②

（五）周恩来高度概括大寨精神

1964 年 12 月 21 ~22 日，三届全国人大一次会议在北京召开，周恩来在会上作了《政府工作报告》（以下简称《报告》）。《报告》中正式提出学大寨，说："山西省昔阳县大寨公社的大寨大队，是一个依靠人民公社集体力量，自力更生地进行农业建设、发展农业生产的先进典型。"

《报告》接着回忆了大寨在过去十年间取得的成就。"这个大队，原来生产条件很差，是一个穷山恶水土地薄，全部耕地散在七沟八梁一面坡的地方。十几年来，这个大队在党支部的领导下，充分调动群众的积极性，以加工改造耕地为中心，综合运用'八字宪法'，高速度地发展了农业生产。他们进行了大量的、艰巨的农田建设，把过去的 4700 多块土地连成了 2900 块，并且都建成为旱涝保收、稳产高产农田。他们的粮食产量，1952 年为 287 斤，1962 年增加到 772 斤，1963 年虽然遭到很大的水灾，但是仍然保持在 700 斤以上。"

同时指出："大寨大队进行了这么多的农业建设，农业生产发展这样快，完全是依靠集体力量。他们正确地处理了集体和国家的关系，他们只向国家借过一次钱，第二年就归还了。从 1953 年到 1963 年的 11 年中，这

---

① 秦怀录：《扎白毛巾的副总理——陈永贵》，当代中国出版社，1993，第 104 ~111 页。
② 陈永贵：《陈永贵谈大寨》，中共山西省委办公厅编印，1965，第 56 页。

个大队在逐步改善社员生活的同时，向国家总共交售了 175.8 万斤粮食，每户每年平均交售两千斤。”

《报告》最后将大寨经验概括为：“大寨大队所坚持的政治挂帅、思想领先的原则，自力更生、艰苦奋斗的精神，爱国家爱集体的共产主义风格，都是值得大大提倡的。”[①] 自此，关于大寨精神的解释[②]都统一到这个报告的表述上来。1965 年 1 月 14 日，中共中央将周恩来的报告下发至党内县团级以上干部学习。从此，大寨走向全国，学大寨运动也在全国农村轰轰烈烈地开展起来。

周恩来对大寨经验的总结，实质上包含了三个层面的意思，“政治挂帅、思想挂帅”是对大寨党支部抓活思想工作的认可；“爱国家爱集体的共产主义风格”是对团结互助习俗[③]的升华；“自力更生、艰苦奋斗”是对大寨发展农业生产精神的赞扬。显然，大寨精神远远超出大寨本身的内涵，大寨已经成为中共中央宣传革命理想，统一农村思想和行动

---

① 《在三届人大一次会议上的政府工作报告》，载黄道霞主编《建国以来农业合作化史料汇编》，中共党史出版社，1992，第 794 页。

② 大寨典型树立的过程中，中共晋中地委、中共山西省委多次总结过大寨精神。1962 年，中共晋中地委将大寨精神总结为：干部参加生产和领导生产相结合，革命干劲和科学态度相结合，以农田基本建设为中心，运用“八字宪法”，高速度地发展农业生产。1963 年 11 月，中共山西省委号召全省人民向大寨学习，将大寨精神概括为：藐视困难，敢于革命的英雄气概；自力更生，奋发图强的坚强意志；以国为怀，顾全大局的高尚风格。1964 年 5 月 7 日，山西省省长卫恒在全省农业长期规划会议上将大寨精神归纳为：坚持阶级斗争；苦干实干、勤俭创业、奋发图强、自力更生、愚公移山的革命精神；有实事求是的态度，严格的科学精神；有共产主义精神，识大体，顾大局；有坚强的领导班子，有核心、有骨干、有积极分子。1964 年 5 月 27 日，廖鲁言又将大寨精神总结为“一条红线五个要点”，“一条红线”是指毛泽东思想指导人民的思想和行动，“五个要点”是指社会主义和共产主义的远大理想；爱憎分明、一心向党的坚定立场；自力更生、奋发图强的坚强意志；藐视困难、改天换地的英雄气概；以国为怀，助人为乐的高尚风格。

③ 互助是民间的一种习俗。例如大寨在 1963 年遭灾后，本公社的金石坡、小南山、虹桥关等大队，支援了大寨木匠、泥匠、石匠；本县的沾尚林场、白羊峪大队，支援了树秧和木材。张润槐：《抗灾一年面貌巨变》，《山西日报》1964 年 8 月 26 日，第 1 版。另据档案记载 1963 年秋后，大寨雇用石匠、木匠 4100 个工，每工工资二元。同时，大寨也支援兄弟社队，其中种子 5.1 万斤，谷草 14.5 万斤，谷糠 1.2 万斤。1964 年中国农业部部长廖鲁言考察报告之四：《国家、工业和兄弟社队的支援》（1964 年 5 月 8 日），昔阳县档案馆藏昔阳县委档案，档案号：3/1/351。

的典型。“政治挂帅、思想挂帅”体现了政治思想工作在经济建设中的作用，但在阶级斗争思想日益膨胀的年代里，它又容易为阶级斗争挂帅所取代。“爱国家爱集体的共产主义风格”把国家主义和集体主义道德原则紧密地联系在一起，而集体主义常以国家主义的形式出现，也就是说在国家利益需要的时候，集体、地方和个人必须在利益上作出相应的牺牲，因此，“维护国家利益要比为维护集体利益而破坏国家利益来的光荣，更具道德”①，前两者的贯彻与践行，都必须从“自力更生、艰苦奋斗”的精神获得保障。

① 林尚立：《当代中国政治形态研究》，天津人民出版社，2000，第244页。

· 第四章 ·

典型的推广

第一节 典型推广的形式

1964 年大寨明星升起后，各省通过多种渠道宣传大寨事迹及大寨精神。一般而言主要有五种方式，即会议 - 文件[①]、大众传媒、民间文艺、参观和举办展览。通常情况下这五种方式交错使用，以达到破除保守思想，强化教育的目的。从传播学的角度来看，人们接受任何新事物，都要经过认知、说服和决策三个阶段。大寨精神的传播也同样如此。前两种方式在农民对大寨的认知阶段具有重要作用，而民间文艺、参观和展览在说服和决策阶段起决定性的作用。因此，可以说，会议 - 文件、大众传媒为大寨精神的传播渲染了一种氛围，制造了声势，扩大了影响。而民间文艺、参观和展览进一步强化了这种气氛，使大寨精神深入人心，进而推动了各地学大寨运动的开展。

一 会议 - 文件

有学者认为，中国政治的一个重要特点是会议政治，所有的政治过程

① 李广认为“会议 - 文件”系统是合作化运动中乡村社会政治传播的通道，即通过“会议 - 文件”系统传达到各级党委政府，到达基层政府后，再由基层干部、工作队以及村中的积极分子通过群众大会和社员会议向群众宣传和动员。参见李广《从“运动”到“试点”：新中国乡村治理体系建构中的政治传播模式比较研究》，《理论与改革》2007 年第 3 期，第 15 页。

都可以浓缩为会议，在会议过程中，决策者和执行者各自执行和完成自己的政治使命和政治责任。并认为会议系统主要有决定、执行和动员的功能。[①] 在大寨精神传播的过程中，这一点得到充分的体现。《大寨之路》的作者突破以往新华体[②]通讯的写法，采用电影剧本的手法写通讯，极具鼓动性。它发表时，全国正召开规划会议，参加会议的新华社国内部农村组副组长于长钦传达说，《大寨之路》在会内会外引起强烈反响，认为大寨是自力更生建设稳产高产田的典范。国家科委副主任范长江也认为大寨是科学实验的典范。[③] 既然大寨得到媒体和国家科委的认可，浙江、江苏省委当即决定将《大寨之路》印成小册子，以文件的形式下发。

《大寨之路》发表之后，各省先后都开展了学大寨运动，他们通过召开会议、下达文件这一便捷的方式迅速地将大寨经验传到各基层干部和积极分子中。山西、内蒙古、河北、黑龙江、贵州、宁夏、上海等省区市在1964年2、3月份都学习了大寨经验。山西的晋南、晋东南、晋中、忻县、雁北专区和大同市先后召开农业生产先进单位代表会议，大学大寨，大学先进经验。[④] 内蒙古卓资县在公社干部会议上进行了为期三天的大寨经验学习。[⑤] 河北省的张家口、唐山、天津郊区都召开农业劳动模范会议、农业生产先进单位代表大会或农业生产动员大会，通过动员、座谈或请到大寨参观学习过的劳模、干部讲述亲身体验来号召各级干部、共产党员学习大寨。[⑥] 贵州省召开的社会主义农业建设先进单位代表会议上，1400多位代表用了两天多的时间，专门学习了通讯《大寨之路》[⑦]。湖南省委于5月

---

① 谢岳：《当代中国政治沟通》，上海人民出版社，2006，第90～115页。

② 新华体是指新华通讯社长期报道国内外新闻所形成的一种写作方式。它的特点是：消息简洁，文字精练，篇幅短小；善于用事实解释事实，很少空发议论；层次清晰，尽量做到一个事实一段，消息中段落过渡自然；稳健中见权威，该快则快，该慢则慢，注重通稿的信誉；善于抓大问题，关键性问题，重大事件的报道多有令人耳目一新的角度，主题开掘深刻。

③ 范银怀：《〈大寨之路〉和"农业学大寨"》，《新闻记者》2000年第8期，第40～41页。

④ 《各路英雄为夺今年大丰收展开经验大交流》，《山西日报》1964年3月4日，第1版。

⑤ 《卓资县公社干部大学大寨》，《内蒙古日报》1964年3月23日，第1版。

⑥ 《我省农村各地掀起学大寨热潮》，《河北日报》1964年2月20日，第1版；《天津召开郊区农业生产动员大会》，《河北日报》1964年3月2日，第1版。

⑦ 《贵州山区各族社员学赶大寨，决心自力更生征服自然建设家乡》，《人民日报》1964年3月20日，第2版。

12日转发《发动群众自力更生建设旱涝保收稳产高产农田的动员报告》，报告中号召："发扬大寨精神，依靠集体力量。建设一批稳产高产农田。"①7月召开的全省农田基本建设代表会和8月召开的全省林业工作会，都一再强调要按照各地实际情况，学习大寨，推广本地先进典型，自力更生、艰苦奋斗，改造自然，改善农业生产条件。经过充分的发动，广大农业生产先进分子纷纷表示坚决要把大寨的革命精神学到手，并结合当地的实际情况，制订学赶大寨的具体计划，力争早日出现自己的"大寨"。

二　大众传媒

大众传媒引导政治舆论，在大寨精神传播中扮演了重要的角色。当时的大众传媒主要包括语音宣传、文字宣传和影像宣传，三者紧密相连，相互依托，使大寨精神广为传播。

1. 语音宣传

语音宣传主要是指人民广播网、收音网的运用。中华人民共和国成立之后，党和政府非常关心人民广播的发展。随着社会主义改造的完成和农业合作化、"大跃进"和人民公社化等政治运动的开展，人民广播网和收音网迅速遍及广大城乡地区。三年困难时期虽有所减少，但到1963年以后，全国有线广播网逐步得到恢复和整顿，并有所发展。到1966年春，全国有县级广播站2001座，96%的县都通了广播。另外还有放大站和公社广播站8435座，广播喇叭848万只。有线广播喇叭普及到77%的人民公社、54%的生产大队和26%的生产队。② 随着广播网的普及，农民也逐渐养成了听广播的习惯。因此，听广播成为广大农民了解大寨的最直接手段。

1964年2月，中央人民广播电台举办了"学大寨，赶大寨"的专题连续广播，还播放了陈永贵的讲话。节目播出后，收到了13个省市的100多

① 《发动群众自力更生建设旱涝保收稳产高产农田的动员报告》，《湖南日报》1964年5月12日，第1版。

② 徐光春：《中华人民共和国广播电视简史》，中国广播电视出版社，2003，第123页。

封听众来信，赞扬大寨自力更生、艰苦奋斗的精神。如北京郊区的农民邢凤德在信中写道："要建设社会主义就要树立坚强的革命意志，顽强的战斗精神，付出艰巨的劳动。陈永贵同志说得对：'世界是人闹得，山再大，沟再深是死的，人是活的。'我相信这句话。只要我们艰苦奋斗，就能战胜一切困难。我曾经想过我们队的底子薄，土地少，每人平均二亩地，工作有困难，比不了别人的队土地多。这次听了大寨的自力更生精神，扭转了我的思想认识，……我们要学习大寨的自力更生精神。正如陈永贵同志指出的：'干革命就得有干劲，不能靠国家扶着走。'"河北听众刘致芳写道："大寨人民知道，要建设社会主义，就必须听毛主席的话，长革命志气，奋发图强，自力更生。这是方向。方向明确了，路就走对了。这就是大寨之路，也是全国人民的路。"广西大新县干部社员在信中写道："大寨能够条条山沟种地，坡坡岭岭打粮，我们为什么不能做到呢？"①

同时，安徽、江苏、广西、天津、河南等各省区人民广播电台也转播了大寨传奇般的事迹，他们还将当地学大寨盛况的稿件和录音寄到中央人民广播电台。有的听众不仅自己听广播，还组织群众听广播。如河北的冯书范在给中央广播电台的信中说："起初，我听广播后向大家介绍大寨人民的模范事迹，后来干脆，他们都直接到我家听广播。社员赵希赞怕来晚了，每天晚上顾不上吃饭拿着干粮就往我家跑。我的屋里每天晚上都拥得满满的。白天在生产中大家都以大寨人民为镜子，对照自己的干劲和行动。"②

此外，各地还在诸如农业生产动员大会、农业劳模大会、农业先进单位代表大会等特定场合播放陈永贵的讲话。如安徽、广西、江苏等省区都在上述会议上播放了有关大寨的广播。③ 再如蓟县县委、县人委于 1964 年 3 月 17 ~22 日联合召开了农业工作会议，各工委、公社书记、大队党支部书记、生产队长参加了会议。会上播放了陈永贵的讲话录音。同时，各公

---

① 《专题广播"学大寨、赶大寨"和陈永贵讲话的听众反映》（1964 年 4 月 14 日），昔阳县档案馆藏昔阳县委档案，档案号：3/2/305。

② 同上。

③ 同上。

社还组织共产党员、干部、贫下中农代表24000多人收听大会实况广播。[1]通过层层组织，农民中的积极分子都从广播中了解了大寨的事迹。

2. **文字宣传**

文字宣传，就是用书面文字的形式来表现宣传内容的宣传形式，[2] 主要体现在报纸、书籍、刊物的出版发行等方面。

报纸在中国共产党的宣传工作中居于重要的地位。中华人民共和国成立后，各省区相继出版发行了自己的党报。《大寨之路》发表后，各省区党报纷纷转载，并将大寨与各省区的比学赶帮超运动结合起来进行宣传，集中报道各地学大寨的情况和涌现出来的模范单位。笔者对1964～1965年《人民日报》《内蒙古日报》《黑龙江日报》《山西日报》《河北日报》《陕西日报》《北京日报》《大众日报》等报纸进行检索，发现各大报纸为凸显大寨精神的重要性，经常都将“大寨”二字置于通栏的黑标题中。如《学大寨革命精神，兴比学赶帮之风》《大学大寨、治山治水、改天换地》《学大寨、赶大寨、搞好备耕、争取大丰收》《学大寨，树标兵，一带二，一片红》《开展比学赶帮竞赛，掀起农业生产新高潮》《学习解放军，落实四个第一，突出政治，促进生产革命，创造大寨、大庆式的单位》《学大寨精神，走大寨之路》《学习大寨革命精神，争取农牧业更大增产》《把大寨精神带到春耕第一线去》《学习大寨自力更生革命精神，大力发展农业生产，支援国家工业建设，巩固工农联盟》《学大寨，赶先进，推动农业生产新高潮》《学大寨，立标兵，开展比学赶帮超运动》《发扬大寨精神，掀起水利水保新高潮》《发扬大寨精神，为革命植树造林》《学大寨，赶澄城，掀起农田基本建设新高潮》《学大寨，赶澄城，大修农田，改天换地》《高举毛泽东思想伟大红旗，走大寨道路，建设社会主义新农村》《革命精神大发扬，大寨之花遍地开》《农业靠大寨精神》《毛泽东思想挂帅，走大寨道路，实现〈全国农业发展纲要〉》等。从1963年11月10日至1964年10月1日，仅《山西日报》有关大寨本身的报道，共发消息、通讯、特

---

① 赵廉剑：《蓟县农业合作化简史》，天津社会科学院出版社，1989，第83页。

② 向在仁：《宣传学概论》，四川省社会科学出版社，1988，第121页。

写、报告文学等20多篇，社论5篇，以及诗歌、快板、画刊、杂文等10多篇，充分宣扬了大寨精神。

为保证报纸宣传动员的有效性，广大农村充分利用民校、群众集会、地头等各种公共空间向社员进行宣传。譬如1964年春节，昔阳县李家庄公社要求充分利用现有的170多份报纸和60多种杂志，积极组织阅读，并利用民校和群众集会将报纸上刊载的有关大寨的资料，向社员普遍讲读一至两次。[①] 在平顺县西沟村，24名读报员分散在12个生产队参加劳动，利用地头休息时间给社员读报纸上的《大寨》《大寨之路》等文章。[②]

书籍和刊物的出版发行也是大寨精神传播的一个渠道。从20世纪50年代起，中央领导就非常重视农村读物的出版和发行工作。1963年和1964年，文化部和宣传部对农村读物的出版、发行进行了整顿和规范，提出了11项措施。到1965年，文化部指定农村读物出版社从全国出版社出版的图书中，选拔适合农村需要的读物，印行“农村版”，第一批有15种，首次印行1200万册，总定价4.17元。[③] 张丽泉的《大寨精神大寨人》就是其中的一种。而1964～1965年，由农业出版社、农村读物出版社和各省区人民出版社出版的有关大寨本身的图书就达15种之多，对大寨的生产经验、政治思想工作、大寨精神、大寨人进行了全面的介绍。值得注意的是，《大寨精神大寨人》《大寨英雄谱》《大寨之路》等多次出版，有的被译成少数民族语言。另外还出版了一些诸如《棉花生产上的大寨——杨谈》《曲峪——晋西北的“大寨”》《孟县是学大寨的好榜样》《水利战线上的大寨》《各地有大寨》等学大寨典型的图书，及《大寨红花遍地开》《唱大寨》《学大寨》等学大寨的曲艺类图书。

各类型刊物也加入到了大寨的宣传队伍中。政治类的刊物如《红旗》《新华月报》《时事手册》；文学类的刊物如《人民文学》《火花》；科技类

---

① 《关于转发李家庄公社党委“关于大力开展大寨、杨谈先进经验宣传月活动的安排意见”的通知》(1964年2月8日)，昔阳县档案馆藏昔阳县委档案，档案号：3/2/289。

② 《大寨红花西沟开》，《山西日报》1965年4月20日，第3版。

③ 宋原放：《中国出版史料》第三卷下册，山东教育出版社、湖北教育出版社，2001，第473～475页。

的刊物如《中国农业科学》《山西农业科学》《河北农业科技》《中国水利》《华北建设》；其他类型刊物如《山西青年》《中国妇女》《中国民族》等。它们以评论、画刊、速写、报告文学等多种形式既介绍了大寨的生产经验，又对大寨精神做出了评论。

3. 影像宣传

影像宣传主要指以影像媒介记录真人真事的纪录片。笔者对号称有万余部纪录片的“纪录片库”——中央新闻纪录电影制片网站进行检索，1964～1966年反映大寨和各地农民学大寨，努力改变生产条件的纪录片共6部。其中，1964年1部，应小英编导的《大寨之路》。1965年2部，分别是白国柱编导的《千方百计争丰收》和段洪编导的《北京农业的大跃进》。1966年3部，分别是顾思忠编导的《劈山造田》、段洪编导的《全国学大寨，大寨怎么办?》和周凯编导的《天旱地不旱》。它们的放映使人们对大寨及大寨式典型有了更具体而生动的印象。

总之，电台的持续广播，报纸连篇累牍的报道，有关大寨的书籍和纪录片的出版发行，使大寨及大寨自力更生、艰苦奋斗的精神逐渐烙印在人民的脑海中。这种灌输式的宣传，为学大寨运动的开展起了积极的作用。

三 通俗性大众艺术

通俗性大众艺术能够极大地调动群体的情感共鸣，是提高群众凝聚力的重要手段。从1952年起，为宣传共产党的各项政策，广大农村成立了俱乐部，写墙报、贴标语、对对联、出黑板报、扭秧歌、放幻灯、说快板、讲故事、办展览、唱歌等成为农村文艺活动的主要形式。在1964年，文艺工作者发挥自身优势，通过创作、改编等手段，采用农村俱乐部常用的20多种形式，在诸如地头、街头、文化室、民校、讲习所和庙会等公共空间，开展“说大寨的话，唱大寨的歌、画大寨的画、演大寨的戏”的革命文化宣传活动。例如盂县在1964年排演了260个文艺节目，编印了16集学赶大寨的宣传资料，向各地印发9600余份。其中《英雄大战狼窝掌》《好支书陈永贵》《英雄大寨人》《万紫千红》《大寨归来》《迎高潮》《向阳村》《立竿见影》等节目在民众中广为传播。[①] 再如昔阳县也要求把大寨的事迹和经验通过编成剧本，用秧歌、快板、歌曲、曲艺、诗朗诵等文艺形式，在春节期间进行演出。二月二以后，宣传大寨的活动要经常化。下文以歌曲为例说明其在宣传中的作用。

歌曲是以声音形式出现的一种形象宣传方式。上至各种文化团体，下至基层文化工作者都创作了大量反映大寨精神的歌曲。歌曲多采用简单、直接、朗朗上口的语言，以真挚的感情抒发了农民对社会主义新农村生活的热爱之情，同时又体现出一种斗志昂扬和坚定乐观的精神。正是由于歌曲易传播的特性，在群众中形成了一种宣传大寨的气势。从1964年2月至4月底，中央民族乐团、中央新闻纪录电影制片厂、八一电影制片厂、中央音乐学院、山西大学艺术系、山西省农村文化工作队以及音协山西分会等单位的40多个音乐工作者来到大寨体验生活，大寨人的事迹激发了他们创作的欲望，写出各种类型的歌曲30余首。[②] 基层文化工作者也填词谱曲，如昔阳文化馆的吕致清为《敢叫日月换新天》作词，民间艺人史掌元为《手捧清泉忆亲人》作曲等。这些歌曲经各地文化馆设立的歌曲传授站或合唱团的表演而迅速传唱各地。例如山西盂县文化馆在1964年建立了4个歌曲传授站，印发大寨活页歌片共4200余份，并利用有线广播教唱大寨歌曲，全县到处是一片学赶大寨的歌声。昔阳县李家庄村组织老年合唱团、少年歌咏队大唱大寨，并通过比赛的形式，扩大宣传影响。[③]

四　参观

尽管会议－文件系统迅速便捷地将学大寨的精神传达到基层，大众传

---

① 谢德中、姚体民：《盂县文化宣传活动为学赶大寨鸣锣开道》，《山西日报》1965年4月20日，第3版。

② 老舟：《艰苦锻炼，心红志坚——音乐工作者在大寨》，《人民音乐》1964年第8~9期，第60页。

③ 谢德中、姚体民：《盂县文化宣传活动为学赶大寨鸣锣开道》，《山西日报》1965年4月20日，第3版；《关于转发李家庄公社党委“关于大力开展大寨、杨谈先进经验宣传月活动的安排意见”的通知》（1964年2月8日），昔阳县档案馆藏昔阳县委档案，档案号：3/2/289。

媒又发挥其舆论鼓动性，为学大寨运动鸣锣开道。但当基层干部提出学大寨的口号时，还是遇到了不少思想阻力。远的不说，就地域空间、政治理念、评价标准等方面与大寨具有相似性的山西其他地方而言，这种状况也是普遍存在的。有的人坐井观天，孤芳自赏，以为“东西”只有自己的好，对外地经验表示怀疑，不相信。如在被称为晋西北的“大寨”——曲峪，有的说：“咳！咱们这晋西北出名的穷地方，如今打下这么多粮食，就不少啦。你和晋中比哩，要是和江南比，那更是搬上梯子摘月亮——永远探不上。”有的说：“大寨这好，那好，还没有闹下些水地，咱们不及他们，还闹下水地四千多亩哩！”[①] 有的社员还劝干部要懂得知足常乐，对大寨的成绩表示怀疑，认为大寨可能土地多，算粮不算亩，或者大寨是国家援助的红旗。[②] 在晋中地区，交城山庄大队长就认为自己是多年的水土保持模范，“大寨两不见面，和咱也差不了多少，有甚学头。”也有干部说：“要赶大寨，至少得二十年。”汾阳东堡大队支书说：“要学陈永贵，除非中央来十五个大干部，带上十五万块钱，拉来五万斤粮食。”[③] 针对干部中存在的骄傲自满、故步自封的思想情绪和社员中的怀疑态度，各地基层组织组织了大规模的宣传教育工作，参观就是最有效的一种方法。例如 1963 年 12 月 9 日，寿阳县在县长袁经五的带领下，县、社、大队和生产队四级干部 150 多人到大寨参观。他们一行，看了大寨地里的根茬，又看场里的秸秆和玉米穗，听了陈永贵的介绍，又到社员家中访问座谈。一看一听，思想大为开朗。他们的普遍反映是：“条件是人家坏咱好，粮食产量是人家多咱少；人家地块虽小，却都是有边有堰、里低外高，种的像花盆。咱地块虽大，却缺边少堰，耕作粗放。”此后，寿阳县委又连续组织了三次，共一千多人参观了大寨。[④] 再如山西省人委于 1964 年组织全省万名农村基

① 《曲峪：大搞思想革命化的范例》，《山西日报》1964 年 3 月 18 日，第 2 版。

② 中共平定县委书记郭春华：《大寨经验一学就灵》，《山西日报》1963 年 12 月 21 日，第 2 版。

③ 中共晋中地委组织部：《农村基层组织如何领导比学赶帮运动》（1964 年 5 月 28 日），昔阳县档案馆藏昔阳县委档案，档案号：3/2/289。

④ 李永法、史学奎：《整地备耕热气腾腾，插“标”布“点”学赶大寨》，《山西日报》1964 年 3 月 14 日，第 1 版。

层干部分期分批到大寨大队参观访问。参观后，有的说：大寨人的干劲特别大，地种得特别好，看了大寨，感到山区也有光明前途。有的说：大寨的庄稼苗匀、苗全、苗壮，绣花也不过那样好。有的说：大寨人的干劲实在大，人家就是凭这股干劲，每亩才能达到七百多斤粮。并一致表示，学大寨，首先要学大寨人的革命精神和革命干劲，一定要大大宣传大寨精神，让大寨精神在自己的地方开花结果。① 据统计，1963 年来大寨参观的外省人数有 2745 人次，本县有 5189 人次，共 7934 人次。② 1964 年参观人数达 67347 人次，到 1966 年参观人数高达 195543 人次。③

同时，陈永贵还利用外出考察、参观的机会，在各地做现场报告，扩大了大寨的影响。如 1965 年，陈永贵随晋中农业参观团赴北京和冀鲁豫三省参观学习。他在近一个月的时间里做了 22 场报告，听众达 100 万人。④

总之，通过参观、学习大寨后，参观者看清了农业的发展方向，找到了差距，破除了自满思想，鼓起了干劲。一般而言，这些参观者或在当地有一定的权威性，或是某一方面的积极分子，他们的亲眼所见更具有感染性和说服力。返乡后，他们通过多种形式，宣传大寨经验。如干部下队传达、劳模现身说法、召开现场会、举办展览。同时，各地将内外先进经验结合起来，形成一个愈往下愈广泛的先进推广网，进一步推动农业学大寨运动向前发展。

五　展览

各地都举办规模不等的展览，对农民进行教育，但影响最大莫过于

---

① 森：《为了把学大寨的群众运动推向新的高潮——全省万名农村基层干部将分批到大寨参观》，《山西日报》1964 年 8 月 26 日，第 2 版。

② 《关于大寨生产大队 1963 年工作的基本总结》（1963 年 10 月 23 日），昔阳县档案馆藏昔阳县委档案，档案号：3/2/286。

③ 赵怀瑞：《难忘陈永贵》，香港天马图书有限公司，2003，第 116 页。

④ 晋中农业参观团领导组：《晋中区农业参观团在北京市和冀鲁豫三省参观学习的总结报告》（1965 年 12 月 27 日），昔阳县档案馆藏昔阳县委档案，档案号：3/2/307。

1965年11月至1966年3月间，中国农业展览馆先后陈展了大寨式农业典型展览、农业副业展览和水利展览三个展览。这些展览的主要目的，正如主管农业的副总理谭震林所言，不是宣传成就，而是用来教育干部，教育群众，说明农村是个广阔的天地，有很大的潜力，鼓舞群众革命干劲。下文以大寨式农业典型展览为例说明展览的作用。

1965年11月1日，52个大寨式农业典型展览品在中国农业展览馆展出，它们绝大多数是在与自然作斗争中打了硬仗翻身的典型。东到长江口，西到西藏高原，南到珠江口，北到黑龙江，它们根据各不相同的具体情况，与各种自然灾害和恶劣的环境进行了针锋相对的斗争，积累了丰富的经验：在北方山区，有河南省林县、河北省南滚龙沟大队劈山开渠引水上山的经验；有山东省黄县大吕家公社下丁家大队层层拦蓄、蓄引提相结合，发展“三层楼”灌溉的经验；有山东临沂专区、辽宁阜新招束沟公社后拉格拉生产队开辟梯田治理坡地的经验；有辽宁阜新七家子公社毛岭沟大队封山育林育草控制水土流失的经验。在南方山区，有湖南省岳阳县毛田区蓄水引水、植树造林，改良土壤发展多种经营的经验。在洼涝碱地，有江苏启东县挖沟排水，引江水灌溉，有灌有排，控制海潮的经验；有河北省佟家园大队建设台田、河南省安阳县洪河屯公社南崔庄大队挖沟排水、灌溉洗碱、壮苗抗碱、躲碱保苗的经验。在造林固沙、防御风灾方面则有吉林省扶余县、广东省电白县的经验。① 从1日至15日，中国农业展览馆共接待来自国内14万多观众和36个国家的外宾。② 到17日，观众已达16万多人，预约登记参观的近48万人。③ 为了使广大农村干部和社员能够看到这次展览，进一步推动全国农村学大寨、赶大寨的农业生产高潮，农业部决定把在北京展出的52个大寨式农业典型的展览品制成复制品，

---

① 刘申：《从大寨式农业典型展览看发展我国农业生产的道路》，《经济研究》1965年第12期，第32~35页。

② 《大寨精神传四方——全国大寨式农业典型展览展出近半个月已接待14万多观众和36个国家的外宾》，《山西日报》1965年11月16日，第1版。

③ 武力、郑有贵主编《解决“三农”问题之路——中国共产党“三农”思想政策史》，中国经济出版社，2003，第520页。

在黑龙江、辽宁、山西、内蒙古、青海、甘肃、宁夏、陕西、山东、上海、浙江、福建、江西、安徽、河南、湖北、湖南、广东、广西、贵州、四川、云南、西藏等23个省、区、市展出。有些省区还展出本地区新涌现的大寨式典型单位。在上海，1966年初的两个月时间内参观复制展品的观众多达46万余人。在浙江，在复制品预展期间就有2万多观众前往参观。在山西，共展出照片、实物、模型、雕塑、电影等416件，截至1965年11月18日，团体观众已排列到1966年1月下旬。①

与此同时，农业部还决定由人民美术出版社、上海人民美术出版社将全国展览的大寨式农业典型中的33个单位的事迹，编辑成摄影展览图片，附有解说词，供农村人民公社、生产队张贴宣传。

通过参观展览，通过学习山西的大寨和各地的“大寨”，比学赶帮超运动在广大农村广泛地展开，自力更生发展农业生产的精神获得进一步发扬。

从典型推广的内容看，各种宣传都紧扣大寨精神内涵。我们以当时的流行歌曲《大寨红花遍地开》和《学大寨、赶大寨》为例说明。《大寨红花遍地开》的歌词为“学大寨赶大寨，革命精神放光彩，贫下中农心向党，毛主席教导记心怀，学大寨人走大寨路，思想领先政治挂帅，毛主席革命路线指方向，大寨红花遍地开。学大寨赶大寨，豪情壮志满胸怀，一颗红心两只手，誓把山河重安排，自力更生艰苦奋斗，改天换地移山填海，毛主席为咱绘宏图，大寨红花遍地开”。《学大寨、赶大寨》歌词为“学习大寨、赶大寨，大寨红旗迎风摆，它是咱公社的好榜样，自力更生改变穷和白，坚决学习大寨人，敢把山水另安排，干起来，大寨的红花遍地开。……大寨精神放光彩，穷山恶水不可怕，开动脑筋改造大自然，科学实验打先锋，你看那夏收的喜讯接着来……大寨风格记心怀，国

① 《学习大寨精神，掀起生产热潮——全国大寨式农业典型展览在沪展出两月后闭幕》，《文汇报》1966年3月10日，第3版；浙江省农业志编撰委员会编《浙江省农业志》下册，中华书局，2003，第1484页；《我省“大寨展览”正式展出》，《山西日报》1965年11月22日，第1版。

家利益放在第一位，集体和个人妥安排，先进不忘帮后进，敢把别人的困难担起来……”。①

第二节　典型推广的成效

随着大寨精神的传播，全国各地都提出了学大寨的口号。华北地区提出兴大寨之风，做大寨人；东北地区和中南地区提出发扬大寨精神；华东区提出兴大寨之风，走大寨之路；西南区提出奋发学大寨，立志争上游；西北区提出学习大寨革命精神，树雄心立大志。② 这些口号的提出鼓舞了士气，各地先后出现农业学大寨的高潮，涌现出一批大寨式典型。从报刊和档案资料的记载看，这一时期各地主要学习大寨自力更生的革命精神，具体落实到农业实践中，集中体现为平整土地，建设稳产高产田；兴修小型水利或完成配套灌溉设施；农业“八字宪法”的运用。

一　农田建设

从总体情况来看，自1957年后，由于国家基本建设和农村建设占用耕地，农村产业结构调整，部分土地退耕还林以及因灾弃耕，土壤沙漠化等，全国耕地面积基本上处于减少的状态，唯独1963～1965年间处于一个增长的状态，尽管年平均增长幅度远远低于恢复时期和“一五”计划时期，但年均耕地面积仍增长345.3万亩（见表4－1），这恐怕与学大寨初期重视农田建设有着直接的关系。因为此前各地政府虽也重视农田建设，但未形成一种集体性的有意识的规模行动。

---

① 《大寨红花遍地开》和《学大寨，赶大寨》歌词 http：//www.youku.com/playlist_show/id_930047.html，最后访问日期：2008年10月3日。

② 《中共山西省委第一书记陶鲁笳同志在晋南党的农村基层组织的政治工作会议上的报告纪录》（1965年5月15日），昔阳县档案馆藏昔阳县委档案，档案号：3/1/420。

表 4－1　各时期全国耕地面积变化情况

单位：万亩

时　期	增减面积	年平均增减面积	时期增减幅度（%）	年平均增减幅度（%）
恢　复	15056	5018.7	10.3	3.3
一　五	5867	1173.4	3.6	0.7
二　五	－13390	－2678.0	－8.0	－1.7
1963～1965 年	1036	345.3	0.7	0.2
三　五	－3689	－737.8	－2.4	－0.5
四　五	－2140	－428.0	－1.4	－0.3

资料来源：中华人民共和国国家统计局农村司编《中国农村 40 年》，中原农民出版社，1989，第 85 页。

1964 年 1 月 28 日至 2 月 9 日，中共中央召开了全国农业工作会议，会上着重讨论了建设旱涝保收、稳产高产农田的问题。《大寨之路》发表之后，各省在召开的农业生产先进单位代表会议上，均把基本农田建设特别是改造低产田当做比学赶帮超运动的一项重要任务来抓。如在山区，青海省认为，依靠群众用革命精神建设山区是彻底改变其贫困落后面貌的唯一途径，因为青海省 50% 左右的耕地为童山秃岭，沟壑纵横，且为小块坡田的浅山。① 山西省委也明确提出建设基本农田是当前水土保持工作的中心任务。1964 年全省参加农田基本建设的劳力达到 200 万人，比 1963 年增加了 1 倍，共修整和新建农田面积 1200 多万亩，比 1963 年同期增长了 3 倍。② 1965 年冬，全省投入农田基本建设的劳动力达 172 万余人，占劳动力总数的 28%。建成稳产高产农田 84 万亩（其中水平梯田 42 万亩），低标准的基本农田 184 万亩。③ 在盐碱地区，安徽郭庄采用“剥皮换土”的办法改造盐碱地。天津北郊东部低洼盐碱区采用深沟排碱的方法，在 1964 年冬和 1965 年春共排碱田 1.7 万亩。④ 在涝洼区，宁夏灵武县新华桥公社

① 景晓怡：《学习大寨精神建设我省浅山》，《青海日报》1964 年 3 月 19 日，第 2 版。

② 省人委农业生产办公室通讯组：《哪里真心学大寨，哪里面貌变化快——我省广大农村以学赶大寨为目标的比学赶帮运动获巨大成效》，《山西日报》1964 年 12 月 9 日，第 1 版。

③ 郭展翔、王品增、杨五云：《山西通志 · 农业志》，中华书局，1994，第 110 页。

④ 吴孝桐：《“安徽大寨”的兴与衰》，《江淮文史》1997 年第 6 期，第 5 页；中共天津市北郊区委党史资料征集委员会编《天津市北郊区农村合作制经济发展简史》，天津人民出版社，1989，第 72 页。

的华二大队开沟排水，降低地下水位，改造湖滩碱地。[①] 在水土资源比较充分的地区，天津北郊区在水利资源较充足的中部地区修畦田；在土质较好的西部地区修园田化的畦田。还有的地区通过改良土壤结构，改造低产田，等等。据全国16个省、市、自治区的统计，1965年共改良各类低产田4000.5万亩，都取得了不同程度的增产效果。[②]

二　水利建设

1963年之后水利建设进入整顿、巩固、续建和配套阶段。在大寨精神的鼓励下，各地掀起了一个大抓蓄水、提水、引水工程建设的热潮。如1964年陕西交口继续大抓抽水灌溉工程的续建、扩建和田间配套工程，每天有8800多名劳动力上工，开工的24条支渠和斗渠配套工程，已完成土方32万立方米。河北沧州地区发扬大寨精神疏浚宣惠河，仅投资1400万元，工期不足一年就完成。比原计划减少投资2598万元，工期缩短了二年。[③] 1965年冬1966年春，广西山区曹通学大寨经验，自力更生兴建大量小型水利工程。湖南省平江县在学大寨运动中大建水轮泵站，改善了丘陵山区的灌溉条件。河北省扩大水浇地面积600多万亩。陕西省长安县小新村大队五战金沙河，建成了能灌能浇的渠道，把1000多亩旱地改为水浇地。[④] 少数民族地区的灌溉条件也得到改善。如湖南土家族地区，他们下天坑、打溶洞、开发地下水源，引水上山，开渠造田，逐步改变自然条件，全乡水田由60年代的5600多亩，扩大到8600多亩，人均1亩多；稻田由亩产150公斤提高到256公斤，增产70.67%。[⑤] 据统计，1963~1965年，全国每年平均增加灌溉面积1000.5万亩左右。1965年，全国灌溉面

① 宁夏农业厅、宁夏农业经济学会编《宁夏农业合作制发展简史》，宁夏人民出版社，1992，第173~174页。

② 朱荣主编《当代中国的农业》，当代中国出版社，1992，第214页。

③ 《陕西交口抽水灌区大搞续建配套工程》，《中国水利》1965年第1期，第12页；《大寨革命精神的光辉》，《中国水利》1965年第2期，第1页。

④ 《伟大领袖发号召，亿万农民学大寨》，《山西日报》1966年9月25日，第1版。

⑤ 刘芝凤：《中国土家族民俗与稻作文化》，人民出版社，2001，第62页。

积达到49582.5万亩，比1957年增加8574万亩，占全部耕地面积的比重由1957年的24.4%上升到32%。[①]

三 科学种田

科学种田是农业稳产高产的关键。在20世纪60年代初期，科学种田既指在肥、种、密等技术方面的细致研究和创造，也包括耕作制度的革命。

在技术方面，首先是各级领导都非常重视科学种田。在山西浑源县，从县委书记、公社党委书记到县、社一般干部，从大队党支部书记、生产队长到老农和知识青年，共5153人投入科学种田的活动。[②]其次是改良或引进良种。吉林省延吉市长白公社的新丰大队、江苏省吴县郭巷公社长桥大队和福建省龙海县莲花公社黎明大队培育出水稻高产品种。湖北引进了广东的矮秆和江苏的“农星五八”水稻品种。[③]再次注重研究植物的生长规律。新丰大队根据水稻的生长时间，有深有浅，定时定量地灌溉；黎明大队在灌水、深水、浅水、湿潭、烤田等方面掌握得十分细致。

在耕作制度方面，主要是因地制宜地安排农作物的配置和组成，建立一套科学的完整的轮作制度。中国农业经过几千年的发展，各地都有一套比较固定的耕作制度，其特点是土地利用率低、复种指数低、种植方式单一、生产力低下等。但随着大江、大河的综合治理和大规模的农田基本建设的展开，以及各类堤坝、水库、水沟的修筑，灌溉条件的改善，旱涝保收农田面积的增加，等等，特别是毛泽东主持制定的《全国农业发展纲要》（草案）提出“扩大复种面积”的指标后，耕作制度的革命就提到了

① 朱荣主编《当代中国的农业》，当代中国出版社，1992，第213页。

② 《摸关键搞试验着眼大田推广》，《山西日报》1964年8月29日，第1版。

③ 刘申：《从大寨式农业典型展览看发展我国农业生产的道路》，《经济研究》1965年12期，第32～35页；《我省农业今年又获全面丰收》，《湖北日报》1965年11月21日，第1版。

日程上。20世纪60年代前期，从北方到南方，耕作制度的革命大有可为。山西大寨麦茬地移栽谷子，一作变两作；北京南韩继大队麦垄套种玉米，把一亩地当二亩地种；江苏启东县推行“夏熟半麦半豆、豆麦轮作，秋熟半粮半棉，用地和养地相结合的二年四熟套作、间作、轮作”；湖南、湖北是单季稻改双季稻；福建实现了一年三熟制，福清县音西公社音西大队的复种指数由解放初期的180%上升到1964年的291%，[①] 增长了111个百分点。

随着农业生产条件的改善及农业技术的改进和传播，农业生产大幅度提高。其中，粮食产量由1964年的1875亿公斤增长到1966年的2140亿公斤，平均年增长88.34亿公斤。棉花总产量由1964年的166270万公斤增长到1966年的233675万公斤，平均年增长22468.3万公斤。油料作物由1964年的336845万公斤增长到1965年的362535万公斤，年增长12845万公斤。造林面积由1964年的4367万亩增加到1966年的6800万亩，平均年增长811万亩。[②] 农民的人均收入也相应增加，1965年为117.27元，比1957年的87.57元增长33.9%，其中集体经济收入由1957年的43.40元增长到1965年的63.17元。[③]

这些成就的取得与自力更生、艰苦奋斗的革命传统有着直接的关系。学大寨之前，不少干部和社员存在单纯依靠国家的思想。例如，他们认为“兴修水利，国家出钱，农民出力；国家不出钱，农民不出力，这是公平合理的事”。有的干部也存在着畏难情绪，怕花工多会影响收入，怕修得不好被社员骂。[④] 学大寨之后，他们深深地为大寨自力更生、艰苦奋斗的精神所感动。同时各级党组织通过算账、广播、报纸宣传、贴光荣榜、整风等形式，以大寨精神对照自己，既找生产差距，又找思想差距，表扬先进者，批评落后者，使落后者与先进者形成鲜明对比。这种正负激励的方

---

① 刘申：《从大寨式农业典型展览看发展我国农业生产的道路》，《经济研究》1965年第12期，第32~35页。

② 《建国三十年来农业经济统计》（1949~1979），载中国农业年鉴编辑委员会编《中国农业年鉴（1980）》，农业出版社，1981，第34、36、37页。

③ 中华人民共和国国家统计局农村司编《中国农村40年》，中原农民出版社，1989，第131页。

④ 《坚决依靠贫下中农自力更生勤俭治水》，《中国水利》1965年第3期，第13页。

式，破除了一些世俗的“常理”，树立了以“革命”利益为标准的常理，使人们敢于向最困难的条件挑战，敢于向最高的目标迈进。

第三节 典型经验推广的评价

这一时期的大寨是山区农业生产的典型，中央推广大寨典型的意义旨在依靠群众的力量发展生产，因此，这一时期各地基本上是因地制宜地发展生产，大寨对自己的认识也是比较理性的。

一 因地制宜地学典型

从 20 世纪 60 年代中国国内外情况分析，大寨典型在资金缺乏而劳动力丰富的农村起到了示范和激励的重要作用，促进了各地农业生产的发展。各省在各种会议上都强调因地制宜地学大寨。

在北方，陕西省强调“外学大寨必须从实际出发，有创造性地学，不要死搬硬套”。[①] 胡耀邦在陕西省贫下中农第一次代表大会上再次强调“要善于根据‘以粮为纲，多种经营’的方针，因地制宜，全面安排，抓住得力的措施，向生产的广度和深度进军”。“在需要兴修水利的地方，修渠、打井、防洪、排涝；在需要改土的地方，修坡式梯田、水平梯田，或者平整土地；在品种混杂的地方，大抓改良品种；在病虫害严重的地方，积极防治病虫害，在交通不便的地方，还要发动大家修路”等等。[②] 再如在宁夏，自治区党委于 1965 年 2 月 4 日发出《在全区农村普遍开展学大寨活动的通知》，“要求各地、市、县组织干部群众，联系本社本队的实际，讨论怎样以大寨为榜样，发扬自力更生、艰苦奋斗的革命精神，解决生产上的关键问题，进行农田建设，改善生产条件，通过学习和讨论，使干部和群

① 《学大寨赶先进开展比学赶帮运动》，《陕西日报》1965 年 3 月 11 日，第 1 版。
② 《胡耀邦同志代表中国共产党陕西省委员会向陕西省贫农下中农第一次代表大会作的报告》，《陕西日报》1965 年 3 月 14 日，第 2 版。

众树立雄心壮志，鼓舞革命干劲，增加措施，搞好生产”。[①] 山西省委第二次全体（扩大）会议于1965年11月1日通过“关于动员全民，奋战五年，建设两个一千五百万亩稳产高产农田”的决议。决议认为山西省农业生产最大的威胁是旱灾，因此“在第三个五年计划期间，在有水源的地区，兴修水利工程，发展保证水地”，“在现有的基础上，达到1500万亩。在无水源地区，必须积极地有步骤地发展大寨式农田，在现有500万亩的基础上，达到1500万亩。以两个1500万亩为中心，相应地大力发展林业、畜牧业、副业，发展多种经营，因地制宜地贯彻农业八字宪法。其中特别重要的是造林和积肥。”[②]

在南方，如云南省委提出“发扬大寨精神，充分利用边疆优厚的自然条件，大搞农田基本建设，狠抓多种经营，大力发展农、林、牧业生产”。并要求“根据边疆寒、温、热带气候特点，分不同地区、落实具体生产方针”。[③] 在湖北，省委多次强调学习大寨的革命精神，走大寨之路，特别要注意总结本地的大寨式的典型经验，依靠群众、奋发图强，自力更生。[④] 应该说，各省有关学大寨的决议和决定都是符合实际的、科学的。

在实践中，各省因地制宜地树立自己的“大寨”。通过层层树红旗，行行树标兵，层层学，步步赶，大表先进的方式，调动一切积极因素，把内外先进经验结合起来，形成一个先进经验推广网。以山西为例说明之，当时树立的样板：土石山区有昔阳大寨等；黄土丘陵区有偏关营盘梁等；丘陵平川区有曲沃杨谈，绛县南柳等；平川区有太谷杨家庄，闻喜涑阳等；改良盐碱地和改造风沙地有汾阳贾家庄等；棉花有“八仙”，小麦有“十杆旗”，玉米、谷子有“十标兵”等；在生产队经营管理上有平顺川

---

① 宁夏农业厅、宁夏农业经济学会编《宁夏农业合作制发展简史》，宁夏人民出版社，1992，第173~174页。

② 山西省史志研究院编《当代山西重要会议》，中央文献出版社，2002，第104~106页。

③ 云南农业合作化史编辑室、中共云南省委农村工作部、云南省档案馆编《云南农业合作制史料：重要文件汇编》第1卷，内部发行，1989，第178页。

④ 《学习大寨精神，搞好春耕生产》，《湖北日报》1965年1月20日，第1版；《省三届人代大会二次会议隆重开幕，动员全省人民夺取今年农业大丰收》，《湖北日报》1965年3月27日，第1版。

底，万荣孙吉等；民主办社有阳曲北留、翼城庄里；种子工作样板有翼城北庙，绛县大交；植物保护工作有繁峙代堡、代县沙宝等；轮作倒茬有右玉盆儿洼等；大牲畜方面有万荣郑村，昔阳刀把口等，养猪方面有长子关村，浮山吴家坡等。[①] 这样，各地通过学赶有目标的竞赛活动，掀起了既轰轰烈烈又扎扎实实的学大寨运动，农业生产快速增长。农业基础较好的珠江流域、江汉平原、长江三角洲、川西平原等地区的农业显著增长。华北、东北和西南一些原来生产比较落后的地区，在学大寨运动中，开始赶上来。[②]

二　对大寨的理性认识

在大寨被广泛宣传后，陈永贵谨记毛泽东“有了成绩不要翘尾巴”“要夹着尾巴做人”的教诲。他在外出参观考察时，看到了天外天，意识到了大寨存在的不足，他也在多种场合下表示一定要好好地向兄弟社队学习。其他先进典型对大寨也产生了一定的压力，于是陈永贵开始思考“全国学大寨，大寨怎么办?”的问题。

1965 年 11 月 3 日，陈永贵主持召开了大寨社员大会，主题为“全国学大寨，大寨找差距”。他从大寨人对前来大寨参观的各兄弟民族代表的态度和大寨人的精神状态看到了问题的严重性，遂语重心长地对社员们说:“西藏兄弟民族坐汽车 20 多天才能来到我们这里，这么长的路，他们来干什么？他们来参观访问。我们应该怎么样？我们已经成了参观油子了，不管来什么人，都觉得很平常。参观人看了大寨激动很大，感受很深，我们究竟惊动起来了没有？光人家看，怎么能达到互相学习、互相促进呢?”“现在参观大寨的人比过去要求更高了。《人民日报》说大寨精神是五亿农民的方向，这个评价是很高的。个别人开会打盹，这怎么能成为五亿农民的方向呢？有人会说，一个人不好，那还用说？不说不行，因为

---

① 山西省农业厅厅长康丕烈:《“一带二”——农业战线上开展比学赶帮运动的好办法》，《山西日报》1965 年 4 月 15 日，第 2 版。

② 《伟大领袖发号召，亿万农民学大寨》，《山西日报》1965 年 9 月 25 日，第 1 版。

你是大寨人。我们广播上喊开会，一部分妇女不到会，这能算是五亿农民的方向？开会是议论大事，你在家里光顾自己，把个人利益摆在头里，天下大事不知道，你还能前进，我看只能后退。”“我在外面给人家讲了很多大寨的好人好事，如果你们不找差距，不进步，我就道下谎了。在咱们这里，又有拍电影的，又有编剧的，这是为什么？我们不能像疥蛤蟆上了花椒树，麻得蹄腿都不觉啦。我在省党代会上讲大寨‘五不倒’，我们究竟够不够呢？我们不能迷迷麻麻。我们是有分量的。我们要经常用秤称一称自己的分量。”他把这种逼人的形势讲出来，欲制造一种置之死地而后生的效果，便说：“看过去的大寨，看看前几年的大寨，看看现在的大寨，也看看将来的大寨。前几年我们自身的工作不如现在好，可老是数一数二；这二年我们的干劲更大啦，但论成绩数不着我们了。什么原因？就是因为大家都干起来啦。我们要看到天外有天，不光数你大寨沾。学大寨，赶大寨，超大寨，我们欢迎这种局面，问题是我们如何对待。我们不怕超大寨，单怕今后没大寨。工作就怕虎头蛇尾。我们是永远当老虎的脑袋呀，还是当蛇的尾巴呀？”他下令：“我们每个人都要查一查你够不够五亿农民的方向，思想要查，工作要查，参加劳动要查，勤俭持家要查，各方面都要查。”“我们不要光说成绩，成绩不说没不了，而缺点容易掩盖过去。我们要好好动动脑筋。”① 陈永贵对大寨的解剖既反映了大寨人能客观地认识大寨，又吹响了“全国学大寨，大寨学全国”的号角。

此后不久，陈永贵随晋中地委组织的参观团，对北京、河北、山东、河南等省、市的先进单位进行参观访问。12 月 6 日，陈永贵从青岛给大寨党支部发来一封信，称：“我们从 11 月 23 日出发，于 12 月 6 日到达山东青岛市。先后参观了北京市南口农场、南韩继大队，天津市郊的老召堂大队、清泊洼农场，山东省黄县的下丁家大队，并听了介绍。”“这次参观，对我们来说，教育太深刻了。所有的单位，尽管情况不同，但成绩都十分突出。没有别的话好讲，只能用老话说：山外有山，天外有天，不看不知道，一看吓一跳。一个比一个先进，一个比一个突出。特别是到了下丁家

① 参见孔令贤《回望昨夜星》，中国文联出版社，2002，第 35 ~41 页。

村，叫人越看越想看，越听越想听。看山，山青；看地，地平；沟沟有水，库库相连；看人，个个精神奋发，干劲冲天。今年粮食产量达950多斤，是超大寨的一个典型。其实，超大寨的何止一个下丁家。看来，我们工作落后了。如果不急起直追，迎头赶上，有被甩在后面的危险。'全国学大寨，大寨怎么办?'这仍然是我们要继续回答的问题。这个问题，要回答多久，看来，永远回答不完，要一直回答下去……"①

总之，在全国学大寨的运动场景中，大寨尤其是陈永贵能够客观地、清醒地评价大寨，能看到大寨在水利、造林和农田基本建设上存在的不足，能够变压力为动力，实属不易。

三　典型的"革命"性

在强调因地制宜学习大寨经验的同时，"阶级斗争，一抓就灵"的调子愈来愈高。从1957年7月，毛泽东提出"向全体农村人口进行一次大规模的社会主义教育"②，到1963年中央先后制订了《关于目前农村工作中若干问题的决定（草案）》（简称《前十条》）和《关于农村社会主义教育运动中一些具体政策的规定（草案）》（简称《后十条》），明确提出"以阶级斗争为纲"的口号。再到1965年1月，《农村社会主义教育运动中目前提出的一些问题》（简称《二十三条》）的制订，明确提出社教运动的重点"是整党内那些走资本主义道路的当权派"，这一判断使国内政治气氛渐趋紧张。在此背景下，媒体和官方均采用阶级斗争、两条路线的斗争来宣传大寨经验和大寨精神，大寨的政治价值远远超出其生产价值。

1965年1月14日，《山西日报》发表《以大寨精神领导学大寨运动》的社论。社论指出：要把"大寨精神提高到党的社会主义建设总路线的高度去认识"，"把能不能认真组织大学大寨的群众运动看成是能不能更高地

① 参见孔令贤《回望昨夜星》，中国文联出版社，2002，第41~42页。
② 《毛泽东选集》第5卷，人民出版社，1977，第458页。

举起党的总路线红旗的大问题，是敢不敢彻底革命的大问题”。2月6日，《山西日报》在《从何着手学？靠谁学？》的社论中再次指出：“大寨的光辉事迹，最生动地体现了阶级斗争是三大革命运动的‘火车头’的道理；就学大寨的全部经验来说，阶级斗争是‘纲’，其他具体经验是‘目’。纲举才能目张。”

1965年9月19日，《人民日报》发表了新华社驻山西记者的文章《大寨之花》，详尽介绍了盂县学大寨的经验。在盂县，学大寨运动声势浩大，而且很有特色。盂县学大寨的经验为“五个一”，即：一个纲——抓阶级斗争和两条道路斗争的纲；一个灵魂——高举毛泽东思想伟大红旗，引导全体干部和全县人民进行思想革命；一个关键——扎扎实实地抓农田基本建设，改变自然面貌；一个桥梁——抓住选点树标兵，抓典型，抓先进；一个核心——培养大寨式的党支部，不断提高党支部的战斗力。该县白藏大队更是言简意赅地把学大寨经验归结成五句话：“革了一场命（以阶级斗争为纲进行了一场思想革命）；扎了一场根（依靠贫农下中农，扎阶级路线之根）；死了一条心（死了搞自发资本主义之心，立了共同富裕之心）；取了一本经（学到了大寨真经）；戴了个望远镜（有了国家观念，有了社会主义和共产主义的远大理想）。”同时，编者按强调指出：“象我们这样土地辽阔，经济落后的大国，发展农业的出路在哪里？依靠国家投资吗？这显然是行不通的。出路只有象大寨人那样，以毛泽东思想挂帅，坚持思想领先的原则，贯彻执行自力更生、艰苦奋斗的方针”，“依靠我们的双手改造自然条件，创造高产稳产田。我国发展农业最有利的条件，就是拥有雄厚的劳动力，只要加上大寨的革命精神，就能够充分发挥五亿农民的革命积极性，改天换地。”“只要有了大寨精神，即使一时没有化肥，一时没有农业机械，自然条件很不好，同样可以大大发展农业生产。”① 随后，《人民日报》在为全国大寨式农业典型展览开幕配发的社论《农业要靠大寨精神》中指出，“大寨不是在风平浪静中发展起来的。大寨在同大自然进行斗争中，始终坚持以阶级斗争为纲，以两条道路斗争为纲，打击

① 《大寨之花》，《人民日报》1965年9月19日，第1版。

了阶级敌人的破坏活动，反对了各种歪风邪气，始终坚持了社会主义方向，发展了集体经济，巩固和加强人民公社。”社论还认为大寨精神“就是毛泽东思想挂帅，坚持以阶级斗争为纲、彻底革命、不断革命的精神；就是依靠人民公社集体力量，穷干苦干巧干实干、吃大苦耐大劳的自力更生的精神；就是党的鼓足干劲、力争上游、多快好省地建设社会主义总路线的精神。”如此，大寨典型的意义被逐步拔高升华，学不学大寨不再是思想认识问题，而是阶级斗争和路线斗争的立场问题。

山西省委、昔阳县委也从政治的角度总结大寨经验。1965 年 5 月，在山西晋南地区召开的党的农村基层组织政治工作会议中强调学大寨“不能简单学生产经验，不能简单学表面现象”①，而要抓阶级斗争和路线斗争。会后，昔阳县委在总结学大寨运动开展不起来的原因时，指出主要是对大寨精神认识不足，只注意推广大寨生产上的具体经验，而对大寨革命精神宣传不够，没有抓住学大寨的要领。县委进一步提出：“学大寨运动能否真正开展起来，确实是两种思想和两条道路的斗争，也就是要不要总路线，要不要政治挂帅，革命不革命的大问题，而绝非一个简单的方法问题”。② 1965 年 7 月下发的《学大寨是一场思想大革命》的文件，指出：“大寨的精神是革命的精神，只要学好它，就会变成无穷的力量。”学大寨必须“大搞群众运动”，坚持“两条道路的斗争”。并提出：“可以这样说，大抓阶级斗争和两条道路斗争的纲领，是深入广泛地开展学大寨运动的纲。”③

因此，受社会主义教育运动的影响，大寨典型的“革命”性日益突出，只强调因地制宜地发展生产的思想遭到批判，方兴未艾的农业学大寨运动在批判过去单纯注重发展农业生产时，走向了另外一个极端，过分强调大寨的革命化。

---

① 《中共山西省委第一书记陶鲁笳同志在晋南党的农村基层组织的政治工作会议上的报告纪录》（1965 年 5 月 15 日），昔阳县档案馆藏昔阳县委档案，档案号：3/1/420。

② 《学大寨运动初步总结》（1965 年 12 月 11 日），昔阳县档案馆藏昔阳县委档案，档案号：3/1/396。

③ 李松晨编著《建设档案》（1956～1966）下卷，当代中国出版社，2000，第 899 页。

· 第五章 ·

典型的政治化

大寨被树为全国典型时，正值以阶级斗争为纲指导的社会主义教育运动在全国开展，大寨和学大寨运动不可避免地带有政治色彩，且随着局势的影响，“左”的痕迹愈来愈明显。“文化大革命”爆发后，大寨典型被政治化，大寨经验也随之异化为“阶级斗争的典型”“两条道路斗争的典型”“无产阶级专政下继续革命的典型”，大寨及大寨经验被政治化、神圣化、绝对化，在“大批促大干”的口号下，学大寨运动成为农村推行“左”的政策的助推剂，严重影响了农村政策的贯彻和执行。

第一节 学大寨融入“文化大革命”

1966 年 8 月 1 ~ 12 日，中共八届十一中全会召开，会议通过的公报指出：“全会完全同意毛泽东同志近四年来提出的一系列英明决策”，其中内容之一是“工业学大庆，农业学大寨，全国学人民解放军”，这是第一次公开用毛泽东的名义提出了“农业学大寨”的号召。此后，“农业学大寨”以“毛主席语录”和“最高指示”的形式传遍中华大地，大寨被戴上了各种政治“高帽”：它是无产阶级专政下继续革命的典型，是全面实行无产阶级专政的典型，是无产阶级专政落实到基层的典型，是“斗私批修”的样板，是活学活用毛主席著作的典型，等等，大寨成为政治风向标。

一　毛泽东建设农村理想社会的需要

尽管“大跃进”和人民公社化运动给中国农村经济带来很大困难，但这并没有改变毛泽东建设农村社会的设想。1966 年 5 月 7 日，毛泽东在写给林彪的一封信中阐述了其设想中的经济发展模式，习惯上称之为《五·七指示》（以下简称《指示》)。《指示》指出军队、工人、农民、学生、商业、服务行业甚至党政机关工作人员，都要以本行业的工作为主，兼学兼做其他行业的工作。农民要以农业生产为主，兼学政治、军事和文化，也要批判资产阶级。[①] 同年 8 月 1 日《人民日报》发表社论，向全国公布了《指示》的基本精神。社论评价说：“毛泽东同志总结了我国社会主义革命和建设的各种经验，研究了十月革命以来国际无产阶级和无产阶级专政的各种经验，特别是吸取了苏联赫鲁晓夫修正主义集团实行资本主义复辟的严重教训，创造性地对如何防止资本主义复辟，巩固无产阶级专政，保证逐步向共产主义过渡这些问题，作出了科学的答案。”“毛泽东同志提出的各行各业都要办成亦工亦农，亦文亦武的革命化大学校的思想，就是我们的纲领”。[②] 著名党史专家高华曾指出，《指示》“就是一个高扬革命精神，保持革命战争年代高昂理想主义和人与人之间平等关系，摆脱物质追求，思想不断‘纯化’的新天地。”“为了实现理想社会主义目标，必须进行持续的阶级斗争，在经济和社会层面，就是不断提高‘公有制’的含量；而在思想和政治层面，就是不断清除各种‘剥削阶级和一切非无产阶级的思想’，在大风大浪中培养无产阶级新人”。[③] 因此，许多学者认为，中共八届十一中全会提出的“农业学大寨”口号，是服务于毛泽东“反修防修”这一“伟大战略决策”的需要，是以保卫农村社会主义阵地——人

① 中共中央文献研究室编《建国以来毛泽东文稿》第 12 册，中央文献出版社，1998，第 53～54 页。

② 《全国都应当成为毛泽东思想的伟大学校》，《人民日报》1966 年 8 月 1 日，第 1 版。

③ 高华：《从〈七律·有所思〉看毛泽东发动文革的运思》，http://www.culture.china.com 2007－4－28，最后访问日期，2010 年 1 月 20 日。

民公社“一大二公”体制为目标的两个阶级和两条道路斗争的需要。[①] 笔者深以为然。

大寨在“文革”前的表现正符合《指示》精神。上文已谈到，包括毛泽东在内的各级领导最初视大寨为山区农业典型，但是我们仔细地分析毛泽东、周恩来、廖鲁言等在各种场合下发表的谈话，还是可以体会到他们的兴奋点略有不同。毛泽东侧重从发展生产的战略角度赞扬大寨精神，而周恩来和廖鲁言多从发展农业生产的角度鼓励人民学习大寨自力更生的精神。正如杨奎松分析毛泽东和陈云对粮食统购统销政策的不同态度时，指出毛泽东管的是更大的全局，是主导一切的政治方向和政策问题，陈云等主管经济的领导对粮食短缺的感受更为深刻。[②] 笔者认为杨奎松的观点同样能解释毛泽东与周恩来、廖鲁言对大寨典型意义的不同看法。

“文化大革命”爆发前后，大寨积极推行“穷过渡”和自报公议的做法更是直接体现了毛泽东建设农村理想社会的构想。

首先，在经济体制方面，大寨积极推行“穷过渡”，改变所有制形式。1964 年，大寨和武家坪两个大队合并成一个大队，实行大队核算。同时，陈永贵还计划逐步向“一大二公”的公社体制过渡。1965 年陶鲁笳在晋南党的农村基层组织政治工作会议上谈到大寨人有远大理想时，透露了陈永贵认为所有制越大越好的想法。[③] 另据曾任大寨公社党委书记的赵怀瑞回忆，陈永贵在 1966 年春的一次公社党委会上说：“单干不如集体，小集体不如大集体。要使大寨经验在周边大队开花结果，大寨公社‘一班人’这个火车头该是启动的时候了。如果全公社能统一思想、统一规划、统一号令、统一行动，甚至统一核算分配，人多力量大，众人拾柴火焰高，就没有干不成的事，搬不倒的山。”[④] 会后，在征得大寨公社党委同意后，大寨公社将推行以公社为统一核算单位的建议写成请示，并向分管农业的国务

① 陈大斌：《大寨寓言》，新华出版社，2008，第 136 页。

② 杨奎松：《从“小仁政”到“大仁政”——新中国成立初期毛泽东与中央领导人在农民粮食问题上的态度异同与变化》，《开放时代》2013 年第 6 期，第 171 页。

③ 《中共山西省委第一书记陶鲁笳同志在晋南党的农村基层组织的政治工作会议上的报告纪录》（1965 年 5 月 15 日），昔阳县档案馆藏昔阳县委档案，档案号：3/1/420。

④ 赵怀瑞：《难忘陈永贵》，香港天马图书有限公司，2003，第 142 页。

院副总理谭震林汇报，谭震林又向毛泽东作了汇报。但由于“文革”已经开始，请示未被批准。

其次，在劳动管理和分配制度上，大寨推行自报公议的评分法。1963年大水灾之后，大寨开始推行“标兵工分，自报公议”的劳动管理制度，后又改为“标准工分，自报公议”。大寨“自报公议”的劳动管理制度有着自己的个性基础，所进行的政治思想工作经常而扎实，社员思想觉悟较高；干部领导有方，带头劳动，办事公正；劳动组织严密，既有队长之类的“长干部”，又有分组作业随机变化的“短干部”；社员间互相监督，开展批评和自我批评比较好，一次评工就是一次民主生活会。由此可见，大寨工分制有一定的制度可循，在劳动中营造了一种相对轻松的氛围，有利于调动社员的劳动积极性和责任心。尽管后来的事实证明大寨自报公议的劳动管理和分配制度不具有普遍性，但这种做法与毛泽东晚年追求共同富裕的思想相吻合，因此成为提升大寨劳动管理制度的政治把手。

1959年，毛泽东在读《苏联〈政治经济学教科书〉》时，针对苏联提出的要“利用各种形式的工资制，反对平均主义”，提出了自己的看法：“反对平均主义，是正确的；反对过头了，会发生个人主义。过分悬殊是不对的。我们的提法是既反对平均主义，也反对过分悬殊。”① “既反对平均主义，也反对过分悬殊”就成为毛泽东晚年积极倡导的产品分配方式。大寨自报公议的评分法符合毛泽东的这一设想，且经陈伯达的总结，大寨工分制开始在全国推行。陈伯达认为大寨找到了适合中国农村情况的新办法，真正体现了“各尽所能，按劳分配”的原则，是世界上最好的办法，有普遍国际意义。② 此后，陈永贵据陈伯达的谈话精神，发表了一系列谈话，如1966年3月22日，在发表于《人民日报》的《突出政治的生动一课——陈永贵谈大寨大队在劳动管理中坚持社会主义方向的经验》一文

---

① 中华人民共和国国史学会编《毛泽东读社会主义政治经济学批注和谈话》上册，1998，第198页。

② 《陈伯达同志关于大寨评工记分办法的谈话（抄件）》（1966年5月26日），昔阳县档案馆藏昔阳县委档案，档案号：3/1/414。

中，陈永贵就如何在劳动管理中“突出政治”“以阶级斗争为纲”“坚持两条道路的斗争”表达想法。他认为，搞定额管理是“画只老虎，添上个翅膀”，农民接受不了。而“标兵工分，自报公议”等劳动制度，是“政治和管理相结合的办法”，实行这一办法“是一项很重要的政治工作”，“是开展两种思想和两条道路斗争的过程，也是思想革命化的过程”。次日，《山西日报》头版头条刊登了陈永贵的《政治统帅管理，管理也是社教》的文章，并配发了社论《突出政治改进管理的道路》，进一步从道路和方向的高度认识大寨劳动管理经验。

大寨的所作所为符合毛泽东建立“最完善最纯洁的社会主义社会”的理想，因此，毛泽东经过两年时间的选择和比较，最终在“文化大革命”初期正式提出“农业学大寨”的口号。大寨人对此也深有体悟，他们认为“毛主席号召‘农业学大寨’不是因为大寨有什么特殊本事，而是因为大寨人听毛主席的话，照毛主席的指示办事”。[①] 这注定了大寨是毛泽东“无产阶级专政下继续革命”的样板，大寨经验也随之被片面地总结为一个“斗”字。这个“斗”字具有三方面的含义，首先是与阶级敌人“斗”，其次是与资本主义“斗”，最后是与自然条件“斗”。[②]

二　陈永贵主动适应形势，重塑大寨形象

大寨典型的政治化固然与“文化大革命”、毛泽东对农村理想社会的设想、媒体的宣传有密切的关系，但更主要的是大寨掌舵人陈永贵在“文化大革命”初期主动击水弄潮有关。正如孔令贤在《大寨沧桑》中所说，“对伟大领袖的绝对忠诚，追求上进不满足的惯常心理，以及同‘文化大革命’某些政策暗合的激进心态，陈永贵参与‘文化大革命’其中并力求有所作为是必然的”[③]。

① 《大寨帮全县，全县促大寨》（1971 年 2 月 5 日），昔阳县档案馆藏昔阳县委档案，档案号：3/1/525。

② 王玉茹主编《中国经济史》，高等教育出版社，2008，第 270 页。

③ 孔令贤：《大寨沧桑》，山西经济出版社，2005，第 189 页。

“文化大革命”爆发之初，陈永贵并不理解毛泽东发动“文革”的真实意思，当他看到红卫兵对县委、省委领导的揪斗，他深为自己曾在抗战时期当过“伪”代表，参加过“新亚会”的经历而感到不安。但自1966年11月，陈永贵到北京向周恩来诉说当地情况，以及《人民日报》发表《劳动模范要站出来，支持无产阶级革命的造反运动》的社论后，陈永贵积极主动“站出来”，参加山西省造反夺权。在昔阳县，他发动“2·11”“二次夺权”①，从红卫兵手中夺回大权。《人民日报》认为，陈永贵完全成为“造一小撮走资本主义道路当权派的反”和将“全部政权夺到无产阶级革命派手中”的典型，他随即成为全省、全国的劳动模范的光辉榜样。②从1967年4月起，他除担任昔阳县革委会主任，还担任山西省党的核心小组成员、山西省革委会副主任，兼任中共晋中地委书记，成为山西省乃至全国著名的造反夺权的政治风云人物。因此，许多学者认为陈永贵已不再是一个普通的劳动模范，而是“继续革命”的闯将，是他把大寨逐步拖入了“继续革命”的旋涡中。

就这样，大寨成了“文化大革命”的风向标。1967年4月5日和8月6日，《人民日报》发表了《大寨在毛泽东思想光辉照耀下前进》和《大寨是在同中国赫鲁晓夫的斗争中前进的》两篇文章。同年9月，山西省农业学大寨现场会在昔阳召开，全省各级干部、群众代表3000多人与会。陈永贵作了题为《红太阳照亮大寨前进道路》的报告，将“大寨经验”完全说成是“两个阶级、两条道路、两条路线斗争的结果”，大寨“是在同中国赫鲁晓夫及其爪牙的斗争中成长起来的”。③ 到1968年8月26日，《人

---

① “文革”爆发后，来自北京、天津、西安、太原和晋中的大批红卫兵滞留于昔阳县大寨大队一带，他们串联当地的学生对其认定的“阶级敌人”实行揪斗。1967年1月22日，他们夺了县委和县人委的“党政财文大权”，在县城里闹得天翻地覆。但因缺乏群众根基和内部权力分割不平衡而分成两派，一派控制县委大权，一派控制基层政权，全县出现了大乱的局面。陈永贵就是在这种背景下再次夺权，因发生在2月11日，所以这次夺权被称为“2·11”“二次夺权”。

② 《同革命群众和革命干部一起把昔阳县的大权全部夺到无产阶级革命派手中》，《人民日报》1967年3月5日，第2版。

③ 陈永贵：《红太阳照亮大寨前进道路》（1967年9月），昔阳县档案馆藏昔阳县委档案，档案号：3/1/415。

民日报》又发表了题为《狠抓阶级斗争，在社会主义道路上阔步前进——记大寨大队以毛泽东思想为武器坚持革命斗争的经历》的文章。文章大肆宣扬大寨大队最基本的经验“是以两个阶级、两条道路、两条路线斗争为纲，坚持不懈地同人斗”。

1969年中共九大召开，根据九大精神，落实巩固“文化大革命”成果和无产阶级专政落实到基层的战斗任务，学大寨运动的鼓吹者进一步指出：“大寨，是在无产阶级和资产阶级两个阶级、社会主义和资本主义两条道路、毛泽东的革命路线和……反革命修正主义路线两条路线的激烈搏斗中成长和发展起来的。只有学大寨、走大寨道路，才能建设社会主义的农业。”“学大寨的过程，就是两个阶级、两条道路，两条路线斗争的过程。我们要落实毛泽东关于‘农业学大寨’的指示，必须紧紧抓住无产阶级同资产阶级两个阶级的斗争、社会主义同资本主义两条道路斗争这个纲”。“只抓生产斗争，不抓阶级斗争，那就必然会迷失方向，走错误道路。”①

在接下来的“批陈整风”“批林批孔”“批邓、反击右倾翻案风”中，大寨都不得不带头表态，借用“文革”时期常在大寨蹲点的新华社记者冯东书的一句话，大寨是“一个没有不说话自由的地方”。“有些话是他们愿意说的，他们说了；有些话是他们没有想到要说的，在别人的提示下，他们说了；有些话是他们不想说的，他们也得说；有些话甚至是他们根本不懂的话，如批判什么‘唯生产力论’，批判‘资产阶级法权’，他们也得照着人家的说；还有的话是别人替他们说的，登在报上，记在他们头上，他们也得认可，算是他们说的。”② 然而大寨的“表态”在当时意义非同寻常，曾任《人民日报》农村部主任的李克林在回忆当时对农业学大寨的报道时，指出“如果只是叫叫口号，唱唱高调，写点应景文章，倒也没什么大害。令人深感遗憾的是，从大寨传播出一套套谬论歪理，一时竟成为指导亿万农民行动的准则，它们压倒政府的法令，代替了党的政策，扼杀了

① 评论《学不学大寨是走什么道路的问题》，《山西日报》1970年9月6日，第1版；评论《阶级斗争是学大寨的第一课》，《山西日报》1970年9月10日，第1版。

② 冯东书：《“文盲宰相”陈永贵》，中国文联出版社，1998，第30页。

农村的无限生机。一些稀奇古怪的口号流行全国，把副业生产和因地种植等等当作‘资本主义’大批特批，结果是广大农村一片萧索”。①

总之，“文化大革命”爆发前后，大寨所倡行的管理措施与毛泽东对农村理想社会的设想相吻合，加上陈永贵将学大寨与开展“文化大革命”结合起来，使大寨在农业典型之上附加了政治典型的使命，政治典型推动了农业典型的发展，但是政治典型掩盖了农业典型的魅力，以致大寨基本经验借助于“文革”被“神化”为“普遍真理”，成为“一株要什么花有什么花的百花树”，大寨的艰苦奋斗、爱国奉献的形象退居次席。

第二节 典型经验的政治化

随着大寨典型的政治化，大寨经验也在不断地从政治角度获得解释。李静萍认为“文革”时期，大寨经验被异化为“阶级斗争经验”“路线斗争经验”“‘大批促大干，大干促大变’经验”和“不切实际的万能经验”②。陈大斌认为，大寨经验在“文革”十年中不断地“变化发展”，越“变”越“左”，越“发展”越“左”。从“文革”中的“夺权”到1970年的“抓五种人”经验，从1971年的“大批促大干，大干促大变”到1975年的抓“集体经济内部的资本主义”，再到1977年，农业学大寨达到巅峰时的“大批资本主义，大批修正主义，大干社会主义，真想共产主义”。③ 不管大寨经验异化为什么，都忽略了周恩来概括的大寨基本经验在农业典型上的意义，而突出了大寨的政治典型的作用。

首先，“大批资本主义”。陈永贵有句名言：“堵不住资本主义的路，迈不开社会主义的步。”在陈永贵和大寨人的潜意识里，资本主义和社会主义是死对头，批不倒资本主义，就不可能大干社会主义。他们在多年同所谓的资本主义斗争的过程中，“斗出了区分干社会主义还是干资本主义

① 李克林：《“农业学大寨”回忆片段》，《新闻战线》1989年第7～8期，第59页。
② 李静萍：《农业学大寨运动史》，中央文献出版社，2011，第183～195页。
③ 陈大斌：《大寨寓言》，新华出版社，2008，第139～143页。

的八条界限”：

> 一是为大多数人谋利益，还是为少数人谋利益；
>
> 二是靠自己双手，辛勤劳动创造财富，发展集体经济，还是靠做买卖、捞“外快”、吃“过水面”发财致富；
>
> 三是有利于改造小生产，树立共产主义思想，还是迁就旧的习惯势力，诱发和助长资本主义思想；
>
> 四是有利于调动广大群众的社会主义积极性，还是压抑群众的社会主义积极性；
>
> 五是多快好省地发展生产，还是少慢差费；
>
> 六是有利于限制资产阶级法权，还是扩大资产阶级法权；
>
> 七是有利于对阶级敌人实行有效的专政，还是削弱这种专政；
>
> 八是有利于加强党的领导，还是削弱党的领导。[①]

对于这八条界限，李静萍认为，它“在当时也许有一定的意义，但这些所谓的界限，都是从政治角度来区分的，很难说或者根本就谈不上是什么社会主义和资本主义的区别”。[②] 事实上，对于什么是社会主义和资本主义这一理论问题，文化程度很低的大寨人是很难理解的。直到今天，大寨老人也搞不清这些当年被不断炒作的“左”倾、“资本主义”的含义。2008 年当记者问到村民宋立英、李圆眼时，李圆眼的孙女问到什么是资产阶级，她嘿嘿笑着说：“你过年挣了 300 元压岁钱，就是资产阶级。”[③] 尽管如此，当年大寨人认为“资本主义”无孔不入，从自由市场到山沟、从山沟到村里、从村里到房前屋后、从房前屋后到家里，“资本主义”时时、处处无所不在。在“资本主义”的口号下，受到批判的是《农业六十条》规定的社会主义经济所不可或缺的自留地、家庭副业和集市贸易。

其次，“大批修正主义”。大寨人认为，修正主义是资产阶级的代理

---

① 驻大寨联合报道组编《大寨经验》，山西人民出版社，1977，第 13～14 页。

② 李静萍：《潮起潮落——农业学大寨运动回眸》，山西人民出版社，2012，第 174 页。

③ 山西晚报记者李廷祯：《看 30 年后大寨华丽转身》，《扬子晚报》2008 年 4 月 7 日，http://zt.xhby.net/system/2008/04/07/010233767.shtml，最后访问日期，2009 年 3 月 2 日。

人，是资本主义的保护伞，批修不批资，抓不住修正主义的要害，批资不批修，抓不住资本主义的后台，结果，必然是资本主义批不了，社会主义干不成。[①] 从批判“庄稼搅买卖”到批判刘少奇和省委、地委及县委的所谓“修正主义分子”，实际上他们批判的不是真正的修正主义，而是“阶级斗争熄灭论”“唯生产力论”“工分挂帅”“物质刺激”“四大自由”和“三自一包”等等。

再次，“大干社会主义”。周恩来总结的大寨经验本来就是强调大寨实干、苦干的精神。但是在“文革”十年，大寨的实干、苦干被强行绑缚在“大批资本主义，大批修正主义”的“左”的车轮上，大干只能以批判开路，“只讲干，不讲批，干的方向会出问题”，“批和干，这是打向资产阶级和一切剥削阶级的两个拳头，缺一不可”[②]，“大干社会主义，路线不对干不了，思想不对干不好”[③]，而路线和思想均是以所谓的共产主义作标准。大寨和昔阳人在“大干社会主义”中干了不少违背经济规律和自然规律的蠢事。

最后，“真想共产主义”。这一口号挺动人，但在生产力水平还很低的大寨、昔阳，“共产主义”变成了平均主义。这不是陈永贵一时的头脑发热，而是有着深厚的思想基础。早在 1958 年“大跃进”时，大寨领导人的做法或许能引起我们的思考。据陈大斌讲，在全国“大放卫星，创高产”的狂热呼喊声中，陈永贵并不像有些人所说的那样清醒。[④] 山西省社科院的一批社会科学工作者，认真考察了大寨、昔阳的历史，编写了一部《昔阳农村经济史》书稿，书稿未正式出版。我们摘录书稿中 1958 年的一些历史资料如下：

> “在广大社员提出‘种种作物元帅升帐，样样庄稼卫星上天’的豪言壮语口号的同时，社主任陈永贵，第二生产队长贾成富和副队长

---

① 驻大寨联合报道组编《大寨经验》，山西人民出版社，1977，第 8 页。

② 同上书，第 24 页。

③ 同上书，第 27 页。

④ 陈大斌：《大寨寓言》，新华出版社，2008，第 170 页。

贯进财，就以冲天的干劲，采取革命的措施，亲自下手，在后底沟培养了3亩玉米丰产园……经过了党委和该社卫星田验收委员会监收监打，每亩产到14436斤。从这个活生生的事实中可以说明，他们真正具备了‘想到哪里，说到哪里’的共产主义风格。

“大寨乡新胜农业社，春耕一开始，社主任陈永贵就领导全体社员开展了反保守、破常规……他们的口号是：全党全民搞丰产，干部带头跑在前，队队保证放卫星，争取秋天上北京。……社主任陈永贵为了在高粱上放卫星，他亲自培育了1.2亩高粱，经县、乡验收委员会监收监打，共产高粱7650斤，平均亩产7500斤。

“大寨公共食堂的伙食状况如下：办食堂一年来，总共吃白面饺子八顿；蒸馍四顿；油果一顿；烙饼一顿；拉面一顿；大米干饭四顿；生活吃得好，粮食用得少。”①

从1959年冬起，大寨准备向公社所有制过渡，其过渡的物质基础为：全管理区共有马12匹、牛27头、骡2匹、驴9头、羊205只、房屋13间、柴油机1台、缝纫机3架、猪圈2个、电话机1部、汽灯2只、大车2辆、24马力发电设备一套，全部固定资产总值为80825.19元，公益金1376.7元。②

由上述可知，陈永贵及大寨人在“大跃进”中的表现与当时其他地方别无二致，但“大跃进”改变生产关系的做法对陈永贵产生了深刻的影响，在全国“农业学大寨”运动开始后，他不放弃任何机会来宣传和实施“穷过渡”。“穷过渡”在遭到中央和毛泽东的否定后，陈永贵在昔阳县继续推进“穷过渡”，实现由大队核算向公社核算过渡。作为试点的大寨公社1977年拟定了《关于逐步实现向公社所有制过渡的草案》，1978年又出台了《大寨人民公社试行简章（草案）》，最后终因中共十一

① 《大寨管理区过渡公社固定财产明细表》（1959年），转引陈大斌《大寨寓言》，新华出版社，2008，第170页。

② 《大寨管理区过渡公社固定财产明细表》（1959年），转引陈大斌《大寨寓言》，新华出版社，2008，第172页。所谓“穷过渡”是指在物质基础相对较弱的情况下，向更高一级的所有制过渡。

届三中全会的召开而悄然流产。①

总之，典型经验的政治化抛弃此前比较温和的思想政治工作方法，以大批资本主义和修正主义为手段，目的是为大干社会主义扫除障碍。

第三节　政治化的典型经验推广

“文化大革命”前，会议、媒体、大众艺术、参观、展览都是宣传大寨典型的主要载体，“文化大革命”爆发后，这些载体继续发挥着强大的动员功能，只是又呈现出新的特点。

首先，会议是介绍和推广典型经验的惯用手段。这一时期在大寨和昔阳召开了各种学大寨会议和学大寨经验交流会，其时间之长、规模之大、频率之高恐怕是任何时期都难以企及的。据统计，中央召开的农业学大寨会议主要有：1967 年 9 月 3～12 日的第一次大寨劳动管理现场会、1968 年 1 月 10～19 日的第二次大寨劳动管理现场会、1970 年 8 月 25 日至 10 月 5 日的北方地区农业会议、1975 年 9 月 15 日召开的第一次全国农业学大寨会议、1976 年 12 月 11 日召开的第二次全国农业学大寨会议等。山西省委召开的农业学大寨会议主要有：1967 年 9 月 10～17 日的全省第一次农业学大寨现场会、1968 年 10 月 15 日至 11 月 2 日的全省第二次农业学大寨现场会、1969 年 10 月 20 日的全省第三次农业学大寨现场会、1971 年 9 月 1～16 日的全省农业学大寨经验交流会、1973 年 2 月 21 日至 3 月 7 日的全省农业学大寨经验交流会、1973 年 11 月 18～29 日的全省农业学大寨经验交流会、1974 年 11 月 20 日～12 月 6 日的全省农业学大寨会议、1977 年 2 月 22 日至 3 月 3 日的全省农业学大寨会议、1977 年 12 月 21～30 日的全省普及大寨县工作会议等。昔阳县委召开的农业学大寨的会议有：1967 年 6 月 2～8 日昔阳县四级干部学赶大寨现场会召开、1967 年 12 月 11～21 日昔阳县四级干部第四次学大寨现场会召开、1968 年 3 月 1～4 日昔阳县第

---

① 孔令贤：《回望昨夜星》，中国文联出版社，2002，第 58 页。

一次学大寨现场会召开、1968 年 6 月 7 ~12 日昔阳县第二次学大寨现场会召开、1970 年 10 月 27 日昔阳开展群众性学大寨运动大讨论、1971 年 9 月 22 ~28 日昔阳县农业学大寨向机械化进军大会召开、1973 年 3 月昔阳县农业学大寨先进大队支部书记学习班总结会、1975 年 2 月 18 ~27 日昔阳县召开农业学大寨群英会、1975 年 10 月 31 日至 11 月 14 日昔阳县委召开向高标准大寨县进军骨干会、1976 年 1 月 4 ~12 日昔阳县向高标准大寨县进军大会召开、1978 年1 月 28 日至2 月 1 日昔阳县第二次学大寨、学大庆群英会在县城召开。

上述这些会议少则七八天，多则半月以上，参加的人数少则几百人，多则几千人。那些年月，昔阳县召开的现场会一个接一个，学大寨运动后期有时同时开两个现场会。每开现场会，各地区开会的人都要和去参观的人一样，在街上贴许多“向大寨人致敬!”“向大寨贫下中农学习!”“大寨精神万岁!”的大标语。[①] 这些会议对大寨的褒奖，一方面给人以鼓舞，另一方面又引导着其他社队的发展方向，深深地影响着大众的社会行为。

同时，大寨、昔阳的领导还参加各省举办的“农业学大寨”会议，在会上传经布道。仅 1973 年 10 月到 1975 年，“陈永贵或受命于高层，或应聘于各省，足迹遍布大江南北、长城内外、白山黑水、椰岛边陲”。[②] 特别是 1974 年春节期间，陈永贵带领昔阳学大寨的先进单位代表李锁寿、赵志武、陈有棠、李七毛、张斌等在东三省开讲。这些“农业学大寨”会议不仅仅是一种制度化的仪式，更重要的是“开会这一少数与会者之间的互动逐步深深地影响着社会生活的每一个角落，并在一定程度上引导着社会行为、思想和情感的变化，塑造着大众认识社会的视角。[③]

其次，参观可以使参观者对参观对象有一个直接的印象。自从中共八届十一中全会公报明确肯定了毛泽东“农业学大寨”的“英明决策”，大

① 冯东书：《“文盲宰相”陈永贵》，中国文联出版社，1998，第 24 页。

② 孔令贤：《回望昨夜星辰》，中国文联出版社，2002，第 83 页。

③ 刘光宁：《开会：制度化仪式及其对当代社会观念和政治文化的影响》，《当代中国研究》2005 年第 3 期，法律史学术网，http://jyw.znufe.edu.cn/flsxsw/articleshow.asp?id = 1604，最后访问日期，2009 年 3 月 2 日。

寨就成为全国人民“朝拜的圣地”。据统计，1966 年到大寨参观的人数激增至 19.5 万人，到 1969 年更是增至 375.3 万人。由于参观的人太多，中央不得不三令五申限制到大寨参观的人数。即便如此，每年都还有几十万人到大寨参观。从 1964 年至 1979 年，国内到大寨参观的人数共 1045 万人，大寨成为中国最喧闹的村庄。①

到大寨参观的人虽如此之多，他们的目的却是多样化的。据李静萍对“文革”爆发后到大寨参观的人的目的分析，可以分三类，一是真正仰慕大寨，二是作为一项学习任务，三是体验生活。② 1969 年之前，到大寨参观的人都想见见“毛泽东的好学生陈永贵”，因此大寨也就产生了一种“接见”仪式。新华社驻大寨记者冯东书这样描述当时的接见仪式：

> 所谓接见，就是隔上四五天，选一个中午，大寨干部从地里劳动回来，吃过午饭，大寨接待站的人就把参观者从大寨村的口子上，沿路在两旁排起来，有时一直排到一里多路以外的武家坪大队。这时大寨接待站的张文先生在麦克风前宣布：“现在，大寨干部和大家见见面。”于是大寨几个干部就举手摇着红宝书——《毛主席语录》，从参观队伍中间走过去，一直走到头，再走回来。在走的过程中，两旁群情激奋，人人挥动《毛主席语录》，不断喊“毛主席万岁！”“向大寨人学习！”“向大寨人致敬！”。有的人还挤上去，一把一把地向大寨干部口袋里装他们那里出的毛主席像章。大寨干部也回赠几枚大寨图案和毛主席头像的纪念章。有时大寨干部也向参观者讲几句话。③

这样的参观使学大寨运动在多数情况流于形式。青海省革命委员会于 1967 年 12 月 16 日至 1968 年 1 月 21 日召开了一个多月的“农业学大寨”会议。会议期间，200 多名参会的省、市、县、社、队干部到大寨参观访问。通过参观访问，他们认为青海和大寨的最大差距是“毛泽东思想红旗

① 王俊山主编《大寨村志》，山西人民出版社，2002，第 185 页。

② 李静萍：《潮起潮落——农业学大寨运动回眸》，山西人民出版社，2012，第 194 ~ 197 页。

③ 冯东书：《“文盲宰相”陈永贵》，中国文联出版社，1998，第 155 ~ 156 页。

没有大寨举得高，活学活用毛主席著作没有大寨好”，因此他们提出学大寨的四个经验：第一，学大寨人时时、事事、处处活学活用毛泽东思想，突出一个“公”字，狠抓一个“用”字。他们把学毛主席著作当作改造世界观的根本途径。第二，学大寨人狠抓两个阶级、两条道路、两条路线的斗争。第三，学大寨人自力更生、艰苦奋斗的革命精神。第四，学大寨干部处处突出无产阶级政治，建立一个坚强的领导核心。① 甘肃省革命委员会到1968年12月底，已组织近2万名贫下中农和基层干部到大寨参观学习，并于20日作出《关于进一步掀起“农业学大寨”群众运动新高潮的决定》。决定指出：第一，学大寨，必须狠抓根本，把活学活用毛泽东思想放在高于一切、大于一切、先于一切、重于一切的地位。第二，学大寨，必须狠抓阶级斗争和路线斗争。第三，学大寨，必须坚定地依靠贫下中农，放手发动群众，大搞群众运动。第四，学大寨，必须落实规划，落实措施。第五，学大寨，必须加强领导，狠抓典型，树立样板。② 由此可知，参观者在学大寨时首先学到了政治化的典型经验，将学习毛主席著作、狠抓阶级斗争和路线斗争视为第一要务，在一定程度上推动了当地农业学大寨运动的开展。

同时，大寨党支部还派郭凤莲、宋立英、梁便良、贾来恒、贾存锁、贾进财等大寨干部和社员到河南、河北、山东、内蒙古、辽宁、新疆、湖南、江西等地的先进单位参观、学习，使大寨干部和社员经常看到山外有山、天外有天。③ 此外，中共九大之后，陈永贵经常借到全国各地考察之机，将其所见所闻以书信的形式寄给大寨人，以促大寨人破骄傲自满、故步自封之思想。如此，大寨人时时刻刻感到一种压力，只有不断地克服“前进”中的各种障碍才能“更上一层楼”。他们在“前进”中不断地制造出“新套套”，这些“新套套”再经到大寨的参观者向社会进行宣传，

---

① 《青海省“农业学大寨”会议纪要》（1968年1月21日），载青海农牧区合作经济史料编委会编《青海农牧区合作经济史料》，青海人民出版社，1993，第163页。

② 《甘肃省革命委员会关于进一步掀起“农业学大寨”群众运动新高潮的决定（节录）》（1968年12月20日），载甘肃省农业合作史编写办公室、甘肃省档案馆编《甘肃省农业合作制重要文献汇编》第2辑，甘肃人民出版社，1993，第372～373页。

③ 大寨党支部：《沿着毛主席无产阶级革命路线在继续革命的大道上大步前进》（1971年3月15日），昔阳县档案馆藏昔阳县委档案，档案号：3/1/525。

被扭曲的大寨经验源源不断地涌向社会，指导着各地的农业生产。

再次，基层组织是大寨经验得以广泛传播的制度保障。“文革”初期，全国各地党组织均陷入瘫痪状态。直至 1967 年 10 月，毛泽东在青海省党的核心小组报告的批示中提出了“五十字建党大纲”。[①] 此后，各省党组织逐渐恢复，成为农业学大寨的重要制度保障。

在昔阳县，陈永贵自主政之日起就迫不及待地在全县开展农业学大寨运动，推广大寨经验和大寨模式。他认为大寨之所以成为全国农业战线上的典型，关键是有一个表现优秀的领导核心，因此，他上任之后的第一件事就是加强党组织建设，建立一个革命化的领导班子。他不仅恢复了党组织活动，而且借助于中央多次发出的有关农村文化革命的指示，为在“四清”运动中被定性为“反党集团”（即十月事件[②]）的干部和“文化大革命”初期被打倒的干部[③]“平反”。1967 年 2 月，中共中央在《给全国农村人民公社贫下中农和各级干部的信》和《关于农村生产大队和生产队在春耕期间不要夺权的通知》中指出：“农村干部大多数是好的和比较好的，对于犯错误的干部，应本着毛主席‘惩前毖后，治病救人’的方针，对他们进行批评教育，帮助他们改正错误。只要不是反党反社会主义分子而又

① “五十字建党大纲”为：党组织应是由无产阶级先进分子所组成，应能领导无产阶级和革命群众对于阶级敌人进行战斗的朝气蓬勃的先锋队组织。参见席宣、金春明《“文化大革命”简史》（增订新版），中共党史出版社，2006，第 196 页。

② 1963 年 9 月 25 日，中共昔阳县第五届党代会召开，在选举县领导时，县委书记张润槐虽当选，却少得了不少选票，当时的晋中地委认为昔阳县委内部不团结，存在着问题。因此，1964 年山西省委和晋中地委，借社会主义教育运动之机整顿昔阳县委，解决“宗派活动问题”。受阶级斗争思维的影响，昔阳县委党代会期间的不团结问题上升成了反党问题。9 月 26 日，晋中地委扩大会议召开，大会把前县委书记张怀英定为指挥昔阳“反党宗派活动”的头目被隔离审查，随后，昔阳县主要领导王贵科、赵满仓、李韩锁等分别被隔离审查，陈永贵也被叫去揭发批判张怀英。10 月，张怀英被撤销一切党内外职务，28 人被调出昔阳县工作，陈永贵也因涉嫌张怀英“反党宗派活动”，被说成是“反党集团”的拐棍。这就是“十月事件”。

③ 由于《十六条》对“走资派”并没有一个明确的判别标准，随意性很大，在实际斗争中就不可避免地把目标普遍地引向中共党内的各级领导干部。当时，昔阳县群众存在不分走社会主义道路当权派，还是走资本主义道路当权派，对干部有一律打倒，一律夺权的倾向。这样，“文革”初期，除“十月事件”受害者再次遭到残酷斗争外，全县 80% 的公社和 50% 的大队被夺了权，200 多名干部被戴上了“反革命”“反党”的帽子，2000 多名干部靠边站。

坚持不改和屡教不改的，要允许他们改过，鼓励他们将功赎罪”。1967 年 4 月，毛泽东对干部问题做出指示：“要依靠干部，干部绝大多数是好的，很多事是要让干部去办，政策靠他们去执行。”[①] 据此，陈永贵指出昔阳“广大基层干部绝大多数是在土地改革激烈的阶级斗争中涌现出来，并经过社会主义革命考验的贫下中农的优秀代表”。他们身上的缺点错误“多数是作风、态度、方法方面的”，不属于方向路线错误。[②] 并以昔阳的“四清”是执行刘少奇的“形‘左’实右”的资产阶级反动路线冠名，开始了“名正言顺”的平反活动。陈永贵首先在大寨主持召开了 500 人参加的革命组织代表会议，学习贯彻了毛泽东的干部政策，揭发和控诉了资产阶级反动路线迫害革命干部的罪行。接着县核心小组和革委会带着“中共中央给全国农村人民公社贫下中农和各级干部的信”，深入到全县 20 个公社，300 多个大队，宣传贯彻毛泽东的干部政策。通过整党，陈永贵为昔阳“四清”运动中的主要冤、假、错案予以平反。同时，他还不断地向省里和中央反映情况，要求给“十月事件”中定性为“反党集团”的成员平反。在陈永贵的督促下，1967 年 3 月 31 日，中共山西省核心小组下文，给昔阳“十月事件”的干部平反，并对外调的 24 名干部做了重新安排。5 月 12 日至 12 月 11 日，中共昔阳县核心小组先后召开两次大会，分两批为“十月事件”的受害者进行平反。“十月事件”的受害者李韩锁担任中共昔阳核心小组组长，孔永福担任副组长，贾火林、范喜凤、王维锁、张永顺、郑融、郭凤莲、赵维政、刘树岗、王富元、李爱虎为成员。[③] 这些干部多成长于土改时期，他们的阶级观念比较强，又由于得到毛泽东的允可而被“平反”，因此，在阶级斗争思想的鼓动下，他们热烈地响应“文化大革命”，成为陈永贵开展学大寨运动的得力助手。“文革”初期，在“踢开党委闹革命”的影响下，各级党组织均已瘫痪，党支部书记或被批斗、

① 毛泽东：《关于干部问题的指示》（1967 年 4 月），载宋永毅《中国文化大革命文库》（CD－ROM），香港中文大学中国研究服务中心，2002。

②《毛主席关于农业学大寨的伟大号召成为昔阳全县革命群众的自觉行动》，山西省昔阳县革命委员会编《学大寨靠的是毛泽东思想》，农业出版社，1968，第 4 页。

③ 昔阳县史志研究室编《山西省昔阳县历史纪事》（1937～2007），山西人民出版社，2009，第 122 页。

游街，或被打成“走资派”，靠边站。在陈永贵的保护下，这些受到批判的党支部书记多被重新起用。时任大寨公社副书记的赵怀瑞对被解救出来重新投入工作的干部这样描写道：“他们精神焕发，激情很高，感谢共产党，感谢陈永贵又给了他们第二次重新工作的机会。他们一心一意听党话，一呼百应跟陈永贵走。”① 如此，从县到公社，再到生产队，陈永贵拥有了一支死心塌地跟其走的干部队伍，这支队伍成为昔阳学赶大寨的骨干。刘树岗在总结皋落大队“年年整党建党，天天防修反修”时指出，“四清”中下台又被“解放”的干部当场就表示，“革命不怕死，怕死不革命，从此两耳听着上边，两眼盯着大寨，上边号召干啥就干啥，大寨怎干就怎跟”。②

同时，陈永贵还将昔阳的情况告诉了当时在大寨了解情况的记者王志刚，王志刚将陈永贵反映的情况及自己下乡的所见、所闻、所感、所思总结了七八点，以陈永贵的名义发表。1967 年 11 月 5 日，《快报》选取王志刚文章的五点刊出，最主要的内容是：“绝对不能把矛头对准广大农村基层干部，对准自己人。”③ 11 月 7 日，中共中央、中央文革小组以中发 339 号文件，以《陈永贵同志谈农村的文化大革命》为题转发了陈永贵的信。转发信中所加的批语为：“陈永贵同志关于农村无产阶级文化大革命的谈话，具体地揭露了中国最大的走资派形‘左’实右的资产阶级反动路线在山西晋中地区犯下的滔天罪行。所提出五条意见也是正确的，供同类情况的地方参考。此件可以发到生产大队。”④ 中央批转陈永贵的信又使其为受

---

① 赵怀瑞：《难忘陈永贵》，香港天马图书有限公司，2003，第 60 页。

② 刘树岗：《对皋落大队党总支〈年年整党建党，天天防修反修〉的剖析》（1980 年 7 月 10 日），昔阳县档案馆藏昔阳县委档案，档案号：3/1·1·2/51。

③ “文革”开始后，各级党政机关逐渐陷于瘫痪，下情无法上达中央，毛泽东指示“派记者”。于是，从全国各地各大通讯单位和军事院校抽调一批政治强、写作水平高的人员，组建了“中央文革记者站”，记者站编辑、印刷只有毛泽东和几位中央政治局常委才有资格阅览的《快报》。1967 年 11 月 5 日《快报》选取王志刚所写文章中的五点刊出。毛泽东阅后做出批示：“此件拟转发农村。”王金岗：《〈陈永贵同志谈农村的文化大革命运动〉一文出台内幕》，《党史探索》2008 年第 12 期，第 44 页。

④ 《中共中央、中央文化革命小组批转陈永贵同志谈农村的文化大革命》（1967 年 11 月 7 日），载宋永毅《中国文化大革命文库》（CD－ROM），香港中文大学中国研究服务中心，2002。

迫害干部平反的行为获得中央高层领导的认可。

接着，从 1967 年冬开始，陈永贵连续三个冬春对基层党组织进行整顿，通过开门整风的方式，对全县 400 多个基层党支部逐一分析，逐一排查，清除了一批所谓的“不学大寨”“反大寨”的大队支部书记，即所谓的“五种人”[①]。据统计，三年内共撤换 127 人，占支部书记总数的 31%。[②] 通过对基层党组织的整顿，基层干部从中感到了压力，不得不将思想统一到农业学大寨上来，统一到大寨发展农业的模式上来。陈永贵“解决领导班子问题”的经验，经 1970 年北方地区农业会议的宣传，成为各地开展农业学大寨运动的保障。在“昔阳能办到，你们难道不行吗？一年不行，两年不行，三年行不行？四年、五年总可以了吧？”的责问下，各地都加强了农业学大寨运动的组织建设，甚至专门在昔阳县办整党建党学习班。许多对农业学大寨有微词的干部都遭到了严厉的“教育”，甚至遭到了“清洗”。同时“分配”大批党员名额来吸引积极分子，这些积极分子与原来的支部形成了一种庇护关系，成为推动农业学大寨运动的骨干力量。到 1971 年 3 月，河南省新吸收共产党员 135880 人，约占河南省共产党员 1104430 人的 12.3%。[③] 山东省新发展农村共产党员竟高达 20 多万名。[④] 中共十大之后，各地甚至出现了突击入党、突击提干的“双突”现象，从 1973 年秋至 1974 年春，浙江省突击入党 3.3 万人，河南省突击入党多达 24.6 万人。[⑤]

为了更有效地推广农业学大寨运动，20 世纪 70 年代中期，昔阳县一

---

① “五种人”是指阻碍学大寨运动的五种阻力，即“钻进社队的坏干部”“被敌人腐蚀的干部”“走资本主义道路的干部”“老好人”和“民主派”。对此，孙启泰、熊志勇认为整“五种人”经验是陈永贵捞取政治资本的一次精彩表演。笔者不认同这一说法。“五种人”的提法是纪登奎在昔阳县进行考察时提出的，陈永贵只是为此寻找实例罢了。为了迎合现实的需要，陈永贵犯了随意“设置”对立面的错误。1970 年在大寨召开的北方地区农业会议上，陈永贵将整“五种人”的经验向全国作了介绍。此后，各地相继开展整“五种人”的斗争，产生了恶劣的影响。

② 吴思：《陈永贵沉浮中南海》，花城出版社，1993，第 127 页。

③ 王明义主编《中国农业全书·河南卷》，中国农业出版社，1999，第 497 页。

④ 王明钢主编《中国农业全书·山东卷》，中国农业出版社，1994，第 536 页。

⑤ 程中原：《1975 年邓小平主持各方面的整顿》，《当代中国史研究》2004 年第 2 期，第 66 页。

批干部被分别提拔到山西省各地、县，或者其他省和中央国家部委担任领导职务。据山西组织人事部门的统计，截至 1979 年 12 月，从昔阳县调出干部 491 人。其中有些人在昔阳并不是干部，只是工人、农民、警察、售货员等，而调到外地就担任了领导职务或担当要职。在调出的人中，有 38 人担任了县委副书记以上职务，有的当了县委书记、地委书记甚至省委书记、国家部委的副部长。[①] 因此，时有“昔阳干部遍天下”一说。他们所到之处极力地推行“大寨经验”，从而保障了农业学大寨运动更加顺利地、轰轰烈烈地开展起来。

第四，举办各种以学大寨为主题毛泽东思想学习班。早在 20 世纪 60 年代初，全国各地逐步掀起了一个群众性学习毛泽东思想的热潮。“文化大革命”开始后，各地将学习毛泽东思想当成一项政治任务去完成，村村大办毛泽东思想学习班和学习小组，仅 1967 年 10 月至 12 月 20 日，昔阳全县就开办了 643 个学习班，共 1920 期，每个学习班平均开办 3 期，约 70972 名群众参加了学习。[②] 另外，全县从机关、学校抽调了近 4000 人，组成了毛泽东思想宣传队，深入各社、队进行广泛宣传，并按照实际需要组织了 5000 余个学习毛著小组，约 11 万人参加了学习。[③] 全县出现空前的学毛泽东著作的热潮，据大寨的贾承林、孙秀珍、贾秀兰、贾存锁等人回忆，当时几乎每天晚上都开会，有时会通宵，主要学习两报一刊的内容。[④]

全国各地也大致如此。安徽凤阳县一面在当地开办以学大寨为主题的毛泽东思想学习班，到 1968 年底，共办了 6038 期，参加学习的达 18 万多人次；[⑤] 一面还在大寨举办各种类型的毛泽东思想学习班，从

---

① 陈大斌：《大寨寓言》，新华出版社，2008，第 244 页。

② 中共昔阳核心小组、昔阳县革命委员会：《全县大办毛泽东思想学习班初步总结》（1968 年 1 月 8 日），昔阳县档案馆藏昔阳县委档案，档案号：3/1/436。

③ 李韩锁：《学大寨靠的是毛泽东思想——昔阳县 1967 年是怎样开展学大寨运动的》，载山西省昔阳县革命委员会编《学大寨靠的是毛泽东思想》，农业出版社，1968，第 26 页。

④ 孙丽萍主编《口述大寨史》上篇，南方日报出版社，2008，第 183 ~ 186 页。

⑤ 《凤阳县革委会三次全委扩大会文件之二》（1969 年 1 月 1 日），载王耕今《乡村三十年》下册，农村读物出版社，1989，第 302 页。

1968 年 3 月至 1969 年 1 月共派出 600 多名区、社、队干部亲临大寨学习大寨经验。[①]

事实上，为了扫除学大寨在思想上的障碍，学习毛泽东思想运动又往往和斗私批修运动相结合。其主要内容有：批判了“打击一大片，保护一小撮”，实现了打击一小撮，解放一大片；批判了赫鲁晓夫阶级斗争熄灭论；批判了“三自一包”“四大自由”，坚持了社会主义道路；批判了反大寨的谬论；批判了“经济挂帅，物质刺激”。[②] 在这种氛围中，每位农民既是学生又是斗士，他们在学习和批判中认识了所谓的“资本主义”和“修正主义”，并目睹了执行所谓“资本主义”政策者的遭遇。他们在阶级斗争的威力下从灵魂深处进行反省，坚决斗“私”。我们可以从农村批判会上对“私”字危害性的总结中了解他们对“私”的痛恨心理。白羊峪大队在一次贫下中农大会上总结道：“‘私’字一出现，心里想单干；‘私’字一抬头，光去小块地里头；‘私’字一发展，集体生产没人管；‘私’字一挂帅，国家集体都受害；‘私’字一扎根，修正主义结了亲；‘私’字根扎深，子孙万代难翻身。”[③] 为斗掉“私”字，批倒“修”字，昔阳县主要采用了抓典型的手段。对学习毛著的先进分子和“破私立公”的楷模进行表彰，仅 1967 年各社、队涌现出来的标兵、模范就有 16700 余人，占参加劳动人数的 26%。[④] 这些总结和数字表明，学习毛著和斗私批修在一定层面上影响了农民的思想，规范了农民的行为，出现了一批热爱集体、一心为公、忘我工作的新型农民。这些新型农民不仅道德高尚而且多为农业生产能手，成为农业学大寨的中坚力量。

20 世纪 70 年代之后，结合大大小小的政治运动，通过举办学习班的

---

① 《凤阳县革委会三次全委扩大会文件之二》（1969 年 1 月 1 日），载王耕今《乡村三十年》下册，农村读物出版社，1989，第 302 页。

② 《毛泽东思想光辉普照昔阳县——关于活学活用毛泽东思想情况的报告》（1968 年 5 月 26 日），昔阳县档案馆藏昔阳县委档案，档案号：3/1/439。

③ 张二科：《红太阳照亮了学大寨的道路》，载山西省昔阳县革命委员会编《学大寨靠的是毛泽东思想》，农业出版社，1968，第 54 页。

④ 李韩锁：《学大寨靠的是毛泽东思想——昔阳县 1967 年是怎样开展学大寨运动的》，载山西省昔阳县革命委员会编《学大寨靠的是毛泽东思想》，农业出版社，1968，第 11 页。

方式，开展学大寨运动。1971 年，在开展路线教育运动中，昔阳县委对大寨、城关、李家庄、皋落、东冶头等 5 个公社的 20 多个大队进行了一次粗浅调查，认为当前干部和社员在学大寨运动中有以下思想："粮食达纲要，过黄河，跨长江，超千斤，咱和大寨不差啥，要想再前进，增产到了顶"；"安安心心搞生产，和和平平学大寨"；"劳动日分值一元三，谁肯站着一边看，男女老少一齐干，家家不愁吃和穿，还有啥思想不好办"；"争出勤，少劳动，不要降低标准分"；"粮食打的多，卖的多，集体存的多，社员分的多，麦有麦，面有面，满不错了"；"文革整四年，学习大寨换新天，别人要想赶上咱，最少也要三五年"等。① 针对上述情况，县委举办学习班，组织干部、社员开展"四忆、四比、四查"② 活动，破除"站在家门口，眼望米罐罐"的狭隘思想，树立"身在大寨闹革命，志在全球一片红""建设虎头山，埋葬帝修反"③ 的革命思想。广大民众适应政治发展要求，不断地批判自己的生存逻辑，使农业学大寨得以继续开展下去。

第五，媒体传播阶级斗争的价值观，形成了对民众行为的规范。在农业学大寨运动中，陈永贵认为"宣传不宣传大寨经验，保卫不保卫大寨红旗，这是新闻战线两个阶级、两条道路斗争的一个具体反映"。④ 大寨成为中央、各省、地、县报纸、电台报道的主题。在昔阳县，为使"全县各社、队的工作能够天天紧跟大寨，使大寨经验能够对全县工作天天起到指导作用"，陈永贵要求在大寨建立一个"大寨经验报道站"，把大寨"每一天的政治活动，生产活动，通过有线广播、小报等宣传工具，向全县进行报道"。山西省人民广播电台从 1968 年 2 月 26 日起，把"对农村广播"

---

① 《抓准活思想，路线做分析》（1971 年 3 月），昔阳县档案馆藏昔阳县委档案，档案号：3/1/527。

② "四忆、四比、四查"即忆旧社会的苦，比新社会的甜，查对毛主席的感情深不深；忆资产阶级反动路线的迫害，比毛主席革命路线搭救的甜，查跟毛主席革命路线紧不紧；忆"文化大革命"前不学大寨的苦，比现在学大寨的甜，查学大寨的态度端的正不正；忆无权的痛苦，比有权的甜，查掌权用权好不好。

③ 大寨党支部：《沿着毛主席无产阶级革命路线在继续革命的大道上大步前进》（1971 年 3 月 15 日），昔阳县档案馆藏昔阳县委档案，档案号：昔档 3/1/525。

④ 陈永贵：《紧握锄把子，管好笔杆子——肃清中国赫鲁晓夫反革命修正主义新闻路线的流毒》，《人民日报》1968 年 9 月 3 日，第 1 版。

节目改为“农业学大寨”节目。主要宣传大寨人高举毛泽东红旗，活学活用毛著，坚持政治挂帅，爱国、爱集体的共产主义风格，宣传全国各地开展学大寨运动的典型经验。[①] 安徽凤阳县广播站每天都有农业学大寨专题节目，宣传部门在农村各地树立起“农业学大寨”的标语口号，文化部门发行“农业学大寨”简报、编辑学大寨歌曲和排演文艺节目。[②] 另据新华社驻大寨记者冯东书统计，仅新华社一家，大寨的报道，不算大寨公社和昔阳县的报道，一年不会少于 3 万字，加上大寨公社和昔阳县的报道，那就翻一番也打不住。[③]

综上所述，学大寨，就是“利用群众的话语和行为，来建构人民公社化路线的先进性和合理性，把大寨作为一种政治象征符号，学习和接受大寨榜样，就意味着拥护毛泽东的路线方针”。[④] 通过以上多种形式传播“大寨经验”，主要目的是要解决农村路线斗争问题，以促进农业生产，但政治典型的消极后果因典型的夸大而被夸大。

第四节　政治化典型经验传播的成效

“文革”时期，“抓革命，促生产”是农业学大寨运动的指导思想，各地对“抓革命，促生产”的理解和做法各异，因而各地学大寨的效果也不同。在“文革”中不受“革命”思想影响的乡村几乎不存在，“促生产”的做法就各异了，有的在“抓革命”的“无形”动员下，不仅改善了当地的生产环境，还因地制宜地发展了生产，达到了“促生产”的“有形”效果；有的也抓了“无形”的革命，却未因地制宜地发展生产，只是教条地

① 《关于转播和组织收听山西人民广播电台“农业学大寨”节目的通知》（1968 年 2 月 28 日），昔阳县档案馆藏昔阳县政府档案，档案号：20/2/126。

② 《凤阳县革委会三次全委扩大会文件之二》（1969 年 1 月 1 日），载王耕今《乡村三十年》下册，农村读物出版社，1989，第 302 页。

③ 冯东书：《文盲宰相：陈永贵》，中国文联出版社，1998，第 26 页。

④ 陆益龙：《嵌入性政治与村落经济的变迁——安徽小岗村调查》，上海人民出版社，2007，第 143 页。

照搬“大寨经验”，给生产带来了严重的损失。无论促进生产还是阻碍生产，各地在农田水利建设、科学种田、所有制的“穷过渡”等方面或多或少地学习了政治化的大寨经验。

一 农田水利基本建设

农田基本建设是大寨人为求生存，在长期与恶劣的自然环境作斗争中走出的一条改善生产条件、增加粮食产量之举，也是农业学大寨的一项主要内容。大寨、昔阳的水利建设①主要是在“文化大革命”中大规模地兴修的。在前工业化阶段中主要依靠人力情况下，农田水利建设是影响农业增产的重要因素。

“文化大革命”爆发后至1970年北方地区农业会议的召开，昔阳县的农田水利建设，在陈永贵的指导下，以大寨为榜样开展，主要表现为两个方面：一是对全县坡梁地进行整修，将少边没堰的跑土、跑水、跑肥田整修成保土、保水、保肥的三保田。据统计，“全县共有比较大的支毛沟3700多道，已治理2500多道，占全县总支毛沟的60%多。仅皋落公社就有支毛沟520道，现已治理450道。”② 二是对五道河川进行治理。陈永贵上任伊始，就和县革委会成员先后用几个月的时间跑遍了全县20个公社411个大队，对昔阳全境进行了考察，形成了重新安排昔阳山河的总体思路，即“昔阳搞农田水利基本建设，首先要抓河滩。打一条坝，就可以造成几十亩、几百亩平地，能机耕，能水浇，投工少，受益大。要先抓滩，后抓山，地下滩，树上山”。③ 从1968年整治界都河开始，到1970年，西固壁河、赵壁河、巴州河、洪水河、安坪河和城南河先后都开始了治滩工

---

① 1970年前，昔阳县基本坚持了小型为主，队办为主，当年受益和因地制宜为主的方针，重点修建郭庄水库东干渠。在解放军工程兵部队的帮助下，大寨修建了长达10余华里的“军民渠”和蓄水量为131.1立方米的“支农池”，把郭庄水库的水引上了虎头山，解决了长期阻碍大寨发展生产的旱灾问题。

② 赵满仓：《沿着毛主席的革命路线狠抓水利建设尽快把昔阳建成“小江南”》（1971年），昔阳县档案馆藏昔阳县委档案，档案号：3/1/529。

③ 王俊山主编《大寨村志》，山西人民出版社，2002，第234页。

程的改造。1970 年 2 月，界都河工程竣工，当时参加该工程的昔阳干部孔令贤后来回忆道："此项工程我曾多次观瞻，土地似一马平川，大坝如脊梁挺拔，确实人见人爱。"① 总之，在 1967 ~ 1970 年四年内，昔阳县开展水利基本建设工程 1581 项，建设大寨田 28 万亩，占总耕地面积的 70%，扩大耕地 36000 多亩，发展水浇地 32000 亩。② 到 1978 年，全县共搞了 8000 多项工程，修筑 1000 多公里大坝，造成 6 万亩土地，③ 成为昔阳至今受益不尽的财富。

1970 年北方地区农业会议后，作为全国第一个"大寨县"的昔阳县面临前所未有的巨大压力，如何才能在全国学大寨运动中使自己立于不败之地？陈永贵带领全县领导人制定了在第四个五年计划内实现水利化、园林化和机械化的目标，且以水利建设为重点。为此，大寨、昔阳就必须大干，大兴水利，否则就有"落后"、骄傲自满、故步自封之嫌。1971 年县委提出"凡是需要的和有条件的地方，都要打旱井、修水库。全县计划挖十万眼旱井，平均四亩地一眼旱井，修八百至一千个中、小型水库，平均四百亩地一个水库"。④ 同时规定"兴修水利要坚持'五为主、五结合'的方针，即以蓄为主，蓄、引、提、控相结合；小型为主，中、小型相结合；队办为主，县、社、队办相结合；配套为主，配套、新建管理相结合；当年收益为主，当年和长远相结合，克服盲目性，反对瞎指挥"⑤ 的原则。事实上，大寨昔阳人在 1972 年大旱之后逐渐摒弃了上述原则，遵照了陈永贵对农田水利工程的"规模大、声势大、遍地开花、全面跃进"⑥ 的指示。由于压力大、建功心切，大寨、昔阳兴建了一系列不计经济成本的形象工程和政治工程。

---

① 孔令贤：《亲历陈永贵》续二，《文史月刊》，2001 年第 3 期，第 30 页。

② 赵满仓：《沿着毛主席的革命路线狠抓水利建设尽快把昔阳建成"小江南"》（1971 年），昔阳县档案馆藏昔阳县委档案，档案号：3/1/529。

③ 孔令贤：《回望昨夜星》，中国文联出版社，2002，第 110 页。

④ 中共昔阳县委员会：《以批修整风为纲，引深学大寨运动》（1971 年 8 月 26 日），昔阳县档案馆藏昔阳县委档案，档案号：3/1/528。

⑤ 《陈永贵同志在昔阳县三级干部会议上的报告》（1973 年 2 月 9 日），昔阳县档案馆藏昔阳县委档案，档案号：3/1/626。

⑥ 李静萍：《潮起潮落——农业学大寨运动回眸》，山西人民出版社，2012，第 298 页。

在全国，北方地区农业会议后，各地先后召开农业工作会议，掀起了大搞农田基本建设的高潮。到1975年，每年冬春都有近100万名干部，1亿左右的社员奋战在农田基本建设战线上，灌溉面积每年平均增加2400万亩。[①] 在水利建设方面，除兴修小型水库和打井外，还兴修了一批大中型水利灌溉工程。如黄河下游的引黄排灌工程，经过大规模开挖排水系统后，又逐步恢复引水，先后修建引黄涵闸70多处，加上虹管及抽水站的建设，引提水能力达到每秒4000多立方米，灌溉面积达1600.5万亩。河南、安徽、江苏、山东等省淮河流域的广大人民，在多年治淮的基础上，兴修了一批蓄洪工程，整修了一批河道，开辟了新沂河、新沭河和苏北灌溉总渠等入海工程。[②] 这些农田水利工程的建设在一定程度上改善了农业生产条件，为农业增产奠定了良好的基础。

1975年9月第一次全国农业学大寨会议召开，华国锋强调："建设大寨县，必须把农田基本建设当作一项伟大的社会主义事业来办。"1976年12月第二次全国农业学大寨会议召开，陈永贵在会上强调："要实行群众运动和专业队伍相结合，大打农田基本建设的人民战争。要发扬大寨自力更生、艰苦奋斗的革命精神，一不怕苦，二不怕死，横下心来常年大干，长期大干，干出个山河大变、面貌一新来。"[③] 为了进一步推动农田基本建设，1977年和1978年国务院连续两次召开全国农田基本建设会议，号召"组织大会战"，"大干三年，到1980年要实现每个农业人口有一亩旱涝保收、高产稳产的农田。"[④]

根据这一系列指示，各省都召开了农田基本建设会议，确定各省农田水利建设的主攻方向，再次掀起农田水利建设高潮。如河南省坚持以平整

---

① 华国锋：《全党动员，大办农业，为普及大寨县而奋斗》，《人民日报》1975年10月15日，第1版。

② 朱荣主编《当代中国农业》，当代中国出版社，1992，第273～274页。

③ 陈永贵：《彻底批判"四人帮"，掀起普及大寨县运动的新高潮》，《人民日报》1976年12月20日，第1版。

④ 陈永贵：《第三次全国农业机械化会议开幕》（1978年1月4日），载《全党动员，决战三年，为基本实现农业机械化而奋斗——第三次全国农业机械化会议文件和材料汇编》，人民出版社，1978，第11页。

深翻改土、工程配套挖潜为中心的农田建设方针。[①] 天津蓟县因地形不同而制定相应的主攻方向。在山区，以建设水平梯田为中心，大搞治滩造田，改造坡耕地，变“三跑田”为“三保田”。在丘陵、平原以平地改土为中心，大搞人造小平原和方田园田化，在原有基础上搞好水利工程配套。在南部洼区，以深渠河网化为中心，实行按千米规划方田，再以方挖渠，以渠带路，以路植树，使渠、路、林联为一体，交织成网。[②] 据统计，1975 年冬至 12 月底，全国出动劳力 1.5 亿人参加农田基本建设，其中四川、河南、湖南、广东、安徽、山东、河北七省约各出动 1000 万人。[③]

总之，在国家投资有限的情况下[④]，在科技力量较弱的情况下，能动员广大农民通过劳动积累的方式大规模地进行农田水利建设是一件非常了不起的事情。学大寨运动中的农田水利建设不仅改造了低产田，改善了土壤结构和灌溉、排涝设施，而且还为农业的持续丰收提供了保障。国务院前分管农业的副总理姜春云对学大寨运动中的农田水利建设有高度评价，“如果没有‘文化大革命’时期以‘农业学大寨’为主要形式进行的大兴农田水利基本建设高潮，使我国农田灌溉和排涝条件得到较大改善，80 年代农村家庭联产承包责任制下的个体经营方式就很难抗御旱涝灾害的侵袭。”[⑤]

当然，在“大批促大干”的指导思想下，强调，“加速发展社会主义农业，非用革命精神从根本上改变生产条件不行”[⑥]，农田水利基本建设中也存在着问题。

有的县社队忽视自然条件，不讲经济效益，用行政命令指挥建设，甚

---

① 《明确主攻方向，夺取农田基本建设新胜利》，《河南日报》1975 年 10 月 26 日，第 1 版。

② 赵廉俭：《蓟县农业合作化简史》，天津社会科学院出版社，1989，第 95 页。

③ 《去冬以来农田基本建设简况》（1976 年 1 月 22 日），昔阳县档案馆藏昔阳革委会档案，档案号：65/4/15。

④ 据国家水利建设投资统计表显示，1966～1970 年，国家在水利方面的投资仅占全国总投资数的 7.6%，较 1958～1962 年计划投资数低 0.4%，较 1963～1965 年投资数低 2.9%。参见国家统计局编《中国统计年鉴（1981）》，中国统计出版社，1982，第 296 页。

⑤ 陈东林：《如何评价“文革”时期的经济状况》，《党史文汇》1997 年第 8 期，第 4 页。

⑥ 《鼓足干劲学大寨，加快步伐赶昔阳——中共山西省委在昔阳召开全省农业学大寨经验交流会议》，《人民日报》1973 年 3 月 31 日，第 1 版。

至是在没有勘探、测绘的情况下，就开始建设，典型者如昔阳县的西水东调工程。而且工程规模越搞越大，以致平调之风盛行，影响了社员分配与生活水平。如湖南省湘乡县4年内全县连续修建了4座大型水利工程。各社队用于这4项工程的伙食和工具费达621万元，粮食1938.5万公斤，平均每个生产队负担现金1040元，粮食3250公斤。由于县里向下面调得太多，加上连年减产，底子薄弱，结果把一些社队搞空了，搞穷了。[①] 广东肇庆地区四会县芙蓉、竹寨、水坑等大队每年只有60%的劳动力参加农业生产，且以妇女和老弱者居多。40%的精壮劳力被抽调参加农田基本建设和公社企业，而他们的工分、粮食、现金分配都由生产队补助。尽管如此，各生产队如果少派一个劳力，每天就必须上交公社2元，因此不得不听命于公社任意平调劳力。[②] 有的社队搞了形式主义，昔阳县皋落大队1976年搞大会战，为了走在全县前面，下大雪也要坚持一天两担饭的形式主义，并未真正提高了劳动效率。[③]

有的社队盲目照搬大寨和外地的具体做法，出现了围湖造田、毁林开荒、垦草种粮、平原造梯田等违反自然规律的无效工程，还破坏了土壤结构，不利于生产。如1973年春耕前，北方各地大旱，为达到肥田保墒增产之效，有的地方号召当地农民挖条田。农民尽管对此有保留意见，却不得不按命令翻条田。陕西韩城县农民侯永禄在日记中写道："我对挖条田的做法有自己的看法，认为这种方法不大符合科学原理，便亲自下地翻条田。我的具体做法是：先将地面风化的熟土铲在一边，然后再挖一锹刃深的生土倒在一边。最后将风化的熟土再回填到挖下的条形坑沟内。这样便使风化的熟土埋进了地下，使地下翻出的生土，又覆盖于地面，继续风化，达到肥田增产的目的。"事实证明，翻条田"把地面上的干土翻进了

---

① 《采取有效措施落实政策，解决农民负担过重问题》，《人民日报》1978年7月5日，第1版。

② 肖洪达、杜导正、杜锦章：《肇庆地区农村情况调查》（1977年2月22日），载中共广东省委农村工作部、广东省档案馆编《广东农业生产合作制文件资料汇编》，广东人民出版社，1993，第737～740页。

③ 刘树岗：《对皋落大队党总支〈年年整党建党，天天防修反修〉的剖析》（1980年7月10日），昔阳县档案馆藏昔阳县委档案，档案号：3/1·1·2/51。

地内，而把地下面的湿土曝晒在地面上，风吹日晒，使湿墒跑完，真是有害无益”。[①] 我们虽然无法知道翻条田的发明者是谁，但可以肯定它是大搞农田建设的一大“发明”。同样，我们在陈永贵的发言中也发现了类似的问题。在辽宁省农村工作会议上，陈永贵对“大搞农田基本建设破坏了土层，一年不增产，两年不增产，还有些地方连续三年不增产”的质疑进行了解答，他指出两种熟化土壤的办法，一是对破坏了的土层耕耘，一般要耕五六次，最多七八次；二是根据不同土壤，施用不同肥料，熟化土壤。[②] 陈永贵的做法必须通过大量投入劳动力，经过几年熟化土壤才能达到增产的效果。大寨从 1971 年开始毁掉高产的“海绵田”，大造人工平原，直至 1975 年有些土地还没有达到原先的海绵田水平。学者对学大寨运动中的农田水利建设的总体评价为：规模很大，成绩不小，浪费也大，问题不少。[③]

二　科学种田

科学种田是大寨粮食丰收的一个重要方面。陈永贵非常重视这方面的工作，1971 年夏，他曾派大寨公社书记赵怀瑞参加在海南举行的玉米、高粱“两杂”会议。临行前，陈永贵语重心长地说：“学大寨运动要有后劲，这个后劲就是科学。如果在科技上落下步子，我们的工作将一塌糊涂。”[④] 为了能更好地促进学大寨运动，陈永贵做了以下几个方面的工作。

第一，破格起用一些家庭成分不好的专业人才。“文革”时期许多科研单位专家学者被视为“资产阶级反动学术权威”打倒，下放劳动改造。陈永贵征得周恩来的同意，便亲自到中国农科院、工程设计院及山西省有关科研单位，与他们取得联系，了解情况，打探下放专家的下落，还安排大寨公社的领导以他的名义给专家发出邀请，欢迎他们来大寨帮助工作。到大寨“改

---

① 侯永禄：《农民日记——一个农民的生存实录》，中国青年出版社，2006，第 185 页。
② 《陈永贵同志在五个省的报告》，福建人民出版社，1974，第 58 ~ 59 页。
③ 王瑞芳：《成就与教训：学大寨运动中的农田水利建设高潮》，《中共党史研究》2011 年第 8 期，第 47 页。
④ 赵怀瑞：《难忘陈永贵》，香港天马图书有限公司，2003，第 168 页。

造”的专家受到较高礼遇的消息不胫而走，更多的专家纷至沓来。据统计，居住在大寨、昔阳的专家人数最多时达600多人。他们在大寨、厚庄、高家岭建立了玉米、高粱、谷子和蔬菜优良品种改良实验基地，培育出“大单1号”“大单2号”“中单2号”“中单3号”等优良品种。1971年，推广试验成功的玉米新品种有“忻黄旦9号”“文革1号”“反帝108”“反帝105”等；豌豆品种有保加利亚、英国“1341”“太幅1号”；春小麦品种有“京红1号”“京红5号”；冬小麦品种有“旱选10号”“工农2号”“农大183”“东方红1号”；水稻品种有“农垦19”“农垦20”；棉花品种有“晋中200”等。1975年试验的高粱品种有“原东12号”。1976年，大田推广的玉米品种有“大单1号”“中单3号”“中单2号”“丹玉6号”“晋杂1号”。1977年，谷子种植品种有“大寨谷”“202”“龙爪”等。[①] 这些品种的推广为昔阳县粮食平均亩产“跨黄河”“过长江”做出了重要贡献。此外，许多专家还把定向爆破、空架索道、引洪淤地、塑膜覆盖、多茬种植、秸秆还田等新技术、新工艺运用于农田改良，起到了事半功倍的效果。

第二，号召建立农业技术三级网络体系。陈永贵号召县级专业部门、单位举办技术培训“学习班”，为社队培训对口技术骨干，县革委会生产组下设科技办公室，公社建立农科所、农机推广站和农业技术学校，村村建立农科组，社队干部人人落实试验田。同时还规定各公社必须确定一名公社副书记专门负责这一工作，大队和生产队除确定一名支委或副主任专门负责科研工作外，把在乡的知识青年、技术老农、干部等组织起来，一面进行科学实验，一面推广新的技术。[②] 为了推广大寨的优良品种和耕作方法。昔阳县在大寨多次举办学习班，由陈永贵和大寨大队干部亲自讲课，先后培训了1300多名骨干，这些骨干带动群众科学种田。凤居公社黄岩大队的干部在经过培训后，一面积极向干部和群众宣传科学种田的好处，一面进行品种对比试验。试验结果显示，大寨培育的“晋杂一号”玉米比他们原来种植的“金皇后”增产35%以上。1970年，该大队不仅大面积推广了“晋杂一号”，而且

---

① 王俊山主编《大寨村志》，山西人民出版社，2002，第56页。

② 昔阳县革委会：《以路线斗争为纲，认真推广大寨科学种田经验》（1972年11月），昔阳县档案馆藏昔阳县委档案，档案号：3/1/572。

耕作方法变“三浅”为“三深”，实行单株管理，当年玉米平均亩产过“长江”。1971 年亩产玉米达 1000 斤。[①] 同时，在农业技术三级网络体系建设中，各地培养了一批“土生土长”的农业技术人员，他们从实际出发，搞了品种对比，微生物利用，耕作制度改革等试验，建立了试验田、种子田、制种田。洪水公社南峪大队有 9 个农民组成的科研小组，1970 年，他们培育了 95 亩玉米、高粱制种田和 100 多亩留种田。[②] 到 1971 年，全县县、社、队三级的良种繁殖基地发展到 50 多个，60% 以上的大队建立了育种队，种子田达到 2 万多亩，占到了耕地面积的 5% 。1970 ~ 1971 年，全县基本实现了优种化，玉米、谷子、高粱、大豆、小麦、棉花、水稻等优种面积达到了 90% 以上，还出口和支援外地优种 400 多万公斤。[③]

第三，外出学习先进经验。陈永贵分期分批带领社队干部到山东、河北、江苏、湖南、江西等地考察，学习当地科学种田和农业机械化的成功经验，并认真推广。如 1969 年 1 月 11 ~ 20 日，昔阳县革委会组织县、社两级 25 人前往山东省历城县东郊公社王舍人大队、历城县氮肥厂、农具厂参观学习氨水储存法。[④]

第四，参加国内育种培训。陈永贵派人到海南参加玉米、高粱“双杂”育种技术培训，督促学成归来人员在昔阳县建立育种基地，进行品种改良试验。

大寨科学种田的经验本应该光明正大地进行宣传，但在当时只能在“革命”的旗号下宣传和推广。1973 年陈永贵在谈大寨科学种田时，首先肯定大寨“取得好收成，靠的是毛主席的革命路线，靠的是社会主义集体经济的优越性”。[⑤] 受陈永贵的启迪，许多学大寨的典型在介绍增产经验

---

① 《昔阳学大寨运动步步深》，山西人民出版社，1973，第 42 页。

② 同上书，第 42 页。

③ 昔阳县革委会：《以路线斗争为纲，认真推广大寨科学种田经验》（1972 年 11 月），昔阳县档案馆藏昔阳县委档案，档案号：3/1/572。

④ 赴山东省历城县参观氨水储存使用学习班：《赴山东省历城县参观氨水储存、使用学习班参观学习情况的汇报》（1969 年 1 月 28 日），昔阳县档案馆藏昔阳县革委会档案，档案号：65/3/1。

⑤ 陈永贵：《谈谈科学种田》，农业出版社，1973，第 18 页。

时，也打着革命的旗号，专讲科学种田。农业出版社出版的《农业学大寨》第10辑刊发了科学种田的典型，如《不断探索经验，让红薯高产》《为革命坚持革命种棉》《从实际出发，闯增产新路》《争当科学试验先锋，为革命大种“三田”》《刘庄大队小麦一季“过江”的经验》，第23辑如《力争“高、稳、低”》《麦田里的革命——记偃师县岳滩大队实现小麦高产、稳产、低成本的斗争》《大搞科学种田》《土地潜力挖不尽——曲阜县夏家村大队实行科学种田连年夺高产》等。

1973年全国农科网会议后，各地在学大寨运动的过程中，先后建立地方农业技术网络体系。在晋中地区，“文革”初期，全区14个县市农业技术推广站，有12个被撤销，75%的技术人员被迫改行，1973年底仅有6名技术人员。农科网会议后，在地委的领导下，各级党委在农业学大寨、普及大寨县的运动中，县、社党委的一、二把手亲自抓网的建设，并由一名副书记或副主任具体分管，大队和生产队分别由副书记、副队长兼任科研队长和组长。1975年后，全区各公社配备了半补贴农民技术干部1~2人，从组织上健全了农科网建设。到1978年，全区14个县市都建立了农科所，226个公社全部办起了农科站，90%以上的大队办起了农科队，75%的生产队办了农科组。全区共有试验田11万亩，种子田18万亩，丰产田31万亩，科研成果产出40余项。有的农科站还改善了科研条件，如榆次市张庆农科站，坚持自力更生、艰苦奋斗、勤俭办网的方针，建起了土温室、微生物培养室和小气象室等。①

伴随着农科网的建立，晋中区对基层干部和农民技术人员开展了以会带训、分片短训、以校带训、定期住训的方式培训。1977年，全区仅通过以会带训和分片短训的方式就举办了183期农业技术训练班，共培训基层干部和农民技术员达5万人；通过农民技术夜校使16.5万人受到了一般性的训练。②

综上所述，大寨科学种田的经验虽然仍未脱离毛泽东提出的农业“八

① 《我们是怎样大办四级农科网的》（1978年5月4日），昔阳县档案馆藏昔阳县革委会档案，档案号：65/4/19。

② 同上。

字宪法”，甚至还被提到能够巩固无产阶级专政的高度，但“文化大革命”中农业上的科技进步又是通过农业学大寨运动的方式得以推广的，对农业尤其是粮食产量的提高起着重要的作用。

三　大寨劳动管理

整个农业学大寨运动中，学习大寨评工记分法分为两个阶段，即“文革”初期和粉碎“四人帮”之后。

“文革”开始后，“工分挂帅”就直接遭到批判。1966 年 8 月 11 日，《人民日报》发表题为《工分挂帅，铜臭熏天》的文章，认为“搞物质刺激、工分挂帅，就是走地主、富农路线，有害于集体经济的发展，有害于社会主义革命”。“搞工分挂帅，还会助长社员的资本主义思想倾向”。在这种情况下，部分省份开始推行大寨劳动管理经验。如云南省要求“有计划地在突出政治，提高觉悟的基础上积极试行，已经试行的，要总结经验，逐步推广”。① 广东省要求各地“坚决批判包产到户、工分挂帅、物质刺激、繁琐哲学、‘专家’路线等错误思想”。要求“各地应有领导、有计划、有步骤地积极推行大寨创议的‘标兵工分，民主评议’的劳动管理制度”。② 甘肃省抓革命促生产第一线指挥部转发了《甘肃省农业厅关于 1967 年农村人民公社经营管理工作意见》，要求各地积极推行大寨劳动管理上“标兵工分，自报公议”的经验，进一步改善劳动管理。③ 可见，各省对大寨劳动管理经验的态度不一，有的主张积极推行，有的要求有计划地、有步骤地推行。但是全国学大寨劳动管理经验现场会议召开后，事情就起了变化。

---

① 中共昆明军区委员会：《关于当前组织春耕生产中有关执行政策，加强经营管理，推广先进措施的一些问题的通知（节录）》（1967 年 3 月 9 日），载梁林主编《云南农业合作制史料》第 1 卷，内部发行，1989，第 197 页。

② 广东省军事管制委员会生产委员会：《关于加强农村人民公社经营管理工作的报告》（1967 年 4 月 15 日），载中共广东省委农村工作部、广东省档案馆编《广东农业生产合作制文件资料汇编》，广东人民出版社，1993，第 701 页。

③ 甘肃省农业厅农业志编辑办公室编《甘肃省农业大事记》，甘肃人民出版社，1992，第 216 页。

1967年9月和1968年1月，农业部在大寨召开了两次全国学大寨劳动管理经验现场会议，1968年4月农业部向各省、市、自治区革委会（革筹小组）、军管会、军区生产指挥部和农业（农林）厅（局）转发了《全国学大寨劳动管理经验现场会议纪要》（以下简称《纪要》）。《纪要》称：大寨劳动管理经验，是在批判定额包工基础上建立起来的；它指出了管理社会主义集体经济的方向和道路，是适合中国农村的好办法，是防止无产阶级江山变颜色的根本问题；各地要彻底批判以“工分挂帅”“物质刺激”为核心的修正主义管理制度，积极热情地、有计划地推行大寨劳动管理经验。[①] 当时的《人民日报》称：“这套制度突出无产阶级政治，用毛泽东思想挂帅，以打倒资产阶级‘私’字，树立无产阶级‘公’字的办法，解决了社会主义集体公有制经济和人们头脑里的‘私’字之间的矛盾，大大促进了社会主义集体经济的巩固和发展”[②]，是经济战线上的一场大革命。到1968年3月，上海、天津、山西、山东等省（市）推行大寨劳动管理制度的社队已占全部生产队总数70%～80%，广东、广西、河北、陕西、黑龙江等省（区）推行的队数超过了半数。[③] 《纪要》要求在推广大寨管理经验较少的地方，要“积极试点，以点带面，点面结合，大力推行”；已经广泛推广的地区，要“加强领导，总结经验，巩固提高，继续前进”，要充分发动群众大力宣传大寨劳动管理经验。

粉碎“四人帮”之后，大寨劳动管理经验再次成为学大寨的中心内容之一。1976年11月23～30日，山西省委农工部召开揭批“四人帮”，学习推广大寨经营管理经验会议。会议认为，大寨经营管理经验包括“一心为公劳动，自报公议工分”的劳动管理经验；管财先管思想，勤俭办社，民主理财的财务管理经验；干社会主义，想共产主义，以粮为纲，全面发展的计划管理经验；按需自报，民主评议口粮的分配经验。会议要求各地

① 《全国学大寨劳动管理经验现场会议纪要》（1968年4月3日），载黄道霞主编《建国以来农业合作史料汇编》，中共党史出版社，1992，第826～827页。

② 《狠抓阶级斗争，在社会主义道路上阔步前进！——记大寨大队以毛泽东思想为武器坚持革命斗争的战斗历程》，《人民日报》1968年8月26日，第3版。

③ 《全国学大寨劳动管理经验现场会议纪要》（1968年2月），载黄道霞主编《建国以来农业合作化史料汇编》，中共党史出版社，1992，第827页。

“积极地”“有计划”地推广大寨的这套经验。[①] 会后，山西省委向各地批转了这一会议精神，要求“各级党委一定要像昔阳那样，书记动手，全党抓，进一步把大寨经营管理的经验在全省推开，加快普及大寨县的步伐”。[②] 山西推行大寨工分制的经验自然会影响到其他各地。

1977 年 11 月全国各省、市主管农业的书记汇报农业情况时，有人提出纠正分配中的平均主义，恢复定额计酬。中央主管农业的人认为应当按大寨的经验办，大寨实行大寨工，全国就应实行大寨工。[③] 这种教条主义的做法对农业生产产生了恶劣的影响。

具体而言，在推广大寨评工记分办法的过程中，各地因认识上的差异导致实践推行效果各异。

在昔阳县，特别是陈永贵主政之后，极力推行大寨评工记分法。在其主持下，中共昔阳核心小组于 1967 年 3 月 30 日发出了《关于在全县迅速推广大寨劳动管理经验的通知》，[④] 到 1968 年，全县有 80% 的生产大队推行了大寨工分制。[⑤]

在推行大寨工分制的过程中，昔阳各生产大队首先通过大学、大摆、大斗、大批的办法，以“阶级斗争”话语为其推广营造政治氛围。各公社组织社员反复学习“老三篇”，从“老三篇”中明确政治方向，找出指导思想，掌握思想武器。在此基础上，摆出大寨工分制的优越性，同时，列出定额管理的危害性。然后组织全体社员进行对比，看谁是社会主义方向，谁是资本主义方向，看谁是社会主义路线，谁是资本主义路线，谁是毛泽东思想挂帅，谁是刘少奇修正主义，这样一摆一列，比出好坏。[⑥] 以

---

① 《加强领导积极推广大寨经营管理经验》，《山西日报》1976 年 12 月 5 日，第 2 版。

② 苗长青：《山西通史》当代卷上，山西人民出版社，2001，第 628 ~ 629 页。

③ 安岗、黄岳军、王诤：《中华农业振兴有望——评述一场关于维护农民利益的争论》，《人民日报》1981 年 7 月 9 日，第 2 版。

④ 《关于在全县迅速推广大寨劳动管理经验的通知》（1967 年 3 月 30 日），昔阳县档案馆藏昔阳县委档案，档案号：3/1/417。

⑤ 《昔阳县革命委员会生产指挥组关于一年来推广大寨劳动管理经验的初步总结》（1968 年 12 月 25 日），昔阳县档案馆藏昔阳县革委会档案，档案号：65/3/1。

⑥ 《武家坪大队是怎样推广大寨劳动管理经验的》（1969 年 8 月 10 日），昔阳县档案馆藏昔阳县政府档案，档案号：20/2/186。

此为大寨工分制的推行扫除障碍。

在具体的推行过程中，昔阳县主要采用厚庄和安家庄两种模式。大寨公社厚庄大队采取“四五六”评比竞赛和自报公议相结合的办法推行大寨工分制。所谓“四五六”评比竞赛是指以六比六看的标准，开展“四好生产队、五好社员”的评比，选出标兵，作为自报公议的标准。其中，六比六看可以概括为：以实际行动看对毛主席的忠；以劳动效果看活学活用毛泽东思想的成效；以对敌斗争和两条路线斗争中的表现看阶级立场；以世界观看斗私批修的深度；以为革命种田的行动看全心全意为人民服务；以抓革命促生产的成果看劳动态度。具体做法是以生产队、作业组、各个行业为单位，开展“社员与社员、单位与单位”评比活动。每个单位干部，每五天汇集一次社员活动情况，半月小结一次。大队一月总结一次，总结后，开一次讲用会。每季度初评比一次，每半年结合两个季度初的评比自报公议工分一次，年终总评。①

洪水公社安家庄大队采取树标兵和标准工分相结合的办法推行大寨工分制。其中，标兵条件是指政治思想好，服从领导好，出勤、干劲、质量好，学习技术好，爱护集体好。标准工分是在评工前，大队组织社员讨论和总结前段生产成绩而确定的。安家庄大队 1968 年树立了 28 个标兵，占劳力总数的 20%。在日常劳动中，他们是带动其他社员的骨干。在评议工分中，他们既是掌握每个社员思想状况、劳动情况的资料员，又是衡量每个社员的标兵。但他们不是单纯为“自报公议工分”而树起来的，而是各方面的先进人物。同时他们也不是都能报“标准工分”，有些年老体弱原本只能报七八分的人，因为他们思想红，也能当标兵。在评工分之前，大队为了做好思想准备，要反复召集这些标兵研究，分析每个社员思想、劳动情况和一天应得的工分，做到领导心中有数，标兵心中有数。②

① 《大寨公社厚庄大队是如何学大寨突出无产阶级政治搞好劳动管理的》（1969 年 9 月 2 日），昔阳县档案馆藏昔阳县政府档案，档案号：20/2/186。

② 《认真推行大寨劳动管理制度是农村斗、批、改的一项重要任务——洪水公社安家庄大队党支部书记张永谈推行大寨劳动管理的体会》（1969 年 7 月 12 日），昔阳县档案馆藏昔阳县政府档案，档案号：20/2/165。

由上可知，在推行大寨工分制的过程中，昔阳最初以社员的日常行为表现作为评定思想好坏的标准，为集体、为社会主义、为国家而积极进取地劳动的思想就好，相反则思想较坏。同时，大寨工分制推行过程中还必须有一支能带头劳动，并有公平公正之心的干部。只有同时具备这两点，大寨工分制才不会走样。加之，1968 年陈永贵免除了社员 1000 万公斤借债粮[①]，昔阳在学大寨运动初期的确取得了粮食上的丰收。

与昔阳县一样，其他省份在大学、大批判中拉开了学大寨评工记分的办法，但在具体做法上各有不同。有些生产队以阶级成分为标准，凡属于贫下中农成分，政治就好，工分就高，其他成分的社员工分就低；有的则把参加批判会的次数作为评定“政治工分”的标准;[②] 有的把“三忠于”做得好坏，“老三篇”背得熟不熟作为评工分的标准;[③] 有的地方以出勤率作为评定工分的最主要因素，出现了“出工九点半，就在田边站，男人叼烟袋，女人做针线”的情景。[④] 这就把“思想好和社会主义劳动分了家”，“使劳动管理制度脱离了劳动本身。”[⑤] 严重影响了农民的生产情绪。正如

① 在计划经济时代，山区农业生产水平低下，国家实行严格的统购统销政策，加之户籍制度的限制，社队储备粮成为社员赖以生活的粮源。每年青黄不接时，几乎家家都向集体借粮；到秋天，社员分配口粮时，队里的头一件事，便是扣除社员所欠的粮食补上集体储备粮。这样，社员分到手的粮食就更加不够吃，不久又开始向队里借，年年如此，形成恶性循环。陈永贵在昔阳县开展学大寨运动时，不少社员说：“学大寨好是好，就是肚子吃不饱。”还有的说：“只要玉米面窝窝头吃个饱，没明没夜的干也可以。”陈永贵在了解到实情后，说：“过去年年说丰收，社员年年欠集体的粮，吃不饱肚子，怎么能搞好生产，这是给社会主义败兴。依我说，这不是群众欠集体的，是领导欠大家的。他们执行了错误的路线，没有把生产搞好。”陈永贵最后决定免去所有社员的欠债粮，从而调动了农民学大寨的积极性。参见《全县召开分配工作会议谈话》（1968 年 9 月 29 日），昔阳县档案馆藏昔阳县政府档案，档案号 20/2/136；赵怀瑞：《难忘陈永贵》，香港天马图书有限公司，2003，第 61 ~ 62 页；陈大斌：《大寨寓言》，新华出版社，2008，第 93 ~ 94 页。

② 乔学珩主编《贵州农村合作经济简史》，贵州人民出版社，1993，第 229 页。

③ 贵州省农业合作化史料、贵阳市、云岩区农业合作化史料编辑室：《坎坷的历程、巨大的变化——宅吉村合作经济发展史》，载贵州农业合作化史料编写委员会编《贵州农村合作经济史料》第 3 辑，贵州人民出版社，1988，第 289 页。

④ 韩敏：《回应革命与改革》，陆益龙、徐新玉译，江苏人民出版社、凤凰出版传媒集团，2007，第 128 页。

⑤ 冯东书、杨玉良：《内部参考》（1975 年 3 月），昔阳县档案馆藏昔阳县委档案，档案号：3/2/453。

韩丁在《深翻》中对张庄的描述，“去参观的人们几乎总能学到一些东西，但是，当他们回到村里应用时，结果往往走向极端。没有大寨大队社员高度的团结和政治觉悟，而效仿大寨工分制，几乎总是导致极‘左’的‘平均主义’、‘按劳取酬’原则的分配制度，走上极端平均主义的方向，不是‘按劳’而是‘按需’分配。”[①] 这样的情况同样出现在其他地方。如1968年7月，河南唐河县革委会就做出“吃粮不要钱”的决定。由于干不干都吃饭，干多干少一个样，使得许多公社参加集体生产劳动的人数大为减少，不少社员外出挣钱而不参加生产劳动。该县昝岗公社丁庄大队有一个生产队，36户中有34户外出，42个劳动力中有37个外出，实际从事农业生产的只有5人，干部也无人愿意当，一年之中换了8任生产队长。[②] 在广东省东莞、肇庆、湛江等专区更是实行供给制，有的地方提出的供给项目有粮、油、盐、糖、柴（草）、医疗、教育、生（育）、葬、衣服、房屋、理发、电灯等十几种。但多数地区实行粮、油二项供给。[③]

在粉碎“四人帮”之后，许多地方虽口头推行大寨工分制，实际上在某些生产环节上已悄悄地推行包工制。即使在昔阳县也出现了这种情况。据新华社驻大寨高级记者段存章回忆，大寨大队周边金石坡大队的一位生产队长按垄按地块将谷苗包给个人，迅速完成了间谷苗的生产任务。另据贺凤鸣回忆，乐平镇西大街大队的一位生产队长，在生产的关键时刻，经常将任务包工到人。[④] 如果说这只是“保全大局”情况下的“小错误”，那么贵州省镇宁县油寨村则从“四清”到中共十一届三中全会的十多年中，一直推行“包产到户”责任制。在学大寨运动中，各级领导机关先后派了7批

① 〔美〕韩丁：《深翻》，香港国际文化图书，2008，第648页。

② 中共河南省委党史研究室编《河南农村经济体制变革史》，中共党史出版社，2000，第176页。

③ 省革委会政工组：《有关农村生产关系改革的一些情况》（1968年11月），载中共广东省委农村工作部、广东省档案馆编《广东农业生产合作制文件资料汇编》，广东人民出版社，1993，第701页。

④ 段存章：《我在大寨十三年》，农村读物出版社，2003，第239页。贺凤鸣（1953～），女，乐平镇寺家庄村人，采访时间2008年4月18日。

工作组到这里纠正“单干”，都未能彻底纠正过来。[①] 从某种意义上讲，这些情况对以行政命令推行的学大寨运动形成了一种体制内的离散力。

也许正是因为大寨工分制在推行过程中存在着多样的情况，学者们对其进行评价各有侧重，大致形成了三种不同的认识。第一种强调大寨工分制平均主义、脱离实际的一面。如辛逸认为大寨工分制名为“共产主义”，实为大公社时期“按需分配”的翻版，是小农的绝对平均主义的现代变种。它完全破坏了集体经济的激励机制，严重挫伤了社员生产积极性，对农业生产的破坏是灾难性的。[②] 第二种以经济学家程漱兰为代表，认为大寨评工法是“在既定的集体经济框架内力争按劳计酬的可贵尝试，是在不准联产计酬前提下最不‘大概’、最不能‘混混’的记分方法。”[③] 第三种以李怀印、陈佩华和罗平汉为代表，李怀印和陈佩华对江苏秦村和广东陈村进行研究，认为大寨工分制在最初的推行中确实产生了积极效应。因为工分成了一种社会标志，表明了农民在社区里的实际地位。但时间久了，这种通过政治思想教育激励农民生产积极性的形式显得苍白无力，大寨工分制演变成死分死记。[④] 罗平汉也认为，大寨工分制“在劳动力紧张、社员觉悟比较高的个别地方可能实行得通，它的确在一定程度上克服了劳动定额繁琐、评工记分麻烦的不足”。[⑤] 第一种观点主要是从人民公社在执行按劳分配中遇到的困境，谈工分制自身的缺陷和不足，并进而分析大寨工分制的极端性。第二种观点是在一种理想的集体经济框架内讨论大寨工分制，实际上作者预设了这种理想的集体经济对干部和群众都有极高的要求。第三种观点对大寨工分制推行的条件和实践进行了考察，认为大寨工分制在最初产生过积极影响。

---

① 中共镇宁布依族苗族自治县委农村工作部：《长期坚持包产到户的油寨村》，载贵州农村合作经济史料编写委员会编《贵州农村合作经济史料》第 3 辑，贵州人民出版社，1988，第 548 ~ 549 页。

② 辛逸：《农村人民公社分配制度研究》，中共党史出版社，2005，第 167 页。

③ 程漱兰：《大寨红旗能否盖棺论定》，《中国乡村发现》2006 年第 1 期，第 54 页。

④ 〔美〕李怀印：《乡村中国纪事——集体化和改革的微观历程》，法律出版社，2010，第 178 页。

⑤ 罗平汉：《农村人民公社史》，福建人民出版社，2003，第 351 页。

综上，笔者根据山西省委工作组《关于昔阳县大寨生产大队以革命精神改进劳动管理的考察报告》及大寨人的回忆，认为大寨能比较成功地推行大寨工分制，是因为长期的思想教育、大寨干部的廉洁公正给大寨人营造了一个相对轻松的劳动气氛。它的“长干部，短干部，天天培养新干部”的劳动管理办法就是在体制内的定额管理办法与村社内部互动过程中，形成自己的日常劳动观念。在大寨工分制推行过程中，有的干部只学习了大寨劳动管理经验的表层，大寨工分制最后只能演变成计时工分制。在计时工分制下，干部、党员、团员又不能在劳动中起带头作用，在评工分时又对部分社员形成庇护，社员在关心自我利益前提下的选择性行为解构了大寨工分制的政治内涵。因此，可以说，“文革”时期，尽管以大批判为大寨工分制开路，但人民公社体制内部工分制自身的不足，社员个体利益与集体利益的矛盾，干部与社员间委托与代理关系，群众运动的有效性和无效性都影响着大寨工分制实际推行的成效。

四　所有制的“穷过渡”

在人民公社初建时，公社是基本的核算单位。三年困难调整时期，基本核算单位最终下放到生产队一级，但《农业六十条》同时也允许部分地方实行以生产大队为基本核算单位。据山西、河北、北京、上海、江苏、浙江等 11 个省、自治区、直辖市的统计，1962 年农村人民公社体制调整后，仍以生产大队为核算单位的仅占大队总数的 5%①，大寨村就是其中的一个。大寨之所以以生产大队为核算单位，主要是因为大寨村小，户不过百，领导者坚强有力，集体经济发展得比较好。“文革”开始后，大寨大队核算的做法也成为学大寨、“坚持无产阶级专政下继续革命”的一项重要内容。

1967 年秋，中共昔阳核心小组召开扩大会议，讨论改变基本核算单位的问题。会议认为“以生产队为核算单位，已经限制了生产力的发展，改

① 朱荣主编《当代中国的农业》，当代中国出版社，1992，第 260 页。

变基本核算单位已成为人心所向，势在必行”。“要求县、社、队各级领导干部要以满腔热情的态度，积极地推动基本核算单位的变革，不准对持这种革命要求者加以批评指责。”会议还认为基本核算单位的变革将带来许多优越性，“能够解放人的思想，增强集体主义观念；能够培养和锻炼干部，解决领导力量的不足；能够充分解放生产力，发挥机电设备和其他工具的作用；能够充分利用自然资源；能够集中人力、物力、财力进行大的基本建设；能够集中领导，统一指挥；能够高速度地发展农业生产，增加集体财富，巩固集体经济；能够更好地学习大寨；能够为尽快地建设社会主义新农村创造条件。”① 大寨、昔阳的做法经媒体宣传和推广以后，部分地区刮起了一股扩社并队的“穷过渡”风。到 1970 年，山西、河北、北京、上海、江苏、浙江等 11 个省、自治区、直辖市推行大队核算的单位由 1962 年的 5% 上升到 14%。②

1975 年第一次全国农业会议召开前，陈永贵向毛泽东写了一份《对农村工作的几点建议》的报告，陈永贵竭力主张基本核算单位应该迅速向大队核算过渡。应该说，陈永贵的这一建议非常符合毛泽东的想法，但鉴于“大跃进”的教训，毛泽东采取谨慎态度，建议由政治局讨论。根据毛泽东的指示，纪登奎、吴德主持召开了农村工作座谈会，座谈会集中讨论了基本核算单位过渡的问题，最后形成了一份《关于目前农村工作中若干问题的讨论意见》。讨论意见提出：“从现在起，可以考虑大体上在今后五年或者稍长一点时间内，基本上过渡到大队核算，以便和 1980 年基本实现全国农业机械化的要求相适应。”但对于完成过渡的方案，讨论意见列举了不同的意见。正是由于座谈会上未能形成统一的意见，毛泽东没有对这一文件做出批示。

然而，在第一次全国农业会议上，中共中央政治局委员、国务院副总理华国锋代表中央所作的《全党动员，大办农业，为普及大寨县而奋斗》总结报告明确提出了向更高所有制过渡的问题。他说：

---

① 中共昔阳县核心小组：《关于全县学大寨问题的讨论纪要》（1967 年 11 月 11 日），昔阳县档案馆藏昔阳县委档案，档案号：3/1/423。

② 朱荣等编《当代中国的农业》，当代中国出版社，1992，第 260 页。

> 随着建设大寨县运动的普及和提高，随着社会主义大农业的发展，特别是公社、大队两级经济的壮大，这种以生产队为基本核算单位的所有制，在条件成熟的时候，将逐步向以大队乃至以公社为基本核算单位的所有制过渡。在更远的将来，人民公社还要由集体所有制向全民所有制过渡，再由社会主义的全民所有制向共产主义的全民所有制过渡。

华国锋重提“过渡”，无疑在精神上肯定或者支持了一些地方又开始向大队核算过渡。山西省晋中地区就是一个典型。该区从1976年底开始全面推广昔阳县向大队所有制过渡的经验，到1977年，全区大队核算的单位由1973年的39%扩大到71%。[①]

到1977年，随着普及大寨县运动的开展，陈永贵反复呼吁在全国范围内开展向生产大队核算过渡。在华国锋的指示下，1977年10月30日至11月18日，普及大寨县工作座谈会在北京召开。陈大斌在《饥饿引发的变革》一书中对这次座谈会的讨论情况进行了详细的介绍。他指出当时议论最多、反对之声最强烈的莫过于“过渡”，各省领导根据当地的情况谈了自己对过渡的看法，华国锋最后发表了自己的看法。他主张“现阶段农村人民公社三级所有、队为基础的制度，就全国多数地区来说，它和农村生产力的发展还是基本适应的”，“经积极工作，因势利导，成熟一个，过渡一个，成熟一批，过渡一批，不要限定期限。”[②] 可见，华国锋在“过渡”问题上还是比较慎重的。会后，在中发1977年49号文件转发会议的“汇报提纲”时，强调“随着建设大寨县运动的普及和提高，农田基本建设规模的逐步扩大，农业机械化进程的加快，公社、大队两级经济的壮大，将有越来越多的队，以生产队为基本核算单位不能适应农业生产的发展。实现基本核算单位由生产队向大队的过渡，进一步发挥人民公社‘一大二公’的优越性，是前进的方向，是大势所趋。各级党委应当采取积极热情

---

① 中共晋中地委：《尊重客观实践，肃清极“左”影响》，《山西日报》1979年11月3日，第2版。

② 陈大斌：《饥饿引发的变革》，中共党史出版社，1998，第48页。

的态度，做过细的工作，因势利导，努力创造条件，逐步向以大队为基本核算单位过渡”。同时又指出了过渡的三个条件：“（一）经过整党整风，切实建设起一个好的领导班子；（二）大队经济有一定的基础，生产队之间穷富悬殊不大；（三）群众自愿。有些独村大队或规模较小的大队，只要领导班子较好，群众自愿，也可以先过渡。过渡时，要经过社员讨论，大队申请，公社考核，县委批准。只许生产队共大队的产，不许大队共生产队的产。”① 应该说，这个文件对生产所有制的过渡采取了折中的态度，李静萍认为，“三个过渡条件”对急于“过渡”的人是一种约束，但这种约束因肯定“过渡是大势所趋”而显得非常有限。② 在转发该文件时，中央要求各省、市、自治区“认真研究执行”，各省自然会根据实际情况，采取不同的策略执行过渡政策。各省、市、自治区在会后的执行情况足以证明这一点。

1978 年初，中央通过电话联系和各地的书面材料初步了解到各省执行过渡的情况。几乎所有的省份都一致认为，在条件具备的时候，过渡到大队核算，这是人民公社发展的方向，而且要采取积极态度，遵照华国锋讲话的精神办理。但是他们在具体的过渡方法和部署上却不大一致，具体而言有三种情形。

一是云南、四川、广西、广东、河南、安徽、江苏、山东等区省传达了座谈会精神，却没有立即要求过渡一批大队，也没有安排搞试点。它们在体制变动上均采取积极慎重的方针，不限制时间，成熟一个过渡一个，成熟一批过渡一批。同时强调要在创造条件上下工夫。

二是内蒙古、甘肃、贵州、湖南、浙江、江西等省区，要求对原有推行大队核算的大队加强领导，巩固提高，同时再搞一些试点。其中，内蒙古的试点数量比较大，要求每个公社都搞一个大队试点，有条件的可以搞两个大队，共 500 个新试点，加上原有的 438 个，共占大队总数的 20% 左右。

---

① 《普及大寨县工作座谈会讨论的若干问题》（1977 年 11 月 16 日），载黄道霞主编《建国以来农业合作史料汇编》，中共党史出版社，1992，第 871 页。

② 李静萍：《潮起潮落——农业学大寨运动回眸》，山西人民出版社，2012，第 321 页。

三是北京、陕西、吉林、山西等省、市，除进行必要的试点外，还积极要求再过渡一批大队。北京原有推行大队核算的大队占大队总数的33.4%，加上1978年过渡的新试点，计划达到50%。陕西多数地区过渡10%以上，有的县达20%～70%。[①]

这次“过渡”是在粉碎“四人帮”后人们强烈希望纠正“左”的错误，落实党的农村政策的大背景下发生，不仅中央对“过渡”未形成统一的意见，地方也对“过渡”进行了不同程度的变通。据四川、吉林、浙江、河南等省反映，干部对过渡问题“议论很多”。有的地、县干部担心体制变动影响生产。有的社队干部思想有波动。吉林有些“富队怕过渡，穷队盼过渡”。陕西长安县有的大队干部说搞过渡是“逼上梁山”，河南南阳地区有些社员害怕再刮“共产风”，或者存棉不售，或者不搞集体积累。[②] 正因为各地对“过渡”的变通，所以到1978年下半年，全国共有5万个生产队过渡到大队所有制，占69万个大队的7%[③]。

五　割“资本主义尾巴”

“文革”开始后，自留地、家庭副业、劳务输出等都被当作“资本主义尾巴”，受到日益严厉的限制，农村经济受到严重影响。

第一，减少甚至没收自留地，限制或消灭家庭副业。在集体经济时代，自留地和家庭副业可以丰富社员自己的生活和弥补集体经济的不足。大寨在1963年大水灾之后取消了自留地，这本是违反《农业六十条》规定的，但大寨较雄厚的集体经济和较好的集体生产让社员接受了这个事实。直至“文革”前，全国大多数农村仍不具备大寨这样的条件。但“文革”中，在“多一分自留地就多一分私心”的“左”倾思想支配下，各

---

① 《关于过渡到大队核算问题的简况》（1978年1月31日），载黄道霞主编《建国以来农业合作史料汇编》，中共党史出版社，1992，第873页。

② 同上书，第873～874页。

③ 肖冬连：《一个时代的终结：对农业学大寨运动的总结》，《党史博览》2004年第11期，第12页。

地农村在批判的过程中，夸大社员种自留地与从事集体生产的矛盾，错误地认为“谁的自留地种得好谁的私心就重”，并联系实际进行所谓“斗私批修”，解决“三自留”（自留地、自留时间、自留人）和“三争”（种自留地同集体生产争季节、争肥料、争劳力）等问题。黑龙江阿城县在1969年的9~10月，就收回社员的自留地、小片开荒地44000亩。① 山西长治地区85%以上的农村自留地被收归集体代种，每个社员年终发给不足15公斤的“自留粮”，有20%的农村则干脆取消自留地，也不发给“自留粮”。② 贵州省贵阳市云岩区宅吉村大队派出15人赴大寨参观学习后，就从半边街队没收自留地，社员吃菜进行分配，结果好菜吃了，坏菜上市，收入减少，影响了年终分配。③ 云南省部分生产队将社员的自留地全部收归集体。④ 江西省从1968年10月至1971年，全省农民自留地只剩121万亩，占耕地总面积的3%，比紧缩前减少249万亩，平均每人5.2厘，大大低于《农业六十条》规定的标准。⑤ 有的地方还限制自留地的经营品种。广西壮族自治区委员会在1975年发出的文件中规定，自留地只能种社员家庭自食自用的作物，不许搞商品化，不得超过耕地面积的5%~7%，超过部分要坚决收回。⑥ 辽宁省彰武县创造了“哈尔套经验”，不仅大批农民在自留地、宅边地种姜、葱、蒜、辣椒等4辣，还把韭菜连根拔起挂在树上批，说它是顽固的资本主义，割了又长起来，必须连根拔。⑦

在家庭副业方面，一些地区采用行政命令的手段，强行规定社员饲养家禽、家畜的只数，甚至提出“鸡头不许超过人头”。如广东东莞县黄山大队，有1300多人，集体养了1600多只鹅，被杀得只剩400多只。有的

① 朱荣主编《当代中国的农业》，当代中国出版社，1992，第256~257页。

② 罗平汉：《农村人民公社研究》，福建人民出版社，2003，第347页。

③ 贵州省农业合作化史料、贵阳市、云岩区农业合作化史料编辑室：《坎坷的历程、巨大的变化——宅吉村合作经济发展史》，载贵州农业合作化史料编写委员会编《贵州农村合作经济史料》第3辑，贵州人民出版社，1988，第288页。

④ 《云南省革委会关于目前农村中几个政策性问题的请示》（1969年4月16日），载梁林主编《云南农业合作制史料》第1卷，内部发行，1989，第223页。

⑤ 危仁晸主编《当代江西简史》，当代中国出版社，2002，第284页。

⑥ 赵德馨主编《中华人民共和国经济史》（1967~1984），河南人民出版社，1989，第150页。

⑦ 李克林：《谈谈“农业学大寨”宣传》，《新闻战线》1981年第3期，第13页。

地方甚至用半夜摸鸡窝、撒药杀鸡、扣工分等强制手段“割资本主义尾巴”。[①] 凤阳县武店公社登山生产队社员共饲养家禽240只，每户平均3只。这个队庄子周围是水圩子，圩子外是社员自留地。队干部规定家禽家畜不准出圩子，到圩外面的家禽每只要罚2分工。还在圩子外面撒上农药，1976年就毒死家禽100多只。社员刘汉培养了两头猪，大的百多斤，小的40多公斤，都被毒死。副队长刘汉贵，老两口养了1头老母猪，一年罚了800多分工，全年做的工分被扣掉三分之一，后来只好把母猪卖掉了。小圩生产队干部规定，社员养家禽下田糟蹋庄稼，鹅、鸭一次一只罚3分工，鸡一次罚2分工，社员怕罚工分，不敢养家禽。[②] 大“割资本主义尾巴”的结果首先影响到了农民的生活，1973年湖北省钟祥县旧口公社建新大队社员养鸡3900只，平均每户养鸡13只，一年可收入四五十元，基本上能解决社员日常的零用钱。1974年冬至1975年春，建新大队掀起了一股“摸鸡笼子”之风，就有2000多只鸡被处理掉。1974年秋天，广西宾阳县杨村大打“批修批资总体战”，取缔加工布帽和冬虫夏草种植业，限制养猪、养鸭数量，结果到1975年，社员家庭副业收入大大减少，12个生产队集体的工、副业收入从1973年的52205元，下降到36860元，下降29.4%。[③] 其次影响到市场上农副产品的供应品种和数量。江苏省在1962年时农副产品有250种交售，到1970年只剩下4种。据统计，1968年全国社员交售为主的鲜蛋收购量，由1966年的53900万公斤，下降到38100万公斤。农村副业在农业总产值中的比重，由1966年的6.1%下降到1971年的2.7%。[④]

第二，限制农民外出从事各种生产和劳务性活动。从1968年到1970

① 转引自郑有贵《“文化大革命”时期农业生产波动及其动因探析》，《中共党史研究》1998年第3期，第74页。

② 《滁县地委情况反映》第49期（1977年10月25日），载王耕今主编《乡村三十年》下册，农村读物出版社，1989，第319页。

③ 《当代中国典型农业合作制》编辑室编《当代中国典型农业合作社史选编》下卷，中国农业出版社，2002，第961页。

④ 郑有贵：《“文化大革命”时期农业生产波动及其动因探析》，《中共党史研究》1998年第3期，第74页。

年，昔阳县把到阳泉、河北等地搞运输副业的几千名劳力、几百辆马车收归社队，这就是陈永贵向全国介绍的“车马归队、劳力归田、大砍运输业”的所谓经验。[①] 其实，在传统中国乡村社会中，掌握有一定手艺的技术农民，例如木匠、篾匠、铁匠、泥瓦匠，他们利用农闲或常年游街串乡，从事生产和劳务性活动，对发展生产和满足人民生活需要是有益的。但在人民公社体制下，这种传统的做法几乎是不可能的。“文革”时期，在大寨这条经验的示范下，外出从事这些生产的行为被冠以“副业单干”之名遭到限制或批判，也成为学大寨先进单位的经验之一。如苏州地区的无锡，1971 年全县有 7500 多个劳力外出赚钱，致使 1972 年粮食减产 6000 万公斤。县委抓住这个问题，从上到下开展了“人多田少要不要坚持以粮为纲，八分地上能不能多做贡献”的大讨论，大讲社会主义，大批资本主义，大破“只要钱，不顾线”的资本主义倾向，并采取有力措施，制止了劳动力盲目外流。[②]

第三，通过关闭集市贸易限制农民家庭副业的发展。集市贸易是农民同商品市场建立联系的桥梁。在批判“三自一包”“四大自由”的过程中，农村集市贸易被扣上“资本主义自由市场”的罪名，农民到集市出售自产的鸡蛋、蔬菜也被当作“资本主义自发倾向”加以批判。1966 年 9 月 28 日，安徽省凤阳县委常委会议上认为“取缔小商小贩，大方向是对的，资本主义尾巴一定要割”。[③] 1967 年 6 月 14 日，安徽省军管会发文，通知“凡是国家统购统销的油料、油脂、棉花以及统一管理的烟、麻、蚕茧、土纱、土布等重要农副产品，一律不准在集市上自由买卖，严禁投机贩运”。[④] 同年 9 月 13 日，山东省革命委员会发出《关于加强农产品市场管理的通令》，规定凡属国家征购的品种，不准上市买卖；生产队集体的粮食、油脂、油料只准卖给国家，不准上市成交；棉花市场常年关闭，社员

---

① 《陈永贵等同志谈大寨和昔阳的经验》，农村读物出版社，1974，第 49 页。

② 《为普及大寨县而奋斗》中册，农业出版社，1975，第 31 页。

③ 《县委常委会议记录》（1966 年 9 月 28 日），载王耕今《乡村三十年》下册，农村读物出版社，1989，第 321 页。

④ 《安徽省军管文件［皖军管发（67）33 号］》（1967 年 6 月 14 日），载王耕今《乡村三十年》下册，农村读物出版社，1989，第 323 页。

自留棉只能由供销社进行收购；大麻、苘麻在国家收购期禁止上市买卖，收购结束后经地、市革委会批准后开放市场，购买者一次限购大麻1公斤、苘麻2.5公斤，等等。[①]

总之，“文化大革命”十年间通过学大寨，农田水利建设、科学种田方面取得了巨大成就，但也存在问题。在推行大寨劳动管理制度方面，初期对大众行为形成了一定的规训，但不具有持久性，各地很快又恢复了定额管理制度；在“穷过渡”、没收自留地、“割资本主义尾巴”方面对农村社会产生了一定影响，但也造成大众思想不同程度的混乱。

① 《山东省农业合作化史》编辑委员会编《山东省农业合作化史料》上册，山东人民出版社，1989，第539页。

· 第六章 ·
典型的祛偏

第一节 “文化大革命”初期停滞的农业生产

受“文化大革命”极“左”思想的影响和冲击，“文革”初期的农业学大寨运动突破了《农业六十条》的规定，加之“文化大革命”在农村的扩展，农村正常生产秩序被打乱，农民生产积极性受到压制，农业生产基本呈下降和停止态势。具体情况如下：

全国农业总产值，1967～1969 年 3 年平均为 642.54 亿元，与 1966 年的 640.9 亿元相比基本没有增长。其中，1967 年上升到 651.3 亿元，仅比 1966 年增长 1.6%；1968 年下降为 634.5 亿元，1969 年为 641.8 亿元，低于 3 年的平均值，分别较平均值下降 1.3% 和 0.2%。

全国粮食总产量，1967 年为 2178.2 亿公斤，比 1966 年略有增产；1968 年却减为 2090.6 亿公斤，比 1966 年下降 2.3%；1969 年虽然略有上升，达到 2109.7 亿公斤，但仍低于 1966 年 2140 亿公斤的水平。

全国棉花总产量，1967 年和 1968 年两年产量徘徊不前，停滞在 23 多亿公斤的水平上；1969 年下降为 207900 万公斤，比 1966 年减产 11%。其他经济作物除桑蚕茧和茶叶的总产量有所增加外，糖料总产量1969年比1966年下降8.2%，烤烟总产量下降22.7%，黄红麻总产量下降10.1%。

全国生猪饲养量，由于限制社员家庭养猪，造成1967年至1969年全国生猪饲养量显著下降，年末存栏和全年出栏肉猪合计，3年平均为31077万头，比1966年的32523万头下降4.4%。其中，1969年为29871万头，比1966年下降8.2%。

全国水产品总产量，1967年至1969年3年平均为288700万公斤，比1966年减少21300万公斤，即下降6.9%。其中，1969年为290000万公斤，比1966年下降6.5%，海水产品和淡水产品都出现了下降趋势。

由于农业生产连续3年处于下降和停滞局面，而这3年全国人口自然增长率却分别高达25.6%、27.4%和26.1%，因而1969年同1966年相比，全国人口平均每人占有的主要农产品数量全面下降：粮食从291公斤减少为265公斤，下降8.9%；棉花从3.2公斤减少为2.6公斤，下降18.7%；生猪从0.18头减少为0.16头，下降11.1%；水产品从4.2公斤减少为3.65公斤，下降13.1%。按农业人口平均每人向国家交售的食用植物油从1966年的1.25公斤减少为0.95公斤，下降24%；交售的粮食、棉花、肥猪和水产品，也分别下降15.5%、18.8%、19.4%和24.2%。这种情况的出现，直接导致市场农副产品供应紧张，影响了人民生活的改善。①

这种令人不安的局面在北方地区更加明显。北方14个省区人口接近全国的一半，但粮食不能自给，要靠南方大量调拨。

从1961年开始中国由粮食净出口国转变为净进口国。南方粮食仍呈现净调出态势，1960~1969年均净调出141960万公斤，但比1953~1959年平均净调出332970万公斤少191010万公斤。而北方地区在1960~1969年间共调入2750000万公斤，年均调入275000万公斤。且调入省份由20世纪50年

① 吴亦侠、刘成果主编《中国发展全书·农业卷》，国家行政学院出版社，1997，第64~65页。朱荣主编《当代中国的农业》，当代中国出版社，1992，第267~269页。

代的5个增加到10个，鲁、豫、甘、晋、陕5省由净调出变为净调入，在净调出的黑龙江、吉林、内蒙古、宁夏、新疆的五省区中，黑龙江、吉林、内蒙古三省区的净调出量也比50年代减少（见表6－1）。①

表6－1 1953～1969年南北方粮食净调入调出量和全国粮食进出口量

单位：万公斤

年份	南北方粮食净调入调出量			全国粮食净进出口量
	南方	北方	全国	
1953	257300	43200	300500	182000
1954	165900	106500	272400	168000
1955	265300	54700	32000	205000
1956	345100	－8700	336400	250000
1957	426400	－161100	265300	192000
1958	432500	－12100	420400	266000
1959	438300	151500	589800	416000
1960	308300	－138800	169500	265000
1961	19100	－428500	－409400	－445000
1962	26200	－359400	－333200	－389000
1963	130300	－428100	－297800	－446000
1964	230800	－351500	－120700	－475000
1965	263100	－446100	－182900	－399000
1966	201000	－179600	21400	－355000
1967	164600	11700	176300	－171000
1968	197500	－173500	24000	－200000
1969	187000	－256300	－69300	－145000

说明：负值为调入、进口；正值为调出、出口。

资料来源：农业部农村经济研究中心、当代农业史研究室编《当代中国农业变革与发展研究》，中国农业出版社，1998，第251页。

这时，昔阳学大寨三年，粮食产量翻一番，对国家的贡献不断增加，人民的生活水平也有一定的提高。在大寨，就粮食总产量而言，“文化大

① 农业部农村经济研究中心、当代农业史研究室编《当代中国农业变革与发展研究》，中国农业出版社，1998，第250页。

革命”前，大寨粮食总产量最高年份为1964年，为285450公斤。1967～1969年三年的产量分别为317050公斤、282350公斤和330020公斤，[①] 平均粮食总产量为309810公斤，较1964年高24360公斤；三年的粮食亩产平均量达到443公斤，而同一时期山西省的粮食平均亩产量为91.37公斤，[②] 约是山西省的4.84倍。就其农业总收入而言，一直处于上升状态，1967～1969年三年的收入分别为92700元、99200元、116950元，年均增长26.2%。[③] 1967～1969年，昔阳粮食总产量分别为6194.5万公斤、7212万公斤、8167万公斤，平均粮食总产量为7191.16万公斤，较“文革”前的最高产量4881万公斤增长2310.16万公斤。三年的农业总收入由2857万元增长到3333万元，年均增长158.6万元，达到历史最高水平。[④] 三年内交售给国家余粮4250万公斤，超过1966年粮食总产量，其中仅1969年交售国家余粮1650万公斤，超过国家原包购任务的36%。社员人均口粮也由“文革”前的100多公斤增到250公斤，基本能维持社员的生存需求。[⑤] 昔阳粮食的增产使中央进一步认识到大寨典型的意义，对学大寨中的错误做法予以纠正。

第二节　中央的纠偏

昔阳和全国的生产形成鲜明的对照，为扭转农业生产的下滑趋势，中央先后召开了全国棉花生产会议、北方地区农业会议、全国计划会议等会议，在强调学大寨的同时，进一步讨论了农业学大寨运动中的问题，重申

① 王俊山主编《大寨村志》，山西人民出版社，2002，第73页。

② 根据《山西四十年》的相关数据计算而得。山西四十年编辑委员会编《山西四十年(1949～1989)》，中国统计出版社，1989，第117页。

③ 参见王俊山主编《大寨村志》，山西人民出版社，2002，第112页。

④ 山西省农村社会经济调查队编《山西农村统计资料概要（1949～1990)》，山西经济出版社，1992，第610、612页。

⑤ 李韩锁:《紧跟毛主席就是胜利——在中国共产党昔阳县第6次代表大会上的报告》(1970年11月25日)，昔阳县档案馆藏昔阳县委档案，档案号：3/1/476。

了调整时期的农村政策，以期纠正学大寨运动中出现的形式主义、命令主义和官僚主义。

1970 年 8 月 25 日，中央在昔阳县召开北方地区农业会议，8 月 31 日转到北京，10 月 5 日结束。会议第一阶段参观大寨大队和昔阳县；第二阶段（9 ~ 13 日）开展革命大批判，进行路线分析，总结和交流各地学大寨的经验，主要解决学大寨学什么和怎么展开的问题；第三阶段（9 月 14 日至 10 月 5 日）分组讨论实现《纲要》的措施和农村各项政策问题。

参加会议的 29 个省、市、自治区、生产建设兵团和中央各部委代表共 1259 人，其中，北方 14 个省、市、自治区代表 940 人。在 29 个省、市、自治区 988 位代表中，省、市、自治区机关代表 167 人，地区机关代表 159 人，县机关代表 373 人，人民公社代表 50 人，大队、生产队代表 164 人，支农各行业代表 75 人。

在会议第一、二阶段的参观和“路线分析”“大批判”中，代表们的发言大多为当时一些批判“三自一包”等“资本主义倾向”的套话。但在会议进入第三阶段，开始讨论实现《纲要》的措施和农村各项政策问题时，各种套话、空话、假话却少了许多，要求坚持《农业六十条》、落实政策的意见成为主流。代表认为：“三级所有，队为基础”的体制，是同当前农业生产力发展水平基本上相适应的，应稳定不变；核算单位由生产队改为生产大队，须经省革委会批准；按《农业六十条》规定，社员可以经营占耕地面积 5% ~7% 的自留地和少量的自留树、自留畜；要坚持按劳分配的社会主义原则，既要反对“工分挂帅”，又要反对“死分死记”、不问劳动的数量和质量、执行留粮标准上的平均主义做法；要严格控制非生产性开支；在大力发展集体养猪的同时，继续鼓励社员个人养猪；必须认真贯彻执行“以粮为纲、全面发展”的方针，给生产队因地制宜、因时制宜的种植自主权，等等。总之，在有关中国农业发展的基本政策问题上，从与会人员的讨论过程看，尽管他们的讨论是在“农业学大寨”的口号下进行的，但他们基本坚持了《农业六十条》的原则，讨论结果也明显地不同于体现“一大二公”的大寨经验。这说明“左”的错误与极“左”思潮已失去了狂热的势头，人们已经开始意识到“左”的错误和极“左”思潮所造成的巨大危害性，迫切要求落实各项农村经济政策，恢复正常的生产秩序，成为北方地区农业会议的一大特点。①

1970年9月23日，根据会议精神，《人民日报》发表了社论《农业学大寨》。从字面上看，社论不再使用过激的“阶级斗争”话语阐释大寨经验，而是使用周恩来在三届全国人大一次会议对大寨精神的总结概括大寨经验。社论由虚实两部分构成，所谓“虚”是指社论中充斥着紧抓“以阶级斗争为纲”之类的语言和对大寨的种种赞誉，以及对“三自一包”等的批判。社论指出：“昔阳的经验之所以可贵，就在于它提供了在一个县的范围，全面学大寨，用毛泽东思想武装人，以比较快的速度跨《纲要》的范例。”社论还强调：学大寨最根本的是用“毛泽东思想教育人”，“斗私批修”。毛泽东思想一旦为群众所掌握，“就具有排山倒海的力量，高山也要低头，河水也要让路，有了毛泽东思想，勇敢也有了，积极性也有了，组织纪律性也有了，就可以创造出一百个办法，一千个办法，一万个办法。有了毛泽东思想，人的精神面貌变了，土地也就变了，产量也就变了。大寨是这样，昔阳也是这样。”② 所谓的“实”是指在回答“学大寨学什么”这个“当前深入开展学大寨群众运动需要首先解决的问题”时，社论提出：至于经营管理、生产技术方面的一些具体办法，那是第二位的东西，一定要按照各地的实际情况办事。只学表面，不顾自己的条件，生搬硬套别人的某些具体做法，就有可能“学歪了”。只有正确地解决学什么的问题，才能排除右的和“左”的干扰，落实中央制定的一系列农村经济政策，保证学大寨的群众运动沿着正确的方向发展。

社论将大寨的“根本经验”与“具体办法”加以区分，并将后者置于“第二位”，这意味着中央再次提倡“自力更生，艰苦奋斗”的大寨精神，削弱了“大队核算”和“自报公议工分制”的影响，为抵制极“左”思潮留下了一定空间。

---

① 参见郑谦《1970年前后国内形势的几个特点——以1970年北方地区农业会议为例》，《中共党史研究》2002年第5期，第47~49页。

② 社论《农业学大寨》，《人民日报》1970年9月23日，第1版。

1970 年 10 月 5 日，北方地区农业会议结束，同日国务院通过了《关于北方地区农业会议的报告》（以下简称《报告》）。12 月 11 日，中共中央批转了毛泽东批示“照发”的《报告》。《报告》肯定了大寨的政治典型性，认为大寨所在的山西省昔阳县已经建成大寨县，强调用毛泽东思想教育农民是大寨经验中第一位的东西，提出“要把大寨经验普遍推开，必须抓住阶级斗争这个纲，首先解决社、队领导权和各级领导班子特别是县的领导班子革命化问题”。至于如何实现领导班子革命化问题，《报告》引用昔阳同志的话语，认为学大寨的阻力主要有：“有的社、队领导班子里钻进了坏人。有的干部被敌人拉出去了，敌我不分，互相勾结。有的热衷于走资本主义道路。有的是所谓‘老好人’当领导，墙上草，随风倒。对社会主义不热心，让资本主义自由泛滥。还有的党员干部思想停留在民主革命阶段，过不了社会主义革命这一关。”① 在谈及农村政策时，《报告》旗帜鲜明地肯定了《农业六十条》的地位和意义，并引用代表们的发言否定了大寨的具体经验，指出：“前些时候，有少数地方不顾条件，违反多数群众的意愿，刮过一点任意改变基本核算单位、收自留地的风。面不算大，但波动不小，反映了某些领导干部有点形‘左’实右的思想苗头，很有必要提醒各级领导同志充分注意。”“我们一定要加强党的政策观念，克服某些地方存在着的无组织无纪律的倾向。”《报告》还进一步批评说：“目前，有一些领导干部，用形而上学的观点对待革命和生产、政治和经济的关系”，有些人“不是用革命带动生产，用一好带动三好，而是用革命代替生产，用一好代替三好”。②

据此，郑谦认为“以北方地区农业会议为契机，‘农业学大寨’运动的内容发生了明显的转变，其‘左’的内容被淡化、形式化，而纠‘左’和落实政策内容却在‘左’的外表中发展起来”。③ 笔者深以为然。

① 《国务院关于北方地区农业会议的报告（节录）》（1970 年 10 月 5 日），载黄道霞主编《建国以来农业合作史料汇编》，中共党史出版社，1992，第 832 页。

② 《国务院关于北方地区农业会议的报告》（1970 年 10 月 5 日），载宋永毅《中国文化大革命库》（CD－ROM），香港中文大学中国研究服务中心，2002。

③ 参见郑谦《1970 年前后国内形势的几个特点——以 1970 年北方地区农业会议为例》，《中共党史研究》2002 年第 5 期，第 51 页。

北方地区农业会议后，各省根据会议精神和《农业六十条》规定，部分恢复了农村经济政策。主要有：按照《农业六十条》规定，补足社员自留地；在抓紧粮食生产的同时，开展农、林、牧、副、渔业多种经营；恢复劳动定额管理和评工记分制度、小包工制度；适当划小作为基本核算单位的生产队的规模，禁止“一平二调”；采取措施鼓励社员家庭养猪，等等。根据国务院指示，农林部于 1970 年 10、11 月向山西、安徽、天津、湖北、河北、江苏、四川等省、市、自治区派出调查组，了解、检查贯彻北方地区农业会议精神的情况。1971 年 4 月，农林部给中央的《关于贯彻北方地区农业会议的情况报告》指出：农村广大干部和社员群众明确了学大寨要学根本，而刮大队核算风和收自留地之风是学大寨没学到根本的表现；广大农村干部提高了执行党的政策的自觉性，前一时期出现的并队、改变基本核算单位和收自留地之风，已基本刹住；农田基本建设大发展，地方办“五小”工业的积极性大为提高，等等。报告还提出当前需要着重解决好几个问题：对那些仍未解决前一阶段搞并队、收自留地、搞大队核算的地区，要继续认真落实党的政策；注意解决新形势下出现的诸如抽调生产队劳动力过多，只抓粮食生产不抓多种经营、平调生产队劳力和物资，社队非生产人员和开支增加，加重社员负担使社员增产不增收、收入下降等问题。①

与此同时，中央召开了一系列会议，批转了《关于全国棉花、油料、糖料生产会议的报告》，发出《关于实行粮食征购一定五年的通知》和《关于农村人民公社分配问题的指示》，这些文件的下达调动了广大社员的农业生产积极性，农村形势渐趋好转。其中，1971 年初全国计划会议召开。针对农业学大寨运动中出现的形式主义、命令主义、官僚主义等问题，会议强调：应积极发展多种经营，划清多种经营、正当家庭副业同投机倒把、弃农经商的界线，不可不加分析地把多种经营当作资本主义倾向批判；对所有制问题持慎重态度，要解决好前一阶段某些地区改变核算单

---

① 参见郑谦《1970 年前后国内形势的几个特点——以 1970 年北方地区农业会议为例》，《中共党史研究》2002 年第 5 期，第 51 页。

位和收自留地的遗留问题；坚持按劳分配的社会主义原则，防止平均主义；反对高指标、高征购和说假话，不搞形式主义，等等。[①] 同年 12 月，中共中央发出《关于农村人民公社分配问题的指示》。针对当时农村普遍存在的分配不兑现、“分光吃尽”、集体增产农民不增收、超支户多、劳动计酬上的平均主义等严重挫伤农民积极性的状况，重申《农业六十条》仍然有效，要求各地坚持按劳分配的原则，不要硬搬照套大寨的劳动管理办法；强调农业必须全面发展，划清多种经营同“金钱挂帅”的界限，不要把党的政策所允许的多种经营当资本主义倾向来批判。[②] 这是继北方地区农业会议后，中央多次指出农业学大寨运动中存在的问题，并多次声明《农业六十条》仍然适合现阶段农村的情况。

根据中央的经济指导思想，各省先后召开各种形式的会议，要求执行共产党的农村经济政策。如陕西省于 1971 年 10 月 20 日通过了《农村经济政策座谈会纪要》,[③] 山西省于 1972 年 1 月通过了《关于农村经济政策问题的讨论纪要》,[④] 甘肃省于 1972 年 9 月 25 日通过《关于党的农村经济政策若干问题的规定》,[⑤] 这些纪要或规定对种植经济作物、发展副业生产、林业生产、养猪积肥、发展大牲畜、发展农田水利基本建设、加速农业机械化等事项提出了具体要求。各省在“掀起农业学大寨新高潮”“揭开阶级斗争的盖子”“狠批‘三自一包’”“批修整风”等话语和口号下，对农业生产中的各种“左”和右的错误思想进行批判，将“革命”的落脚点放在“认真执行党对农村的各项政策”上。

---

① 《1971 年计划会议第 3 期综合简报》(1971 年 2 月 14 日)，载黄道霞主编《建国以来农业合作史料汇编》，中共党史出版社，1992，第 833 页。

② 《关于农村人民公社分配问题的指示》（1971 年），载宋永毅《中国文化大革命文库》(CD - ROM)，香港中文大学中国研究服务中心，2002。

③ 陕西省革委会：《农村经济政策座谈会纪要（试行稿）》(1971 年 10 月 20 日)，载陕西省农业合作编委会编《陕西省农业合作重要文献选编》下，陕西人民出版社，1993，第 1183 ~ 1194 页。

④ 《坚决贯彻执行毛主席的无产阶级革命路线和政策总结乘胜前进誓夺 1972 年的更大胜利》,《山西日报》1972 年 1 月 30 日，第 1 版。

⑤ 中共甘肃省委：《关于贯彻党的农村经济政策若干问题的规定》(1972 年 9 月 25 日)，载甘肃省农业合作史编写办公室、甘肃省档案馆编《甘肃省农业合作制重要文献汇编》第 2 辑，甘肃人民出版社，1993，第 414 ~ 431 页。

各省党报均发表了多篇落实农村经济政策的社论和文章。例如山西各地批判“只要路线正，不怕政策歪”的“左”比右好的错误思想，并将盲目开展工作、随意变更政策的工作方法和作风问题归结为修正主义思想。[①]因此，山西各级领导以批判刘少奇、林彪的“左”倾机会主义为名，带头深入实际，调查研究，紧抓住阶级斗争、生产斗争和科学实验三大革命中的主要问题，落实各项农村经济政策。如襄垣县上丰大队批判刘少奇的所谓“权力至上论”思想，抵制瞎指挥风，扶植正当的家庭副业。[②]清徐县城关公社党委副书记认为，由于“刘少奇一类骗子所散布的极‘左’思潮尚未肃清，”[③]当地在核算单位、自留地、农副业和粮食征购等方面仍然存在问题。陈佩华对广东陈村的调查也证明了这一点。陈村农民对“任何不受欢迎的经济政策只要是林彪生前颁布的，现在都可以理直气壮加以驳斥，似乎那时候每一道政策都是这个反革命林贼铸下的过错”。例如他们对“以粮为纲”政策批判时指出：“我们的生产搞不好，就是因为林彪吗！他不叫我们种瓜种菜，就是想饿死我们吗！”[④]无论媒体的报道还是调查访问都反映了各级领导在批修整风中，逐步地落实共产党的农村经济政策。

1972 年上半年，农业部派出的调查组纷纷反映：几年来，特别是贯彻北方地区农业会议报告和中央分配指示以来，“党的农村政策落实情况是越来越好”；绝大部分大队长以上的主要干部落实了政策，“干部敢抓生产了”；“现在，公开主张‘割私有制尾巴’的人很少了”；“大家赞成‘大定额’（管理制）”，刹住了“四大改”[⑤]之风；多数地方都把 1967 ~ 1968 年盛行的“政治工分”“并队”“收自留地”“搞大队核算”当作“林彪集

---

① 《坚决贯彻执行毛主席的无产阶级革命路线和政策总结乘胜前进誓夺 1972 年的更大胜利》，《山西日报》1972 年 1 月 30 日，第 1 版；谢振华在《中共山西省三届二次全体委员（扩大）会议上的总结发言》中指出，山西农村出现了一些违反党的政策的现象，其根源在于刘少奇的修正主义路线。昔阳县档案馆藏昔阳县委档案，档案号：3/2/408。

② 《靠“权”还是靠“线”？——襄垣县上丰大队依靠正确路线夺高产的调查报告》，《山西日报》1972 年 8 月 18 日，第 1 版。

③ 清徐县城关公社党委副书记段立生：《全面落实党的政策，发展农村大好形势》，《山西日报》1972 年 11 月 3 日，第 1 版。

④ 陈佩华等：《当代中国农村历沧桑——毛邓体制下的陈村》，孙万国等译，香港牛津大学出版社，1996，第 231 页。

⑤ 指搞大队核算、自留地、吃粮不要钱、取消养猪奖励等。

团形'左'实右"的"妖风"进行批判，口粮分配、养猪积肥等政策落实了，"社员的家庭副业恢复了"，"社队企业发展了"，等等。[①]

综合各地调查结果，农业部于1972年8月发布了《关于农业学大寨群众运动的调查报告》和《关于农村人民公社政策落实情况的调查报告》。这两个报告反映了1972年批判极"左"思潮、落实中国共产党政策所取得的成绩，更鲜明地提出了纠"左"的要求和任务。报告反映：1967年后，"由于林彪反党集团煽动极左思潮，造成干部不敢抓生产"，粮棉生产下降。北方地区农业会议和农村人民公社分配指示贯彻以来，"注意了划清政策的是非界限，抵制了林彪改变基本核算单位、收自留地的妖风，不断地抓政策落实工作，保护了干部和群众的社会主义积极性"。在政策落实工作抓得比较好的地方，生产"单打一"的状况有了改变；计酬上的平均主义得到一定的克服；"一平二调"和加重社员负担的现象开始注意纠正；落实了"粮食一定五年"的政策，一般地做到了兼顾国家、集体和个人利益，调动了农民的积极性，[②] 农村经济也获得了增长。1970～1973年农业总产值分别比上年增长11.6%、3.23%、-0.2%、8.3%，其中1972年的农业总产值因自然灾害影响才出现负增长。[③]

第三节　纠"左"的反复

在落实农村经济政策的过程中，农民总是力图突破《农业六十条》的各种限制，或侵占集体的利益，或为自己争得利益。主要表现为：(1) 一些地方利用抓按劳分配、生产定额管理，搞起了"三包""四固定""五统一"，有的生产队悄悄地搞起了包产到户。如1973年，江苏省建明、大

---

① 郑谦《1970年前后国内形势的几个特点——以1970年北方地区农业会议为例》，《中共党史研究》2002年第5期，第50页。

② 同上。

③ 张神根：《一九六六至一九七八年发展农业三种思路的变动轨迹》，《中共党史研究》1998年第5期，第57页。

丰、东台、射阳、阜宁5个县，广东省海南岛有7个县，贵州省被调查的15个县中有13个县，都有搞包产到户的生产队，其中广东海南岛7个县中包产到户的生产队占2.9%。更有分田单干的现象，贵州有些地方分田单干已有多年的历史，此时又有发展；甘肃省康乐县、福建省晋江县、四川省涪陵县、浙江省平阳县也都存在分田单干现象。[①]（2）随着自留地的恢复，有的农民在自留地上大做文章。有的农民多占自留地和宅基地。如浙北农村的农民偷偷地朝集体方向挪动地沟，私自扩大自留地。有的农民在自留地边上植树，自留地面积是没有扩大，但伞形的树冠却遮住了集体的土地。农民称之为“占天不占地”。[②] 再如安徽凤阳县新桥大队，全队按《农业六十条》规定农户自留地面积最多占生产队土地面积的7%计算，“应有小园地156亩”，“但社员现有小园地228亩”。[③]（3）大搞副业。如浙北农村，有的自行外出做泥水匠、木匠、竹匠或小工。[④] 再如1972年冬至1973年春，安徽凤阳县凤北大队经营各种单干副业的有184人，占整劳力数的36.2%。其中，庙前生产队26户就有21户搞单干副业，占80%。[⑤]（4）开展集市贸易。如浙北农村有的捕鱼摸虾，清晨上市出售。有的自制绿豆芽销售。有的贩卖薯苗。[⑥] 再如，安徽凤阳县有“大唐搞梨，凤龙搞瓜，淮安捕鱼又摸虾”的顺口溜。[⑦] 应该说这是农村经济活跃的表现，但它不是经济规律所决定的，而是农民在物质极度匮乏、生活无保障的情况下，不得已而为之的行为。由于“文革”的整个指导思想未根本发生变化，负责纠偏的国务院在农业领域的纠“左”工作不免受到冲击和批判。在批修、批资的影响下，农业学大寨运动再次走向极端。

---

① 张神根：《一九六六至一九七八年发展农业三种思路的变动轨迹》，《中共党史研究》1998年第5期，第58页。

② 张乐天：《告别理想——人民公社制度研究》，东方出版中心，1998，第418页。

③ 《关于新桥大队资本主义倾向的调查报告》（1973年6月10日），载王耕今《乡村三十年》下册，农村读物出版社，1989，第341页。

④ 张乐天：《告别理想——人民公社制度研究》，东方出版中心，1998，第424页。

⑤ 《关于凤北大队资本主义倾向的情况调查》（1973年7月12日），载王耕今《乡村三十年》下册，农村读物出版社，1989，第342页。

⑥ 张乐天：《告别理想——人民公社制度研究》，东方出版中心，1998，第424页。

⑦ 《关于淮安大队最近几年农业生产情况的调查》（1973年7月6日），载王耕今《乡村三十年》下册，农村读物出版社，1989，第343页。

1972年12月17日，毛泽东在一次谈话中，肯定林彪反革命集团是极右，而不是极“左”，这就阻止了周恩来提出批极“左”的正确意见。[①] 1973年1月1日，两报一刊联合发表《新年献词》，强调“批林整风”的重点是批判林彪的反革命修正主义路线的极右实质。此后，已收到一定成效的“批林整风”运动再次被拉上了邪路，批极“左”思潮难以为继。5月起，针对社会上“文化大革命失败了”的说法，毛泽东一再提出要注意“抓大事”“抓路线”“抓上层建筑”，并认为林彪的思想来源于儒家，林彪和国民党一样，都是“尊孔反法”的。1973年8月7日，《人民日报》发表了毛泽东亲自审批的《孔子——顽固地维护奴隶制的思想家》一文，此后媒体上开始批判孔子。很快江青等把“批林批孔”的矛头指向周恩来，污蔑国务院采取的纠“左”国民经济政策为“复辟”“倒退”，并利用大寨招牌继续推行“左”倾路线，使相对安定的政治局面再次动荡起来，农村工作和农业生产中的“左”倾错误在许多地区又有回潮。

在此背景下，各省分别召开了各种形式的会议，如农业学大寨会议、农业学大寨先进单位代表大会、农村工作会议、三级或四级干部会议、贫下中农代表大会等，各种大会都要求紧密结合批林批孔，以阶级斗争为纲，批判“资本主义”，批判“唯生产力论”，解决农业发展方向、道路问题，强制推行大寨经验。这样，在江青等人鼓吹批判资本主义和修正主义思想的影响下，各省、市、自治区继续派遣工作队到某些“重点社队”帮助开展所谓“批林批孔”“基本路线教育”和“农业学大寨”运动，继续批判所谓的“资本主义自发倾向”。因而，部分地区再次出现“一平二调”“照抄照搬”的现象，严重影响到农业生产。

这一时期的农民主要通过下乡干部或宣传队的讲解，通过政治夜校、图书、报纸、广播、黑板报、故事、标语、文艺演出等形式了解中央的有关指示和理论，在忆苦思甜的批判会中大胆揭露和批判各种损公肥己、投机倒把的行为。特别是在批林批孔运动中，有的上挂林彪、孔子的言论，

---

① 王若水：《毛泽东关于批林是批极左还是极右的谈话》，载余习广主编《位卑不敢忘忧国——“文化革命”上书集》，湖南人民出版社，1989，第184页。

下联地富反坏右等“五类分子”的破坏活动，对诸如五匠外出、弃农经商、烧石灰、养鸭子、贩卖生猪和耕牛的所谓的农村自发资本主义现象进行批判。有的把社员生产积极性不高、出工不出力等现象列为专题进行批判。有的以农业减产中的人为因素为专题进行批判。这样批判的矛头不仅指向了“五类分子”，还指向了所谓的“新生资产阶级分子”，实质上将矛头指向了普通农民。

当时昔阳县委也承认“自留地、自由市场是现阶段集体经济的补充”，一定要贯彻执行，但“必须明确，绝不能宣传自留地、自由市场的所谓‘优越性’”。[①] 这种宣传基调强化了实际行动中批判自留地、自由市场产生的实际效果，广大农民虽对批判资本主义失去了兴趣，但又不得不在大讲政治时放弃所谓的“过激”行为。例如在 1974 年的一个月内，湖北鄂城县收回长年离队搞副业的劳力 8007 人；社、队办的 324 座大小砖瓦窑，停火 309 座，从业人员 5602 人，精简 3738 人；社、队办的 52 个建筑队，有 40 个返回农村，参加建筑队的 3209 人，有 2445 人回队生产。社、队组织的 20 个运输队，890 人，撤销 7 人，有 315 人回队生产。搞商运的 26 台农用机车、74 只农用船、830 部板车，基本上都用到农业生产上；区、社、大队企业 1290 个，16390 人，压缩 4244 人。[②] 甚至许多地方得出集体搞副业和组织集市贸易就是走社会主义道路，个人搞副业和串乡买卖就是资本主义的结论，而且搞集体副业的人数和收入不能高于搞农业的人数和收入。如安徽省委书记宋佩璋就凤阳县武店村东方公社搞石头问题指出，“石头问题是两条道路的问题，是路线问题。”[③] 凤阳县委还修改了集市的集期，由天天有集市变为每 5 天一集。[④] 这样，即使《农业六十条》允许

---

① 《陈永贵同志在昔阳县委三级干部会议上的报告》（1973 年 2 月 9 日），昔阳县档案馆藏昔阳县委档案，档案号：3/1/620。

② 王贵宸等编著《巨变中的鄂州——新中国农村经济发展的典型剖析》，北京农业大学出版社，1988，第 69 页。

③ 《宋佩璋同志在地区 53 个公社、江淮调查点会议和凤阳县干部会议上的讲话》（1973 年 7 月 14 日），载王耕今《乡村三十年》下册，农村读物出版社，1989，第 313 页。

④ 《关于农村集镇实行统一集期的通知》（1973 年 7 月 27 日），载王耕今《乡村三十年》下册，农村读物出版社，1989，第 324 页。

存在的部分行为也被当作资本主义的自发倾向来处理。有学者认为，发展集体副业是以克服资本主义自发倾向为目的而存在，不是作为社会主义经济发展的重要组成部分存在。[①] 于是，那种“只要方向对，不怕政策歪”的思想又有所抬头，农业战线上的纠“左”努力出现反复，农业学大寨运动继续沿着“左”的方向发展。

总之，由于“文化大革命”的整体指导思想没有发生变化，这一时期的纠偏不可避免地会出现反复的现象，但这种纠偏在粉碎“四人帮”后得以继续，并且伴随着真理标准问题的讨论和思想大解放，农业学大寨运动走向沉寂。

① Dennis Woodward, “Rural Campaigns: Continuity and Change in the Chinese Countryside—the early post - Cultural Revolution Experience (1969 - 1972),” *The Australian Journal of Chinese Affairs* 6 (1981): 118.

·第七章·

典型的沉寂

从整体上看，大寨典型的推广导致生产进一步滑落，人民生活水平下降，未能达到预期的目标。现实发展状况的不足，激发人们更加关注生产，开始反思“阶级斗争”思维指导下的学大寨运动。经过真理标准问题的大讨论，大寨精神得到持续发扬，运动式的典型学习逐渐沉寂。

第一节　现实状况

从新制度主义理论来看，人民公社政社合一的体制既是一种权力配置方式，又是一种权力运行机制。前者指生产大队和生产队成为国家政权机关的附属机关，后者指国家权力广泛地介入乡村经济、社会、文化生活的各个层面。[①]“文革”时期，生产大队和生产队是国家政权机关的附属机关，无法按照经济规律和实际情况从事生产经营活动，也无法调动社员的生产积极性和主动性，严重制约了农村经济的发展和农民生活水平的提高。政治化的大寨经验及农业学大寨运动也正是借助于人民公社的这种组织特性得以迅速推行。在其推行的过程中，管理上的强迫命令、平调之风，分配上的平均主义，种植上片面强调“以粮为纲”等借助于“文化大

① 刘庆乐：《权力、利益与信念：新制度主义视角下的人民公社研究》，中国社会科学出版社，2010，第120~121页。

革命”对“私”批判的政治话语，对各地的学大寨运动形成了一种规范和约束，不仅没有带来经济上的飞跃，反而使集体背上了沉重的包袱，社员的生产积极性受挫。

一 生活水平

到1978年，农民的生活状况并未因学大寨运动的开展而出现很大的改善，相反更令人担忧。据统计，当时农村约有1.12亿人每天只能挣到0.11元，有1.9亿人每天挣到0.13元，有2.7亿多人每天可以挣到0.14元。[①] 这种收入水平下的农民生活是不言而喻的。许多著作如傅上伦的《告别饥饿——一部尘封十八年的书稿》、韩敏的《回应革命与改革：皖北李村的社会变迁与延续》、王耕今的《乡村三十年》等都对当时的农民生活情况进行了介绍，但对农民生活进行定量分析的比较少，笔者曾以大寨为例，对集体化时期大寨社员的生活进行分析，以期观察典型村庄的社员生活，进而反映农民贫困的现实。从收支平衡、生活消费结构和营养结构三个方面反映集体化时期大寨社员的生活水平。[②]

首先从收支状况来看。集体化时期，大寨社员的支出包括生产资料和生活资料两部分，以生活资料的消费为主，这是集体化时期生产资料的消费基本由大队负责的缘故。生活资料的支出由1953年的32元增加到1978年的97.6元，增长了65.6元，反映了农民的生活水平有所提高。从收支平衡的情况看，大寨社员每年略有结余，20世纪50年代年均三四元，60年代年均30元左右，70年代年均70元左右（见表7-1）。但是如遇到婚丧嫁娶和置办家具等额外开支的话，部分大寨社员就处于负债状态。据1979年的一项调查，大寨农民赵素小和李有命当年的支出就大于收入（见表7-2）。

---

① 陈大斌：《饥饿引发的变革》，中共党史出版社，1998，第19页。

② 有关大寨农民生活水平高低分析的原因，参见光梅红《集体化时期农民生活水平研究》，《中国农业大学学报》2011年第2期，第112~116页。

表 7－1　集体化时期大寨社员现金收支情况表

单位：元

年　份	收　入	支　出	
		生产资料	生活资料
1953	40.5	5	32
1957	60	3	53
1965	120	3	82
1978	186	10	97.6

资料来源：王俊山主编《大寨村志》，山西人民出版社，2002，第 27 页。

其次，从生活消费结构看。在生活消费中，主要有粮食、蔬菜、房租、煤、副食、医药、文娱、穿衣、铺盖、家具以及嫁娶等费用。我们以 1979 年山西省、晋中地区、昔阳县联合调查组对大寨的典型调查为例说明。粮食、蔬菜的消费额占总消费额的 30% 左右，煤炭、副食、医药、文娱的消费比重非常小（见表 7－2）。

表 7－2　1979 年大寨 3 户农民消费调查表

单位：人，元

户主	人口	劳力	总收入	支出										
				小计	人均	粮菜房	煤	嫁娶	穿衣铺盖	家具	副食	医药	文娱	其他
赵怀金	4	2	1583.7	1105.4	276.4	359.9	26.6	641			65.3	10	2.5	
赵素小	7	4	2000.7	2011.6	287.4	580.3	80.3	1106			95		50	100
李有命	5	2	1056.5	1058.2	211.6	378.2	98		172	219	71		120	

资料来源：王俊山主编《大寨村志》，山西人民出版社，2002，第 27 页。

以恩格尔系数衡量居民生活消费水平，是目前国际学界最为通行的做法，即食物费用占家庭消费总支出的比例越大，生活享受程度越低，反之，食物费用占家庭消费总支出的比例越小，生活享受程度越高。联合国粮农组织根据恩格尔定律，将国民生活水平划分为 5 个档次：恩格尔系数为 59% 以上者属绝对贫困型消费，50% ~59% 属勉强度日型消费，40% ~50% 为小康型消费，20% ~40% 为富裕型消费，20% 以下为最富裕型消费。①

依据这个标准，我们对大寨社员的生活水平进行考察。因大寨的房菜费用非常低，不会影响恩格尔系数的计算，所以我们以粮菜房和副食的消费为食物费用。经计算，赵怀金家的恩格尔系数为 38.5%，赵素小家的恩格尔系数为 33.6%，李有命家的恩格尔系数为 42.4%，赵怀金和赵素小的消费水平为富裕型消费，李有命的消费水平为小康型消费。如果我们做进一步的考察，发现 3 户家庭的人均食物消费并不是随着人均收入的增长而降低，相反出现增长的趋势。赵怀金家人均收入 395.9 元，人均食物消费 106.3 元；赵素小家人均收入 285.8 元，人均食物消费 96.5 元；李有命家人均收入 211.3 元，人均食物消费 89.84 元。同时，也没有随着收入的增加而增加医药、文娱等方面的开支，大寨社员的生活享受程度还是比较低的。这就出现了学者所说的恩格尔定律“水土不服”。②

再次从食品营养的结构分析大寨的生活水平。人均摄入热量和蛋白质是反映食品营养结构的重要参数。从粮食分配情况看，1953 ~1978 年的 26 年内，人均口粮由 194 公斤增长到 272.5 公斤，只增长了 78.5 公斤，年均增长 3 公斤。因此大寨社员的口粮量变化不大，我们以 1967 年的相关数据做一概算，以管窥大寨社员的生活质量。这年大寨有 84 户，共 389 人，户均 4.63 人（为便于计算，以户均五口人计算）。③ 每户共有口粮 1250 公斤左右，其中谷子 300 公斤 ~375 公斤，按 75% 的出米率计算，得小米 225 公斤 ~281.25 公斤，热量约为 805500 千卡 ~1006875 千卡；小麦 75 公斤左右，按 85% 的出面率计算，得面粉 63.75 公斤，热量约为 219300 千卡；黄豆 60

① 张东刚：《消费需求的变动与近代中日经济增长》，人民出版社，2001，第 196 页。

② 李金铮：《收入增长与结构性贫困：近代冀中定县农家生活的量化分析》，《近代史研究》2010 年第 4 期，第 112 页。

③ 王俊山主编《大寨村志》，山西人民出版社，2002，第 19 页。

公斤左右，约转化热量为215400千卡；玉米为740公斤~815公斤，按93%的出面率，可得玉米面688公斤~758公斤，转化热量为2304800千卡~2535950千卡。[①] 每户每天平均需14998千卡~16183千卡，每人每天平均需2999千卡~3236千卡，即平均3000千卡左右。同一时期，昔阳县农民人均日摄入热量，1966年为1611千卡，1975年为2360千卡，1979年为2424千卡。[②] 1978年，全国农村人均日摄入热量为2215千卡，这个数据与人体营养的需要量相比低了7%，[③] 也就是说人均日摄入热量为2370千卡才能满足基本的需求。从这一点上看，昔阳大寨人日均摄入热量值略高于全国平均值。再与当今中国规定的营养学标准看，人均每日摄入热量2600千卡，脂肪72克。[④] 集体化时期大寨人均每日摄入热量略高于此标准，脂肪的摄入量1979年为25克，较1978年全国平均值31克还少6克，是今天标准的34.7%。

还需要说明的是大寨当时分给社员的粮食都不扣除水分，[⑤] 因此，大寨社员人均实际日摄入热量比3000千卡低。加之，大寨属北方，天气寒冷，同时他们的劳动强度比较大，所需热量和脂肪应该高于平均值。考虑这三个因素，大寨人日均摄入热量、脂肪与真正的需求相比还有很大的差距。

由上可知，集体化时期大寨社员的生活并不富裕，仍然处于低级生存性消费水平。大寨镇武家坪村村民有的说当时“见都见不上”肉，只能吃点儿豆腐；[⑥] 有的说：“过年的时候，割上一两斤肉，平常吃肉很少，油也不多。”[⑦] 这从另一个侧面反映了学大寨先进村村民的生活状况。学大寨先

---

① 热量换算标准（单位：千卡/克）：小米358/100、玉米面（黄）335/100、黄豆359/100、标粉344/100。

② 根据陈家骥编制的《昔阳县各年度农民口粮部分营养成分含量》统计表计算而得，参见陈家骥《陈家骥论文选集》，中国社会出版社，2003，第113页。

③ 国家统计局农村社会经济调查总队编《中国农村住户调查年鉴（1992）》，中国统计出版社，1993，第169页。

④ 国务院于1993年2月9日审议通过的“九十年代中国食物结构改革和发展纲要”提出了2000年达到人均每日2600千卡热量、72克脂肪的预定目标。转引何秀荣等《中国国家层面的食物安全评估》，《中国农村观察》2004年第6期，第19页。

⑤ 孙丽萍主编《口述大寨史》上篇，南方日报出版社，2008，第115页。

⑥ 同上书，第139页。

⑦ 同上书，第153页。

进单位如此，落后单位的情况就更可想而知了。

二　干部作风

在农业学大寨运动中，广大基层干部绝大多数能坚持群众路线，从当地的实际情况出发制定适合当地生产的规划或者变通学习大寨，如江苏江阴县华西村的吴仁宝，他在第一次全农会议后就向全县提出，“粮食亩产一年超‘双纲’，四年一吨粮；工业、副业双发展；一年队队通电，基本实现耕田机械化”的奋斗目标。为实现上述目标，他主张健全四级农业科学实验网，全面贯彻执行农业八字宪法；大抓社队企业，壮大集体经济；鼓励各行各业支援农业。[①] 再如福建玉田县的干部“只对整治荒山和农田水利有兴趣，而对大寨政治工分一套兴趣不大，即使不得不实行一下，也只是走过场而已”。[②] 但由于基层干部长期工作在阶级斗争、生产斗争第一线，在时间紧、任务重的情况下，部分干部采用了官僚主义、命令主义、形式主义等简单生硬的工作方法，有时同群众发生直接矛盾和冲突。主要表现在以下几个方面。

首先在农业生产方面，有的地方片面推行“以粮为纲，全面砍光”的政策，出现了农业增产不增收，分配不兑现的现象。河北正定县是有名的“高产穷县”，它是棉花、蔬菜和油料作物的生产基地，但县委为保高产、保征购、保口粮，采取挤棉花、挤蔬菜、挤油料的措施种植玉米等高产粮食作物。如该县北部老磁河一带属沙地，本适合种植花生，却因为县委的号召，被迫砍掉了3.2万亩花生种植粮食。而沙土地种植粮食的成本高，收入少。到1974年，全县宣布粮食亩产过千斤，但纯收入比例逐年下降，全县50%左右的生产队还不清当年贷款，有些以累欠维持当年的再生产。到1978年底，全县累欠贷款达605万元。[③] 有的地方大搞瞎指挥“一刀

① 冯治：《吴仁宝新传》，人民出版社，2006，第134～137页。

② 庄孔韶：《银翅》，生活·读书·新知三联书店，2000，第168～170页。

③ 侯志义、赵德润：《从极左的影响下解放出来——河北省正定县吸取教训开始改变“高产穷县”状况》，《人民日报》1980年11月7日，第2版。

切”，强迫种植某种作物，推行某种耕作制度，甚至把下种、收割时间都定得死死的，不准群众提出异议。陕西咸阳地区旬邑县有山区、塬区、川地，庄稼成熟有早有晚，季节差异较大，县委书记刘书润不顾实际情况，统一规定7月15日以前，都要把麦收搞完。[①] 群众说瞎指挥生产的干部是“情况不明决心大，胸中无数办法多，做事无理嘴巴硬”。[②]

其次在农业机械化运动方面，有的地方一味追求机械的数量，使生产成本不断增加，降低了农民的收入。内蒙古自治区在20世纪70年代末由于机械、化肥、农田用电等项开支的增加，许多社队农业生产的费用，一般都上升到农业总收入的40%左右，有的高达50%以上。[③] 有的地方出现了农机具不配套的问题，严重影响了农业生产效率的提高。山东省的农业机械化水平在当时是比较高的。到1977年，全省拥有大、中、小型拖拉机近万台，机耕面积、灌溉面积和化肥产量都有了较大的增加。[④] 但农机具的生产、维修、配套和管理工作跟不上，出现了零配件供应不足等现象。湖南湘乡形象地用“卖了耕牛买铁牛，买了铁牛变死牛”[⑤] 来形容农业机械质量不合格对农业生产产生的影响。

再次“把农民当做专政的对象，任意打骂、扣罚”。[⑥] 陕西省咸阳地区旬邑县县委书记刘书润选官的标准是：“你连一个群众都整治不住，怎么能当干部?”在这种错误思想的指导下，县委领导认为对群众打、骂、罚是“坚持斗争哲学”，是“出以公心”，不打骂不乱罚反而是“老右倾”“绵羊式的干部”“老好人掌权”。1974年经刘书润一手提拔的74名公社副主任以上的干部，就有28人犯有动手打人、违法乱纪的错误。刘书润多

① 力文、绍高：《“外表象个样”的背后——旬邑问题的启示》，《人民日报》1978年12月9日，第2版。

② 《按照客观规律发展农业生产》，《人民日报》1978年12月9日，第1版。

③ 《怎样加快内蒙古自治区粮食生产的步伐?》，《人民日报》1978年12月4日，第2版。

④ 秦和珍：《在第三次全国农业机械化会议上的发言》（1978年1月5日），载《山东省农业合作化史》编辑委员会编《山东省农业合作化史料集》上册，山东人民出版社，1989，第599页。

⑤ 《中共中央关于转发湖南省湘乡县委报告的批示》（1978年6月23日），载黄道霞主编《建国以来农业合作化史料汇编》，中共党史出版社，1992，第875页。

⑥ 《对干部进行实事求是、群众路线再教育》，《人民日报》1978年12月2日，第2版。

年任职和蹲点的职田公社，原10名正副书记、主任中，就有6名打过人。他们在整治群众上搞了很多花样，甚至施用种种刑罚。许多公社一度组织的所谓“民兵小分队”，把群众当敌人，随意采取专政手段，以及许多侮辱人格的恶劣做法残害群众。这个县由于干部作风粗暴、违法乱纪，造成有的群众自杀死亡，有的被逼疯打残。此外，扣粮罚款之风也很盛行。完不成生产定额、完不成生猪交售和饲养任务、完不成鲜蛋交售任务、交不上马铃薯种子、小学生等辅助劳动力不参加集体生产劳动、有病不能出勤、开会不到、不上避孕环、不住防震棚等都要扣粮罚款。[①] 像刘书润这样的干部，及少数存在强迫命令、违法乱纪、打骂群众的恶劣作风的干部，激起了广大群众的极大愤慨。土桥公社社员苏世贤、王进民痛心地说：“抗日战争那会儿，村里来个干部，大家总是围成一堆，热情地问长问短，从不知害怕；现在群众见了干部，如象见了老虎，回头就走，如今怎么成了这个情景?!”[②]

旬邑县干部的粗暴作风引起了中央的重视。为向全党发出警告，中央于1978年7月19日专门转发了陕西省委《关于旬邑县少数干部强迫命令、违法乱纪问题的调查报告》的批示，批示指出：“动不动就给扣上‘拔红旗’、‘反先进’的帽子”，“是反动统治阶级对待人民的反动作风，是反人民的作风，是国民党的作风。”[③]

最后体现在普及大寨县运动中的形式主义方面。1975年第一次全农会提出了“普及大寨县”的口号，并要求苦战5年，到1980年，全国2200个县中1/3的县建成“大寨县”。由于此时的学大寨运动已经发生严重的“左”的偏差，不少地方在建设大寨县的过程中，弄虚作假，出现了一批名不副实的“大寨县”。被披露的影响比较大的有甘肃礼县、湖南安乡县、安徽萧县、河北正定县和吉林榆树县等。这些县在20世纪70

---

① 力文、绍高：《“外表象个样”的背后——旬邑问题的启示》，《人民日报》1978年12月9日，第2版；《发扬党的优良传统，转变干部作风》，《人民日报》1978年8月3日，第1、4版。

② 《发扬党的优良传统，转变干部作风》，《人民日报》1978年8月3日，第1版。

③ 黄道霞主编《建国以来农业合作化史料汇编》，中共党史出版社，1992，第876页。

年代的早期都是学大寨的先进县，但后来当地干部在政治压力下为保荣誉保地位，而不得不虚报粮食产量。如湖南安乡县在1975年由于自然灾害等因素造成粮食减产。面对减产，县委几个主要负责人认为：这一年春天，省委在这里开了现场会，现在报减产对上“不好交代”；在第一次全农会上，安乡作为学大寨的先进典型发了言、表了态，现在报减产“影响不好”；这一年，年轻的女干部刘淑元同志刚接任县委书记，如果报减产，新干部的“面子不好看”，老干部也不“光彩”。为了对上好交代，为了新旧干部的面子，县委负责人分头到基层“做工作”“挖浮财”，“启发”公社书记多报产量。最后，全县1975年虚报产量2507万公斤。对于1975年的虚报，县委负责人本曾计划第二年把生产搞上去，就可补上“窟窿”。结果，1976年粮食产量又较1975年减少了1000万公斤。他们又将国家的奖售粮、定销粮统统算作自产粮，多报了产量1403.5万公斤。安乡县委连续两年谎报产量，造成了严重恶果。为了完成征购任务，他们挖空了储备粮，购了“过头粮”，拉平了社员口粮，降低了社员的收入。这样，党和政府规定的粮食政策遭到破坏，挫伤了群众的生产积极性。1977年粮食产量下降到2.15亿公斤，比1974年“保”的产量少了0.7亿公斤，下降24%，不仅没有完成征购任务，还给社员生活造成了困难。①

其实，类似情况绝非仅限于上述几个县，即使大寨县——昔阳县也存在弄虚作假问题。据1978年7月7日的《人民日报》报道：昔阳县自1973年到1977年的5年间，共虚报了粮食产量1.35亿公斤，比这5年实际粮食产量多报了近24%。② 这还要从1972年谈起。1972年昔阳县遭遇百年不遇的大旱，全县人民经过抗旱，取得了农业丰收。1973年，昔阳继续大旱，春播时节，全县人民奋力抗旱，日以继夜大干50天，“千里百担

---

① 石德连、刘见初：《对先进不护短，着重批和帮，湖南省委帮助安乡县委从虚报粮食产量的错误中分清路线是非，吸取经验教训，清除“四人帮”的流毒，恢复和发扬党的优良传统和作风》，《人民日报》1978年7月17日，第1版。

② 张进兴、储少彬：《昔阳前县委主要负责人弄虚作假，五年虚报粮食产量两亿七千多万斤，经过调整的县委纠正这些错误作法受到干部群众欢迎》，《人民日报》1980年7月7日，第1版。

一亩苗”，硬是把地种满了。6月2日的一场透雨过后，庄稼苗壮成长。陈永贵雨后回到昔阳，看着遍地绿色的幼苗说：“这下子拨浪鼓掖到腰里了；没有见过的大旱，没有见过的大干，要实现没有见过的大丰收！”大丰收在握的欣喜之情溢于言表。[①] 然而，出乎陈永贵意料的是，秋天遭受了风灾霜灾，粮食实际产量仅有0.746亿公斤。为了显示“没有见过的大旱，没有见过的大干”取得“没有见过的大丰收”，陈永贵亲自主持公社书记会议，定下高调，要大家报产量数字。当时报到0.95亿公斤，已经比实际产量多报了2500万公斤，但这个数字与预估的1.195亿公斤有很大的差距，陈永贵非常不满意。在压力面前，大寨公社书记带头虚报产量，终于“创造”出了一个“大丰收”的奇迹。最后，1973年虚报了4500万公斤，占当年实际产量的60%以上。此后，年年虚报，至1977年虚报了3000万公斤。由于连年虚报，有些社队增产却闹粮荒。群众埋怨说：“他们出名升官，我们出力受苦，还得跟着遭饥荒。”[②]

总之，农民生活的贫困，部分干部的官僚主义、命令主义、形式主义作风造成的消极后果开始使中央更加重视农业、农民、农村问题。

第二节　思想解放

“文化大革命”中，长期受“左”倾错误思想的束缚和接连不断的政治运动的影响，很少有人对“农业学大寨”运动产生怀疑，即使有人怀疑，也不敢公开地批评方向标——大寨。1978年的关于真理标准问题的讨论，使人们冲破了“左”的思想禁锢，为从理论上、认识上反思农业学大寨运动，为在实践中纠正农业学大寨中的过激做法，为贯彻落实党的农业政策奠定了重要的思想基础。

---

① 孔令贤：《回眸昨夜星》，中国文联出版社，2002，第64页。

② 张进兴、储少彬：《昔阳前县委主要负责人弄虚作假，五年虚报粮食产量两亿七千多万斤，经过调整的县委纠正这些错误作法受到干部群众欢迎》，《人民日报》1980年7月7日，第1版。

一　阶级斗争理论的延续

粉碎“四人帮”后，华国锋并未彻底纠正“左”倾路线，而是继续以阶级斗争为指导思想，把毛泽东开创的无产阶级革命事业进行到底。他在第二次全农会上部署1977年全党工作时强调：“在新的一年里，抓住阶级斗争这个纲，努力作战，去夺取更大胜利”，要“在两个阶级的激烈斗争中，实现安定团结，巩固无产阶级专政，达到天下大治”。[①] 他首先提出，坚持以阶级斗争为纲，彻底揭发批判“四人帮”，而不认为“四人帮”的垮台是“文化大革命”从理论到实践的破产，而是“文化大革命”的胜利。主管农业的副总理陈永贵也是如此认识，他在第二次全农会上做了《彻底批判“四人帮”，掀起普及大寨县运动的新高潮》报告，报告指出：“一年来，围绕坚持农业学大寨还是反对农业学大寨的问题，我们党同‘四人帮’进行了一场严重的斗争。这是无产阶级同资产阶级的激烈的大搏斗。”接着列举了“四人帮”干扰破坏农业学大寨、普及大寨县运动的种种罪行，并将其概括为“三反一砍”，即“反对大批修正主义，反对大批资本主义，反对大干社会主义，妄图砍掉大寨红旗”。“四人帮”本是靠大批修正主义和大批资本主义起家的，是十足的“左”派。然而在陈永贵的眼里，“四人帮”却是大反修正主义和资本主义的“右”派代表。由此，他认为“在农村深入进行党的基本路线教育，是建成大寨县的根本保证”。而进行共产党的基本路线教育的首要任务是大揭大批“四人帮”。只有这样，广大干部和群众的阶级斗争和路线斗争的觉悟才能大大提高，农业学大寨、普及大寨县运动的步伐才能大大加快。到1980年将有1/3以上的县建成大寨县，全国基本实现农业机械化，每个农业人口基本拥有一亩旱涝保收、高产稳产农田。

根据第二次全农会精神，《人民日报》发表题为《更高地举起农业学

---

① 华国锋：《在第二次全国农业学大寨会议上的讲话》，《人民日报》1976年12月28日，第1版。

大寨的红旗》社论，社论更明确地提出："农业学大寨，普及大寨县，是一个无产阶级专政下继续革命、多快好省建设社会主义农业的伟大群众运动。这同土改、农业合作化、人民公社化一样，是农村中又一次伟大的革命运动。学大寨还是反对学大寨，是农村两个阶级、两条道路、两条路线斗争的重要内容。"社论将农业学大寨运动与土改、农业合作化、人民公社化运动等量齐观，对农业学大寨的评价达到了前所未有的高度。

粉碎"四人帮"之后，中央就召开了第二次全农会，表明新的中央领导者对恢复经济，尤其是对恢复农业生产的重视。然而，深得毛泽东信任与支持的华国锋和主管农业的副总理陈永贵，不可能在毛泽东逝世后旋即改变大寨政治典型的学习，尤其在农业问题上看不到"文化大革命"和林彪、江青集团对农业破坏的严重性，也不曾意识到农业学大寨和普及大寨县运动中的"左"倾错误，继续强调要高高举起大寨红旗，以阶级斗争路线指导农业学大寨，尽管政治典型已有削弱。① 另外，广大地方官员和群众对毛泽东有着深厚的感情，以及受学大寨枷锁影响的部分地方官员也认为学大寨是中国农业的出路，广大群众变通学习大寨的行为在一定程度上支持了农业学大寨运动的继续。所以，粉碎"四人帮"后，从中央到地方，农业学大寨和普及大寨县运动都得到了相当数量的支持，它依旧主导着中国农业的发展方向。

时隔两个月，1977 年 2 月 7 日，《人民日报》《解放军报》《红旗》两报一刊发表题为《学好文件抓住纲》的社论，社论明确地、完整地提出了"两个凡是"的主张，即凡是毛主席作出的决策，我们都坚决维护；凡是毛主席的指示，我们都始终不渝地遵循。"两个凡是"将毛泽东晚年的主张固定下来，成为华国锋"抓纲治国"的指导思想，而农业学大寨是毛泽东提倡的，因此大寨在全国的地位进一步得到巩固。1977 年 7 月，华国锋亲自为《大寨》画册题词："全党动员，大办农业，为普及大寨县而奋斗。"9 月，叶剑英和汪东兴视察大寨，叶剑英写下了"大寨真经取不完，

① 华国锋在第二次全农会上的报告指出：毛泽东树立大寨红旗，"四人帮"妄想把它砍倒，我们要把它高高举起来。《彻底批判"四人帮"掀起普及大寨县运动的新高潮》，人民出版社，1977，第 18 页。

全民奔向虎头山，中流击楫争先渡，共产仙乡唱凯旋”的诗作。农业部还专门办起《普及大寨县动态》杂志，以及时了解各地情况，交流经验。同年到大寨参观的国内参观者多达474234人次，外宾5199人。[①]

1977年12月19日，中央以原则上“同意”的字样，转发《普及大寨县工作座谈会讨论的若干问题》文件。转发时加的批语指出：“加速我国农业发展，最根本的还是要靠学大寨，要真学大寨，高质量地学大寨。大量事实说明，真学大寨，条件不好也会有高速度，假学或半真半假地学大寨，条件好也没有高速度，甚至会后退。一个省农业的好坏关键在省委。各省、市、自治区党委要认真总结经验，进一步提高对农业学大寨运动的认识，解决真学大寨还是假学大寨的问题。”[②] 由此可知，这一时期学大寨思维仍居主导地位，认为农业的出路要靠大寨，而且中央要求要高质量地学大寨，高速度地发展农业。

然而，高举大寨红旗，开展普及大寨县运动与第二次全农会上提出的到1980年实现农业现代化的思想相悖。从理论上讲，欲实现农业现代化的宏伟目标，就必须把党和国家的工作重心转移到经济建设上来，抛弃“以阶级斗争为纲”的指导思想。而普及大寨县运动又是在“以阶级斗争为纲”的指导下，在批“四人帮”“资本主义”的极右实质时，又为大力推行极“左”错误大开绿灯，农业现代化建设不但不能保证，反而受高指标、高积累经济发展战略的影响和冲击，农业生产不但未能出现增长，反而继续滑坡。1977年粮食总产量为2827.25亿公斤，棉花总产量为4097.5万担，油料总产量为8034.8万担，除油料总产量较1976年略有增长外，粮食和棉花分别较1976年减少35.8亿公斤和13.4万担。[③] 部分省份的情况更糟。如安徽省28万个生产队，只有10%能够维持温饱。其中67%的生产队人均年收入低于60元，25%的生产队人均年收入低于40元。[④]

① 赵怀瑞：《难忘陈永贵》，香港天马图书有限公司，2003，第112、117页。

② 《普及大寨县工作座谈会讨论的若干问题》（1977年12月19日），载黄道霞主编《建国以来农业合作化史料汇编》，中共党史出版社，1992，第867页。

③ 根据新中国成立三十年来农业统计资料计算所得。中国农业年鉴编辑委员会编《中国农业年鉴（1980）》，农业出版社，1981，第34、36页。

④ 丁龙嘉：《改革从这里起步——中国农村改革》，安徽人民出版社，1998，第7页。

二　真理标准问题的大讨论

粉碎“四人帮”后，中国的经济学界率先打响了理论界拨乱反正的“前哨战”。他们围绕着商品生产是否产生资本主义的经济基础，按劳分配是否体现了资产阶级法权，发展生产力是否“唯生产力论”，社会主义社会是否按经济规律办事四个问题展开了激烈的讨论，得出了一系列结论。在社会主义制度下，商品经济不可能提供产生资本主义的条件，并不能产生资本主义；按劳分配不但不会产生资本主义和资产阶级分子，而且还是最终消灭一切形式的资本主义和资产阶级的重要条件；生产力是最革命的要素，贫穷不是社会主义；搞经济建设必须按照经济规律办事。经济学界的讨论解除了束缚人们思想的绳索，为农村经济体制改革提供了理论支持。而邓小平在中共十届三中全会提出必须完整地、准确地理解毛泽东思想，开启了彻底纠正两条思想路线和政治路线的斗争的大门，冲破了“两个凡是”设置的思想障碍，为全面拨乱反正提供了理论基础。

1978 年 5 月 11 日，《光明日报》以“特约评论员”的名义发表了题为《实践是检验真理的唯一标准》（以下简称《标准》），该文原系南京大学哲学教师胡福明所写，由中共中央党校的同志作了较大修改，最后由当时任中共中央党校副校长的胡耀邦修改定稿，首先刊登在中央党校的一个内部理论刊物《理论动态》第 60 期上。《光明日报》公开发表的第二天，《人民日报》和《解放日报》全文转载了这篇文章，新华社发了通稿，不少省市的报纸也转载了全文。《标准》一文指出：检验真理的标准只能是社会实践；理论与实践的统一是马克思主义的一个最基本的原则；革命导师是坚持用实践检验真理的榜样；任何理论都要不断接受实践的检验。这在全党引起了强烈的反响，从而引发了一场关于真理标准问题的全国性讨论。

通过讨论，冲破了“两个凡是”所设的理论和实践禁区，冲破了长期以来“左”倾错误思想的束缚，重新恢复了党的实事求是的思想路线，揭开了全党、全国人民思想大解放的序幕，也为客观上总结学大寨运动的功过得失、是非成败创造了条件。紧随其后召开的中共十一届三中全会，重新确立了党的正确的思想路线、政治路线和组织路线，果断地结束了“以阶级斗争为纲”的错误方针，作出了将全党工作重心转移到经济建设上来的重大决策。

三　思想解放对典型的影响

1978 年 12 月 18 ~ 22 日，以解放思想、实事求是思想路线为指导的中共十一届三中全会在北京召开。此后，媒体、各级领导或明或暗地对大寨和农业学大寨运动进行批评与批判。

首先，媒体公开批判大寨。从 1977 年开始，《人民日报》在对农业学大寨进行报道的同时，对各地落实农业政策、提高社员积极性做法的报道逐渐增多。正如长期从事农村报道的新华社高级记者陈大斌讲道：到 1978 年春天，除了一些全国性的会议报道还要喊几声“农业学大寨”的口号外，一般就难得见到有关“大寨经验”和“农业学大寨”的报道了。“批斗”的杀伐之声在逐渐减少，各地落实政策的报道，真正联系农村实际揭批“四人帮”破坏农业罪行的报道开始增多了。[①] 最早对大寨点名批评的是 1978 年 10 月 14 日《光明日报》登载的中国社会科学院经济研究所等单位举办的有关农业按劳分配问题讨论会的报道。该报道主要介绍了讨论会上多数同志对大寨工分制的批评，由于评分没有劳动数量、质量标准，干活无验收，难以掌握，往往评得不好，不是开成“吵架会”，就是开成“哑巴会”，结果还是一律按底分记分，实行平均主义的“大概工”，影响了社员的生产积极性。他们认为，学大寨要学习大寨精神，不是照搬那些具体做法。对劳动计酬采取什么形式，各地应根据自己的实际情况采取不同做法。

1978 年 11 月 24 日《人民日报》发表《坚持因地制宜，不要生搬硬套——四川省大邑县学大寨的经验与教训》一文，在全国读者中引起了强烈反响。此后，《人民日报》开辟“怎样加快农业发展”的讨论专栏，这

① 陈大斌：《中国农村改革纪事》，四川人民出版社，2008，第 45 页。

一专栏先后刊出50期，共发表183篇文章，至1979年12月18日结束。[①]该专栏主要刊登农村基层干部的文章。一开始就刊登了在学大寨中影响最大的山西省部分地、县委书记的文章，如吕梁地委书记王国英和怀仁县委书记王建功就是其中的代表，他们虽未直接批评大寨，却对许多极“左”思想进行了大胆批判。

中共十一届三中全会召开后，《山西日报》对学大寨运动的态度也发生了转变，公开批判大寨和昔阳的经验。如1979年3月19日刊登的一组文章：《吃亏就在一个“左”字上——神池县部分农业劳动模范谈农业学大寨中的经验教训》《“七斗八斗”斗得人心散了，工作乱了》《“堵资本主义的路”堵得多种经营没路了》《“一刀切”切得人们没劲了》《批极“左”，肃流毒，加速发展农业——河津县总结学大寨运动的经验教训》。媒体对大寨的批评不断升级，农业学大寨运动中出现的各种问题不断浮出水面。1979年7月7日《人民日报》头版刊登昔阳虚报粮食产量的文章，7月8日又发表了《说假话者戒》的评论员文章。1980年6月15日《人民日报》发表了《昔阳“西水东调”工程缓建》及社论《再也不要干“西水东调”式的蠢事》，冲破了对“农业学大寨”不可非议的禁区，推动了农业战线的拨乱反正。

其次，一些省、市公开举起反“左”的旗帜，直接或间接地抵制农业学大寨运动，并批评大寨、昔阳的一些极“左”经验。

最早公开抵制农业学大寨的是时任安徽省委书记的万里。1978年初，中央召开全国“普及大寨县”工作座谈会，万里对参加座谈的赵守一强调：“你去了光听光看，什么也不要说。大寨这一套，安徽的农民不拥护，我们不能学，也学不起，当然我们也不能公开反对。你就是不发言、不吭气，回来以后也不必传达。总之，我们不能只看领导颜色行事，必须对本省人民负责。”[②] 随着安徽农村改革的开展和深入，万里对中国农业发展的思考越深入，对大寨和农业学大寨的反思就越深刻。1978年10月22日，

---

① 黄小谨：《〈人民日报〉与农村改革的启动和突破》，《湖北师范学院学报》2013年第6期，第89页。

② 《万里谈农业学大寨运动》，《党史文汇》1998年第5期，第46页。

他为中共十一届三中全会提交了书面意见《农业上需要研究解决的几个重大问题》[①]，全文结合安徽的实际情况，直言不讳地指出农业学大寨运动中存在的问题。他指出：农业学大寨到底“学什么”，这个问题多年来并没有解决，“真正学得好的是少数”，而学得差或学走样的却不少。特别是1968年以后，由于林彪、“四人帮”的干扰破坏，很多地方没有学习大寨的好经验，而是学表面，学形式，搞些“左”的东西。比如收回自留地、取消家庭副业，关闭集市贸易；搞政治工分“大概工”，劳动计酬上的平均主义，以及不顾客观条件的许可随意改变所有制形式，搞扩社并队，搞穷过渡；在新农村建设和农田基本建设方面，大搞形式主义，造成了严重的后果，甚至给农业生产带来了破坏。为了减少农业学大寨运动的不良影响，万里建议：第一，就全国来说，最好以建设大寨大队或大寨式公社为好，不提普及大寨县的口号。这样，范围小些，在工作指导、检查验收上都比较容易，也能充分发挥县委的领导作用。建设大寨县的要求，实际上是不容易办到的。因为，县作为一级行政区划，既有农业，也有工业、文教、财贸等部门；既有全民所有制企业，也有集体所有制企业；既有经济部门，也有党政部门。而大寨只是大队一级的农业集体经济单位，它的经验，特别是农业生产上的具体经验，不能作为指导各部门的普遍经验。从辩证法的观点讲，先进和后进的矛盾，是经常存在的。就一个县的范围来说，一般都有几百个以至上千个大队，要求在同一个时期内，都要达到同一个标准是不可能的。强迫要求普及大寨县，必然助长一些人弄虚作假、文过饰非的不良作风。第二，应当在不同的地区、不同的农业生产部门，树立各种各样高速度发展生产的样板。这样，才能使党的方针政策因时制宜、因地制宜。第三，为了避免“一刀切”“瞎指挥”的现象，建议严格控制去大寨参观的人数，中央有关部门不要向各省份下达指标，摊派任务。针对大寨、昔阳生产大队为基本核算单位的经验，他认为，“从长远的观点讲，在今后若干年内，以不提过渡为好。”他还建议对评工记分办

① 全国人大常委会办公厅万里论著编辑组编《万里论农村改革与发展》，中国民主法制出版社，1996，第20～28页。

法进行必要的改革。对各项农业生产活动，普遍实行定额管理、定额计酬，尽量不评工记分。要把生产责任制或劳动报酬同产量很好地联系起来。只有这样才能克服“大呼隆”的平均主义倾向，做到个人利益和集体利益的统一，有利于调动社员劳动积极性，提高劳动生产率。[①]

针对“反对学大寨”的帽子，万里反驳道：“我们没有大寨那样的条件。你走你的‘阳关道’，我走我的‘独木桥’，我没有‘阳关道’可走，只好走‘独木桥’。你们不要强加于我们，我们也不强加于你们，谁是谁非，实践会作出公正结论来的……靠‘开小灶’，‘吃偏饭’培养起来的典型谁能学得了！你说你是大寨经验，我说你是极‘左’的样板。我们学不了他们，也不想学他们。我们已经宣布我们省不组织去大寨参观，也不去学大寨那一套。”[②]

如果说安徽比较鲜明地指出农业学大寨运动中的错误的话，江西、辽宁、甘肃、广东等省份则纷纷表明了自己的观点，开始积极、有力地抓落实党的农村经济政策工作，间接地反思大寨经验。

甘肃省委从如何加快国民经济发展速度，特别是农业发展速度问题，拟定了一个包括6个方面、21个问题的“农村调查提纲”，发往各地、市、县，号召各级领导干部，特别是一把手深入农村作调查。半年时间，各地写出了200多篇调查报告。甘肃省委在此基础上，制定出《关于目前农村工作若干问题的意见》。

辽宁省委于1978年初，结合当地的实际情况制定了落实共产党的农村各项经济政策的“十六条”规定，对广大群众最关心的所有制、劳动分配原则、社员负担和多种经营等政策问题，做了明确规定，有力地推动了春耕、夏锄生产。

广东省委也于1978年初制定了《关于减轻生产队负担，加强农业第一线的意见》（16条），重申现阶段农村人民公社实行“三级所有，队为基础”的制度，强调必须尊重生产队的自主权，坚决反对“一平二调”。

---

① 全国人大常委会办公厅万里论著编辑组编《万里论农村改革与发展》，中国民主法制出版社，1996，第22～26页。

② 张广友：《改革风云中的万里》，人民出版社，1995，第179页。

西藏自治区党委于1978年4月派出四个调查组，深入农牧区调查党的农村经济政策的贯彻执行情况，针对农牧区劳动管理和分配上存在的平调和平均主义问题，制定了《关于落实党在农村经济政策若干问题的意见》（22条）。

江西省委于1978年5月，通过召开小型座谈会、到现场参观和农民直接交谈的方式，了解落实党的农村经济政策的第一手资料，制定了《关于目前农村政策若干问题的规定》（18条）。

概而言之，这些意见或规定基本上都是重申《农业六十条》的相关规定，在人民公社体制内部调整农村的各种关系。尽管如此，这对长期受"左"倾思想束缚的农民和基层干部而言，无异于久旱逢甘霖。

再次，山西省委、晋中地委、昔阳县委在真理标准问题讨论的冲击下，也开始正视学大寨中"左"的错误。

以往的研究认为，1978年10月7～16日，昔阳召开了县委、县革委会部、局长以上干部参加的工作汇报会议，会上县委副书记李喜慎作了《总结经验，解放思想，改进工作，大干快上》的报告，这标志着昔阳县委开始了表面上的反思。[①] 反思总有一个过程，一次会议的召开只是当时反思的总结，所以这种反思应该是在此次会议召开之前就开始了。笔者对昔阳县档案馆所藏档案进行翻检，发现昔阳县委这种表面的反思应该始于中央关于《进一步落实农村经济政策的意见》的37号和42号文件的下达。因为在此之前，昔阳县委在1978年1月和7月先后召开了第二次群英会和向农业现代化进军两次大会，这两次大会的共同点是继续以"抓纲治国"为指导思想，继续以揭批"四人帮"为纲，为建设高标准大寨县和农业现代化扫除障碍。[②] 不过，这年夏天，中共昔阳县委第一副书记李喜慎和大寨党支部书记郭凤莲随中国农业考察团赴美考察了一个月。他们在考

① 孙启泰、熊志勇：《大寨红旗的升起与坠落》，河南人民出版社，1990，第310～311页；李静萍：《潮起潮落——农业学大寨运动回眸》，山西人民出版社，2012，第428页。

② 李喜慎：《抓纲治国，继续革命，决战二年，为把我县建成高标准大寨县而努力》（1978年1月29日）；大寨公社党委书记赵怀瑞《发扬大寨精神，为实现农业现代化而斗争》（1978年7月8日），昔阳县档案馆藏昔阳县委档案，档案号：3/1/946、3/1/926。

察中感受到了资本主义的富庶和现代文明，更加激发了他们建设社会主义的热情。他们回国之后又将其所见所闻毫无保留地介绍给了昔阳其他领导人，对现代化强国的向往使他们更加务实。37 号和 42 号两个文件下达之后，昔阳县委对王寨和李家庄两个公社、三都和路家峪两个大队进行了调查，农业学大寨运动中出现的农田水利建设平调、受益问题，专业队的报酬问题，社员粮食分配和现金兑现问题，劳动管理问题，农业种植比例问题均被反映出来。随后县委扩大会议上形成了两个文件讨论稿，即《关于深入贯彻中央 37 号文件，进一步落实农村经济政策的意见》和《关于进一步改进县社队三级干部作风的决定》，并于 1978 年 9 月 29 日至 10 月 4 日提交三干会进行讨论，形成县委 1978 年 51 号文件。①

三干会明确提出了“凡是经过实践检验证明是正确的，就要坚持，凡是解决了的问题就不要再去纠缠”的原则，结合全县的情况，做好 12 项工作。这 12 项工作包括：坚持“三兼顾”的原则，做好社员的口粮分配；安排好种植计划，解决社员杂粮、蔬菜问题；积极发展多种经营，实现增产增收；解决农田基本建设的互利问题；从实际出发，合理部署农田基本建设工程；因地制宜地学习大寨劳动管理经验，鼓励各社队发明创造，不要千篇一律，更不要照抄照搬；搞好大队核算，推行四定一奖（即定投工、定投资、定产量、定收入和奖励先进）的制度；组织好社员的家庭副业，增加社员收入，增强集体经济；解决好社员房前屋后树木的所有制问题；新农村建设要继续坚持先治坡、后治窝的原则；积极搞好农村产品收购；工矿企业做好支农工作。同时还提出从 8 个方面解放思想：一是从规划上解放思想，要我们的农田水利建设工程，农林牧副各项生产的布局和其他各项建设适应社会化大生产的要求；二是从管理体制上解放思想，要使我们的经济组织适应社会化大生产的需要；三是从领导方法上解放思想，要把用

① 县委调查组：《关于王寨公社贯彻 37 号文件的初步调查》、《李家庄公社贯彻 37 号文件中提出的一些意见》、《三都、路家峪两个大队在贯彻 37 号文件中提出的几个问题》（1978 年 7 月 29 日）；中共昔阳县委：《关于深入贯彻中共中央 37 号文件，进一步落实农村经济政策的意见》（讨论稿）（1978 年 9 月 18 日）；《关于进一步改进县社队三级干部作风的决定》（讨论稿）（1978 年 9 月 20 日修订），昔阳县档案馆藏昔阳县委档案，档案号：3/1/927。

行政手段组织生产转移到讲经济核算、经济效果、经济效率、经济责任科学的经济管理上来；四是从管理制度上解放思想，要使规章制度适应最大限度地挖掘生产力，提高劳动生产率的需要；五是从物质奖励上解放思想，要坚决执行政治挂帅和物质奖励相结合的原则，大胆奖励发明创造，提高生产力；六是从多种经营上解放思想，要广开门路，积极发展社队工副业生产，从多方面为农业现代化积累资金；七是从自力更生方针上解放思想，在坚持自力更生的同时，大胆引进国内外的先进技术和先进经验；八是从技术革新、技术革命上解放思想，要大搞科学种田，猛攻农业科学尖端。会议认为学大寨 11 年来，还是在小生产的圈子里变来变去，还没有去想社会主义大生产的新套套。要实现四个现代化，就要在广大的范围和深刻程度上，变革生产关系，变革上层建筑，改变人们的活动方式和思想方式。只有这样才能在新的历史条件下，把农业学大寨运动搞好。[①] 由此可见，昔阳县委在落实农村经济政策中开始反思学大寨的行为，尽管这种反思是表层的，但与此前对大寨的推崇备至相比，已是很大的进步。

中共十一届三中全会后，在贯彻落实工作重心的转移过程中，昔阳县委下乡进行调查，这次调查使县委更加全面地反思学大寨运动。1979 年 1 月 16 日，由白万来、焕成写作的《关于下乡调查研究的报告》中谈到了工作中存在的三个问题，即“文革”初期批斗省、地、县领导干部；虚报产量；干部作风问题。[②] 同年 2 月 2 ~9 日，中共昔阳县委召开了县委扩大会议和三级干部会议，学习中共十一届三中全会公报和中央两个农业文件。县委副书记李喜慎代表县委检查了昔阳县“文革”以来工作中存在的七大问题，即虚报粮食产量；乱揪斗省、地领导干部；在宣传大寨和昔阳的经验上，说过一些过头话、绝对话；将正确的东西当成资本主义批判了；贯彻执行“以粮为纲，全面发展”的方针不够全面；在劳动管理上，推广大寨“一心为公劳动，一定四评，自报公议工分”经验有“一刀切”

---

① 《昔阳县三级干部会议纪要》（1978 年 10 月），昔阳县档案馆藏昔阳县委档案，档案号：3/1/928。

② 白万来、焕成：《关于下乡调查研究的报告》（1979 年 1 月 16 日），昔阳县档案馆藏昔阳县委档案，档案号：3/1・1・2/31。

的现象，搞了平均主义；在作风上存在着骄傲自满情绪。[①] 较 1978 年的反思相比，这一检讨使大寨和昔阳的声誉大降。

当时，陈永贵还担任着昔阳县革委会主任和县委书记，许多“大寨式”干部还担任着各种领导职务，他们中的多数人还下意识地竭力维护大寨这面红旗。1979 年 2 月 9 日，李喜慎在昔阳县三级干部会议上作了题为《坚决果断地把我县工作的着重点转移到社会主义现代化建设上来》的总结报告。3 月 18 日，又在昔阳县第七次中国共产党的代表大会上作了《遵循党的十一届三中全会精神为建设农业现代化大寨县而努力》的报告。在这两份报告中，他强调了工作重心转移的意义，分析了昔阳进行转移的条件。但在学大寨问题上仍然坚持认为“昔阳学大寨的路子是走对了，今后必须坚定不移地开展学大寨。如果有人产生怀疑和动摇，就是对全国人民伟大实践的否定，就会犯历史性的错误”。在具体问题上，坚持集体代耕自留地，切实加强管理集市贸易，不变更大队核算，等等。[②] 其实，持有这种思想的人也不在少数。如湖北省委副书记王群在襄阳地区调查研究，发现基层干部和社员有“三好三怕”：一是认为工作重点转移好，但怕不“以阶级斗争为纲”又犯右倾错误；二是认为现在农村政策好，但怕搞不长久，怕不能兑现；三是认为发扬民主好，但怕无政府主义又来了。[③] 之所以存在这种怀疑的态度，主要是因为他们长期受个人崇拜思想的影响，缺乏对毛泽东思想的科学态度，思想上有盲目性。1980 年 6 月，新任中共昔阳县委书记刘树岗，谈起一年前昔阳有人企图把“学大寨”运动同“文革”中的极“左”路线分开的原因时，指出理论水平低、识别能力差，盲目地追赶浪头是犯错误的主要原因。[④] 因此，这一时期昔阳县委对大寨和学大寨运动的反思是非常有限的。1979 年 5 月，在贯彻省委工作会议精神

---

① 《关于召开县委扩大会议和全县三级干部会议情况的报告》（1979 年 2 月 17 日），昔阳县档案馆藏昔阳县委档案，档案号：3/1 · 1 · 2/19。

② 李喜慎：《坚决果断地把我县工作的着重点转移到社会主义现代化建设上来》（1979 年 2 月 9 日）、《遵循党的十一届三中全会精神为建设农业现代化大寨县而努力》（1979 年 3 月 18 日），昔阳县档案馆藏昔阳县委档案，档案号：3/1 · 1 · 2/19、3/1 · 1 · 2/13。

③ 陈丕显：《历史的转折在湖北》，中央文献出版社，1996，第 16 页。

④ 陈大斌：《大寨寓言》，新华出版社，2008，第 280 页。

时，昔阳县委才开始提出肃清极“左”路线对农业学大寨运动的流毒和影响的问题，但对这一问题的认识是不坚定的，时而提，时而回避。[①]

昔阳县真正冲破学大寨的阻力，始自于陈永贵的学习反省和1979年8月山西省开始的真理标准问题讨论的补课工作。1979年8月29日，昔阳县委再次开展了有关真理标准问题的讨论，刘树岗在会上对县委2、3月的认识进行了反思，认为当时的思想是僵化的，现在的关键是常委带头，打破心有余悸的局面。[②] 此后，中共昔阳县委常委连续召开常委、公社党委书记、革委会主任和县级机关科局长以上的干部会议，开展真理标准问题讨论的“补课”，端正思想路线，解决了落实农村经济政策中的若干问题。通过讨论，昔阳县委就自留地、劳动管理、集市贸易、社队工副业、自留树、新农村建设、粮食和现金分配、干部参加劳动和集体福利事业九个问题进行了检讨，并于12月，形成一份上报中共晋中地委和中共山西省委的报告，即《关于彻底肃清我县学大寨运动中极“左”流毒和影响的报告》。报告中说，昔阳县委的思想解放，经历了一个艰苦的过程，破解了“倒退论”“砍旗论”“自我否定论”之后，才真正认清了“农业学大寨”运动中“左”的错误。

昔阳县委总结道：一是“在批资批修中，批了社会主义”。但对什么是资本主义，什么是社会主义，并没有完全弄清楚，只是简单地认为，抓粮是社会主义，抓钱就是资本主义。指责“庄稼搅买卖”是弃农经商、重副轻农的资本主义。向全国介绍了车马归队、劳力归田、大砍运输业的所谓“经验”。使工副业生产受到了严格的限制和严重的损害。后来，又提出“为集体增加收入并不都是社会主义”，批评那些“打着为集体的旗号搞资本主义”的自由采购、自由销售的行为，并与大队集体经济约法三章，不能搞独立于农业之外的副业，副业收入不能超过农业收入，发展集体经济不能两眼盯在钱上。片面理解小生产与资本主义的关系，认为只有由集体来办才是社会主义，而社员种自留地，发展家庭副业，开放集市贸

---

① 刘树岗：《县直单位党员普训总结提纲》（1980年2月4日），昔阳县档案馆藏昔阳县委档案，档案号：3/1·1·2/49。

② 刘树岗：《研究贯彻三中全会精神的一些有关问题》（1979年8月30日），昔阳县档案馆藏昔阳县委档案，档案号：3/1·1·2/2。

易就会产生资本主义。因此，大批山沟里、家庭里、房前屋后的资本主义，减少了社员的经济收入，造成了共同的贫穷。强调精神的东西就是社会主义，强调物质利益就是修正主义。离开群众的物质利益，盲目提倡“为革命种田”，把定额管理当作修正主义横加指责，大批“工分挂帅”“物质刺激”，脱离了群众的思想实际，给劳动管理带来很多混乱。

二是“在共产主义的旗号下，搞了平均主义”。在“干社会主义，想共产主义”的口号下，受“穷革命，富则修”的错误思想指导，片面强调“限制资产阶级权利”“增加共产主义因素”，大谈“为消灭差别创造条件”“为共产主义奠基”，结果搞了平均主义。

三是“在大干社会主义中，办了一些违背自然规律的事情”。突出表现为：在水利建设上，在越干越想干的口号下，脱离客观实际，盲目搞建设，浪费了大量的人力、物力和财力。在农业生产结构上，忽略农民的生活习惯，重视粮食作物，尤其是高产作物的种植，忽视经济作物的种植。

四是“在整党整风中有乱批乱斗的现象”。在建设革命化领导班子的过程中，提出了整“五种人”“典型解剖”“路线分析”以及倒蹲点的一整套经验，用解决敌我矛盾的方法解决中共党内矛盾，混淆了敌我界限和两类不同性质的矛盾，扩大了中共党内斗争。以致党员之间、干部之间互相存戒心，互相猜疑，破坏了中共党内正常的组织生活。

在拨乱反正的基础上，昔阳县委总结了学大寨运动中的主要教训：(1) 对待先进单位的成绩和经验必须坚持实事求是的原则，一切从实际出发，绝不能搞现代迷信，神秘主义；(2) 搞社会主义，一定要真正从理论和实践上弄清楚社会主义，不断提高思想理论水平；(3) 无论任何时候，任何情况下，都不能“夜郎自大”，必须谦虚谨慎，戒骄戒躁。①

与昔阳县相比，晋中地委对学大寨运动的认识和反思都站得高，分析得深。1978 年 11 月 4 日，在晋中地区部分商品粮生产基地社队会议上，晋中地委第一副书记李韩锁作了《指导农业学大寨运动中必须正确解决的

① 《关于彻底肃清我县学大寨运动中极左流毒和影响的报告》（1979 年 12 月 27 日），昔阳县档案馆藏昔阳县委档案，档案号：3/1・1・2/9。

几个问题》的报告。报告中谈了指导农业学大寨运动中存在五方面的问题。第一，在学大寨学根本和学习大寨具体办法的问题上，有形而上学的东西。……大寨的根本经验，具有普遍意义，是任何地方都应当学习的。但是，大寨的一些具体办法，在大寨和一些地方是行之有效的，而在另一些地方就不一定适用或者不完全适用。第二，在批资本主义中，反复强调了批集体经济内部的资本主义，多次强调批资本主义首先要批集体经济内部的资本主义，这是不妥当的。第三，在学大寨运动中，我们对政治和经济、政治挂帅和物质利益、精神鼓励和物质鼓励之间的辩证统一关系缺乏正确认识，在一些时候一些问题上，就把二者绝对对立起来，把关心群众物质利益看成是"好行小惠"，把物质鼓励看成是需要忌讳的禁区。第四，我们在执行各尽所能、按劳分配这个原则上，过多地强调了各尽所能，而对按劳分配注意不够。这一点，突出地表现在推广大寨劳动管理制度上。第五，在处理大集体与小自由的关系上，对小自由作了些不应有的限制。主要表现在自留地、社员家庭副业和集市贸易上。①

1979 年 8 月，山西省开始真理标准问题补课后，中共晋中地委专题总结领导农业学大寨运动中的经验教训。同年 10 月，晋中地委向中共山西省委报送了《关于联系农业学大寨运动开展真理标准讨论的情况报告》。11 月 3 日，《山西日报》刊发了中共晋中地委对学大寨运动的认识。文章指出在农业学大寨运动中，"指导思想上犯了主观主义和形而上学的错误，在实践中违背了发展农业生产的自然规律和客观规律，妨碍了党在农村各项经济政策的落实，妨碍了广大群众的社会主义积极性"。晋中地委将农业学大寨运动中的问题概括为三个方面：（1）把大寨这个农业生产战线上的先进典型，"神化"为"无产阶级专政下继续革命的光辉典范"和"全面专政"的典型，扩大了农村的阶级斗争；（2）在指导思想上没有坚持实事求是的原则，犯了主观唯心主义和形而上学的错误；（3）把农业学大寨同贯彻党的农村经济政策对立起来，妨碍了党的农村经济政策的落实。②

① 《大胆解放思想，加速发展农业》，《人民日报》1978 年 11 月 26 日，第 2 版。

② 中共晋中地委：《尊重客观实践，肃清极"左"影响》，《山西日报》1979 年 11 月 3 日，第 2 版。

中共山西省委对农业学大寨运动教训的总结，也是伴随着贯彻落实三中全会精神和全面开展真理标准问题进行的。1978 年 12 月至 1979 年 1 月 8 日，中共山西省委召开常委扩大会议，接着 1 月 9 ~ 23 日召开四届二次全委（扩大）会议，出席会议的各级干部强烈要求省委深入总结学大寨运动的教训。在这次会议上，山西省委第一书记王谦代表山西省委表态说："在推广大寨经验中出现的问题，责任在省委，……1978 年省委 1 号文件发出的《山西省普及大寨县工作会议纪要》，1978 年省委 22 号文件批转的晋中地委关于学习推广大寨、昔阳经验中一些问题的讨论纪要，内容有错误，应按照中央两个农业文件的精神予以纠正。……文化大革命以来，乱给干部扣'反大寨'的帽子，这种做法是错误的。在这方面的一切不实之词应一律推倒。"① 王谦代表山西省委的表态仍然局限于对农业学大寨运动中一些极"左"错误做法的批评和否定，对大寨、昔阳本身错误的认识还不够。

随着邓小平公开支持"包产到户"和"大包干"生产责任制，山西省委在工作实践中逐渐认识到，对农业学大寨运动的纠正必须从思想认识上找根源，这样才能肃清农村工作中"左"倾路线的流毒和影响。1980 年 8 月，中共山西省委做出了《关于全省农业学大寨经验教训的初步总结》（以下简称《总结》），明确指出："在文革中，大寨成为农业战线上推行'左'倾路线的典型，因而学大寨运动也就离开了正确的路线、方针、政策，给全省人民的政治生活和经济生活带来了严重的危害。"同时，《总结》对大寨做出了客观的评价，认为"文化大革命"前的大寨"是山西农业战线上的一个先进典型，是山区建设的先进典型"，在"文化大革命"中，"'左'倾路线需要一个体现它的典型，大寨由于其代表人物的关系，也就很自然地走向反面，成为农业战线推行'左'倾路线的典型"。《总结》将大寨、昔阳经验中"左"的东西概括为：（1）不断地人为地制造阶级斗争，形成阶级斗争扩大化；（2）不断地变革生产关系，搞"穷过渡"；（3）不断"割资本主义尾巴""堵资本主义的路"；（4）不断地鼓吹平均

---

① 陈大斌：《饥饿引发的变革》，中共党史出版社，1998，第 334 页。

主义，破坏按劳分配。《总结》中，山西省委还承认了自己在农业学大寨运动中的主要错误，总结了从中应吸取的经验教训。[①]

第三节 承包制的再度兴起

从1979年起，中国农村实行了以承包制为主要内容的经济体制改革。它是一场牵动亿万农民切身利益的社会变革，在政治、经济、思想等方面引发了农村历史性的变革，也对农业学大寨运动所赖以运作的人民公社体制给予了直接否定。

一 承包制的恢复和发展

早在农业合作化运动和三年困难经济调整时期，承包责任制就不断出现，但在“左”的指导思想影响下，承包责任制曾多次遭到批判、压抑和否定。

“文革”结束后，1977年11月，中共安徽省委推出了全国第一个农村拨乱反正的政策性文件《关于目前农村经济政策几个问题的规定》（试行草案），即后来的“省委六条”，规定要“搞好人民公社的经营管理，积极地有计划地发展社会主义大农业，注重生产队的自主权，减轻生产队和社员负担，分配要兑现，粮食分配要兼顾国家、集体和个人利益，允许和鼓励社员经营正当的家庭副业等”。由于“省委六条”是在万里对安徽省调查研究的基础上，从农民的切身利益出发制定的政策，所以刚一颁布，就受到了农民的欢迎。“有的大队通知一户派一个代表到会，社员听说是讲政策，都争着来了，屋里坐不下，到场院里开会。有的听了一遍不过瘾，让宣讲人再讲一遍、两遍。”[②]“省委六条”在全国学大寨，准备到1980年实现农业现代化的浪潮中制定下发，安徽用实际行动改变着大寨和学大寨

① 黄道霞等主编《建国以来农业合作化史料汇编》，中共党史出版社，1992，第885～889页。

② 田文喜、姚力文：《一份省委文件的诞生》，《人民日报》1978年2月3日，第1版。

运动中的“左”的做法。

1978年夏，面对特大干旱，安徽省委又作出“借地度荒”的重大决策，规定凡集体无法耕种的土地，可以借给社员耕种，谁种谁收，国家不征公粮，不派统购任务。并明确指出：可以从包产地中每人借1分地种菜。[①] 在“借地”思想的启发下，安徽部分地方的基层干部和农民，尝试突破旧体制的限制，采取“包产到组”和“包产到户”的做法管理农田。1978年，滁县地区许多大队和生产队实行了“包产到组”或“包干到组”，肥西县山南区则在全区实行“包产到户”，其他不少地方也搞起了小宗农作物承包到户和不同形式的联系产量的责任制。

但是，安徽所推行的责任制只不过是一个前哨战。因为长期以来受“左”的指导思想影响，人们对“包产到户”还存有偏见，尤其是制定中央政策的部分领导者。在中共十一届三中全会召开前，中央召开了为期36天的中央工作会议，会上围绕对新中国成立后三十年农业的成就、农业发展和学大寨运动展开了激烈争论，最后通过了胡乔木执笔起草的《关于加快农业发展若干问题的决定（草案)》 （以下简称《决定（草案)》)，《决定（草案)》虽肯定了“计酬的形式，……可以在生产队统一核算和分配的前提下，包工到作业组，联系产量计算报酬，实行超产奖励”，但特别规定“不许包产到户”“不许分田单干”。[②] 1979年9月召开的中共十一届四中全会，对《决定（草案)》做了一点修改，把原来的两个“不许”改为一个“不许”，一个“不要”，即“不许分田单干，除某些副业生产的特殊需要和边远山区交通不便的单家独户外，也不要包产到户”。[③] 多年后，万里回忆他1980年到中央分管农业工作时的情况，说：“当时解放思想的口号很响亮，人们的思想也很活跃，平反冤假错案使人们感到中国有了希望。但是，计划经济体制下形成的思想观念，还是很顽固的。从

---

① 中共凤阳县委办公室：《大包干的四年》（1983年3月），载王耕今《乡村三十年》下册，农村读物出版社，1989，第386页。

② 《农村人民公社工作条例（试行草案)》，载黄道霞主编《建国以来农业合作化史料汇编》，中共党史出版社，1992，第903～906页。

③ 《中共中央关于加快农业发展若干问题的决定》，《人民日报》1979年10月6日，第1版。

整个农村工作来说，农民要求改革，有些地区行动比较快，但是，上层领导机关基本上还是推行农业学大寨的那一套，对农村改革，特别是包产到户，抵触情绪很大。”①

然而，受安徽的影响，许多地方的基层干部和农民早已突破这一限制，到1980年，“包产到户”已渐成燎原之势。从新华社从各省区分社了解的情况看，广东省农村约有10%的生产队实行包产到户，梅县、海南、湛江几个地区约有20%的生产队实行包产到户，惠阳地区达到了35%，文昌、紫金、五华、河源、阳江、琼山、屯昌、普宁等县更是高达40%～60%。安徽省实行包产到户的生产队占23%左右，肥西、凤阳、来安、定远、芜湖、宣城等县最多达到80%以上。内蒙古53个县、旗的47849个生产队中，实行包产到户的有14894个，占31%，五原县在1979年已达到70%以上，盟里几次去“纠偏”都未纠正过来。河南省也有约10%的生产队实行包产到户。贵州、云南、甘肃、山东、河北和其他省区，都有一批生产队实行包产到户。浙江、江苏也有少量生产队在搞。② 就连学大寨最彻底的山西省，临汾、运城、吕梁、大同地区也有部分生产队开始搞包产到户。

对于已成燎原之势的包产到户，支持的人有之，反对的人也从来没有间断过批评和指责。为了肃清“左”的影响，也为了支持包产到户，1980年5月31日，邓小平在同胡乔木、邓力群的谈话中指出：“一些适宜搞包产到户的地方搞了包产到户，效果很好，变化很快。安徽肥西县绝大多数生产队搞了包产到户，增产幅度很大。‘凤阳花鼓’中唱的那个凤阳县，绝大多数生产队搞了大包干，也是一年翻身，改变面貌。有的同志担心，这样搞会不会影响集体经济。我看这种担心是不必要的”，“现在农村工作中的主要问题还是思想不够解放”。③

邓小平的讲话消除了一部分干部和农民的思想疑虑，推动了以“双包”为中心的家庭承包责任制的发展。1980年9月14～22日，中共中央

① 转引吴象《中国农村改革实录》，浙江人民出版社，2001，第154页。
② 吴象：《中国农村改革实录》，浙江人民出版社，2001，第151页。
③ 中央文献研究室编《邓小平年谱》上卷，中央文献出版社，2004，第641～642页。

召开各省、自治区、市党委第一书记座谈会，专门讨论加强和完善农业责任制的问题，最后形成了《关于进一步加强和完善农业生产责任制的几个问题》的纪要（中央75号文件）。纪要对安徽等省份农村实行的多种形式责任制予以充分肯定，指出，"在不同的地方、不同的社队，以至在同一个生产队，都应从实际需要和实际情况出发，允许有多种经营形式、多种劳动组织、多种计酬办法同时存在"；"在那些边远山区和贫困落后的地区，长期'吃粮靠返销，生产靠贷款，生活靠救济'的生产队，群众对集体丧失信心，因而要求包产到户的，应当支持群众的要求，可以包产到户，也可以包干到户，并在一个较长的时期内保持稳定"；"在生产队领导下实行的包产到户是依存于社会主义经济，而不会脱离社会主义轨道的，没有什么复辟资本主义的危险，因而并不可怕。"① 时任国家农委副主任、中央农村政策研究室主任兼国务院农村发展研究中心主任的杜润生认为，纪要是"一份承前启后的文件，它实际上把十一届三中全会决议中关于生产责任制的规定推进了一步。它肯定包产到户是一种为解决温饱问题的必要措施，应承认群众自由选择的权利，不能自上而下用一个模式强迫群众。这是在农业政策上对'两个凡是'的破除"。②

纪要的下发，打破了自20世纪50年代以来形成的包产到户就是资本主义复辟的僵化观念，大大加速了包产到户的发展。截止到1981年10月，生产队实行联产计酬的比重，从29%上升到81.3%；而联产计酬的责任制中，包产到户和包干到户的比重，从1.046%上升到48.8%；在包产到户和包干到户中，包干到户的比重，从0.02%上升到38%。③

二　承包制对农业学大寨运动的影响

到1980年，国家虽然还未完全放开家庭承包制，但它牵动了亿万农民

① 《关于进一步加强和完善农业生产责任制的几个问题》，载黄道霞主编《建国以来农业合作化史料汇编》，中共党史出版社，1992，第926~927页。

② 杜润生：《土地家庭承包制的兴起》，《中国合作经济》2008年第10期，第49页。

③ 赵德馨主编《中华人民共和国经济史》（1967~1984），河南人民出版社，1989，第453页。

的切身利益，引起了中国农村政治、经济、思想等方面一系列的历史性变化，对农业学大寨运动产生了深刻影响。

首先，承包制的再度兴起引起了中央领导人进一步反思农业学大寨运动。1979 年 4 月，国家农委在《关于农村工作问题座谈会纪要》中，既讨论了农业生产责任制问题，又对农业学大寨运动中的“只念大寨一本经”、过多的形式主义提出了批评。“过去，各地在农业学大寨、普及大寨县运动中，已经有了许多先进典型。今后，在实现农业现代化的伟大革命中，必将涌现更多的新典型提供多方面的新经验，各地应当加以总结评比，表扬并因地制宜推广。但对不顾本地条件，照搬照抄，组织大队人马长途参观，召开过多会议等形式主义、铺张浪费的做法，应当坚决改正。”①

其次，承包制带来了农村生产和农民生活的变化，直接消解着农业学大寨运动的影响。由于承包制突破了人民公社体制中存在的农民没有选择种什么作物的权利，分配中存在严重平均主义的做法，极大地调动了农民的积极性。由于农民有了生产的主动性，一些贫困地区特别是生产长期上不去，年年吃返销粮的生产队很快翻了身。安徽凤阳县小岗是有名的“穷队”，1979 年实行大包干制，一年就翻身，凤阳县委称“大包干”制为“一剂必不可少的补药”。这一年全队粮食总产 6.6 万多公斤，相当于 1966～1970 年 5 年的总和；油料 1.75 万公斤，比过去 20 多年的总产还要多；向国家交售粮食和油料各 1.25 万公斤；第一次归还国家贷款 800 元；留储备粮 500 多公斤和公积金 150 多元；全队农副业总收入 47000 多元，人均 400 多元，最好的户可达五六千元，人均 700 多元，最差的户人均也在 250 元左右。②“大包干”使凤阳县农民尝到了甜头，他们高兴地说：“大包干，大包干，直来直去不拐弯。保证国家的，留够集体的，剩下都是自己的。该拿的拿在明处，该得的心中有数。一刀

① 《关于农村工作问题座谈会纪要》，载黄道霞主编《建国以来农业合作化史料汇编》，中共党史出版社，1992，第 920 页。

② 凤阳县委政策研究室：《一剂必不可少的补药》（1979 年 12 月 20 日），载王耕今等编《乡村三十年》下册，农村读物出版社，1989，第 401 页。

一个血口子，我们越干越有劲”。[①] “大包干，真正好，干部社员都想搞，只要干上三五年，吃陈粮来烧陈草”。[②]

最后，承包制尤其是后来的家庭联产承包责任制对大寨所奉行的价值体系形成了冲击。大寨典型所体现的价值体系是毛泽东根据经典著作有关社会主义的论述建构的一整套社会主义理论，这套理论包括在经营管理上追求高级核算制度，在生产组织上要求集体劳动，在分配制度上搞平均主义，带有浓厚的意识形态色彩。而承包制在经营管理上以承包的形式明确了集体和群众的权责关系，在生产组织上注重调动群众的劳动积极性，在分配制度上直接与劳动成果挂钩，呈现去“政治化”的特征。

如此，农业学大寨对农业、农村的影响只限于大寨精神、农业技术改良与发展，其他方面则相对沉寂了。

第四节　典型走向单干

随着“文革”的结束，大寨的政治典型光环逐渐褪色，在完全转变之前，大寨人没有停止坚守、反思与探索。经过一系列激烈的思想斗争后，大寨和大寨人秉承了大寨精神，毅然走上了改革开放的道路。

记者冯东书、陈大斌等都认为陈永贵是最早感觉到中国改革风暴到来的人。作为大寨的领路人，大寨经验的创造者，学大寨运动的推动者，他坚信只有农业学大寨才是毛泽东指出的中国农业发展的道路。他的坚定使其无法客观地看待形势，并尽快转移思路落实农业政策，而将其推到了对立面。1978 年 2 月间，陈永贵让宋沙荫把驻昔阳、大寨的新闻记者召集起来开会，准备写文章继续宣传大寨经验，反击社会上出现的否定“大寨经验”的现象。从 1978 年 2 月 26 日起，《山西日报》《晋中报》《晋东南报》《运城地区报》等连续报道了肯定大寨根本经验和具体经验的各种消息和

---

① 凌志军：《历史不再徘徊》，人民日报出版社，2011，第 174 页。

② 凤阳县委《关于在农村实行“大包干”生产责任制的总结报告》（1980 年 12 月 18 日），载王耕今等编《乡村三十年》下册，农村读物出版社，1989，第 470 页。

典型。后因邓小平的出面制止而偃旗息鼓。[①] 这期间，《人民日报》只转载了4月21日的《昔阳调动农民社会主义积极性的经验好》一文，冯东书认为这是学大寨运动的最后一声礼炮，也有人认为这是学大寨运动的“回光返照”。

中共十一届三中全会后，陈永贵继续坚持立场，不准大寨、昔阳贯彻三中全会精神，扬言1985年见高低。直到1979年秋天，陈永贵通过学习、自省，接受了中央领导同志的劝告，开始改变了态度。这年8月底，在昔阳县委常委会上，陈永贵略带牢骚地说：“对三中全会精神，我的态度不是不明朗，几个决议我都是赞成的。不能上面同意，回来就动摇了。”“我感到这里同志们有点气，要不要下放自留地，是对三中全会的态度。如果提到这问题，那就是说，昔阳没有落实三中全会精神，我起了阻碍作用。究竟是不是我阻碍了落实三中全会精神？恐怕不是。”[②] 此后，昔阳、大寨领导干部逐渐解放思想，开始落实党的农业政策。同年年底，经山西省委常委讨论同意，晋中地委下达通知，免去陈永贵昔阳县委书记职务。这为进一步认识大寨和昔阳“学大寨”运动中“左”的错误，贯彻十一届三中全会精神铺平了道路。在农业增产的事实面前，陈永贵对陈大斌说出了自己的真实想法：“现在不搞运动啦，不批啦，不斗啦，一搞改革，生产忽拉上来了！市场上吃的用的，啥也有了！我这个人最认实，我咋不服气哩！”[③]

大寨其他领导者也从媒体的报道和陈永贵的反常行为中体味到“世态炎凉”的滋味。特别是，1980年9月《人民日报》、《光明日报》、新华社和中央人民广播电台的记者联合组成的调查组开赴山西，进行了为期40天的采访，写出了两组内参。第一组以无人敢摸大寨为主题，写了《大寨走向了反面》《一部充满谎言的“大寨斗争史”》《“七斗八斗”给大寨造成严重恶果》《“大寨精神”和“大寨风格”都被抛弃了》《一整套对抗党的

---

① 参见李静萍《潮起潮落——农业学大寨运动的回眸》，山西人民出版社，2012，第374页。

② 陈大斌：《大寨寓言》，新华出版社，2008，第280页。

③ 同上书，第305页。

政策的极左做法压抑了大寨群众的积极性》；第二组以陈永贵提拔的昔阳县干部作风为主题，写了《昔阳学大寨、“大干社会主义”的成败得失》《昔阳学大寨、“大批资本主义”的真相》《昔阳整“五种人”的经验完全是适应左倾路线需要的产物》《造反起家，帮派掌权》《任人唯亲——以对大寨“感情”“态度”划线》《从帮派掌权到家族统治》。1980 年 8 月 29 日，《山西日报》刊登了《继续肃清学大寨中的极左流毒》，9 月 5 日刊登了《评大寨经验》，9 月 24 日刊登《人妖为什么被颠倒？——岳增寿冤案和王金魁案透视》，10 月 8 日载文《从陈明珠的违法乱纪行为看父母的责任》，等等。今天看来，在批判大寨、昔阳极“左”经验的风头上，许多受过陈永贵气的记者也不可能客观地对待大寨。但是，这些报道深深地刺痛着大寨人的心。当看到报上说国家在大寨搞山区机械化试点，拨款 50 万元，大寨每向国家交售 0.5 公斤粮食，国家要倒贴 0.226 元时，郭凤莲用“胡说八道！”“岂有此理！”来表达其对社会舆论媒体批评的不满。贾进财对郭凤莲说：“孩呀，咱大寨人辛辛苦苦种田，打下粮食支援国家，到头来倒成了地主老财，剥削开全国人民啦！”[①] 为此，大寨干部通过多种途径向中央反映，但一直都未能打通思想。大寨领导者的这种思想状态严重地影响着大寨工作的开展，社员说：“极左路线盛行时，郭凤莲工作很积极，三中全会后，工作就不大积极了。”[②] 事实上，农业机械部当时选取了韶山和大寨作为山区农业机械化的试点。后来那批旧农业机械，有一部分留在大寨，大寨出了一些钱。冯东书认为这项试验只花了 50 万元，是十分廉价的，太划得来了。[③]

直至 1980 年 11 月 23 日，中共中央转发了《山西省委关于全省农业学大寨经验教训的初步总结》，在学习这一总结和中央批转的评语后，大寨干部的心情才逐渐舒畅了。梁便良说：“刚开始那阵，我们头脑有点儿发热，就像医生给自己看病一样，横想竖想都是大寨的理。真是看不清昨天

---

① 孔令贤：《大寨沧桑》，山西经济出版社，2005，第 268 页。

② 中共昔阳县委：《关于对郭凤莲同志的考察情况》（1980 年 11 月 23 日），昔阳县档案馆藏昔阳县委档案，档案号：3/1·1·2/62。

③ 冯东书：《“文盲宰相”陈永贵》，中国文联出版社，1998，第 332 页。

的路，迈不开今天的步啊！我现在才明白，咱们共产党干部当然应该是哪种办法能让人们尽快致富，就采用哪种。”①

相对于大寨干部，大寨人从参观大寨人数的下降上感受到了新的变化。1978 年到大寨参观的外宾共 325 批 5405 人，国内客人 182954 人。到 1979 年，外宾共 116 批 2256 人，国内客人 4205 人。② 当时就有人窃窃私语：“难道不学大寨了？” 当他们从报纸上得知国家倒贴大寨的消息时，他们抱怨：“大寨人几十年出力流汗，多打粮多卖粮，自家却吃糠面玉茭面；要早知道这下场，何苦来！”③ 此后，大寨部分社员也出现了出工迟，下工早，干活不卖力的现象。

随着 1980 年底昔阳县落实责任制的开展，大寨也走上了改革开放之路。同年 11 月，在外面的呵责、村人的埋怨、起步的艰辛、领导的企盼下，贾长锁走马上任，和村委主任李有命、副书记梁便良、宋立英一道，承担带领大寨转型的历史重任。贾长锁在 20 世纪 70 年代初曾担任大寨村副队长，因主张劳力参与公社企业发展而遭到非议和批判，此后长期在大寨公社企业工作。贾长锁考虑再三，决定以攻为守，对大队干部说：“大队统一管理担子太重，还是分成小队吧，摊子小了好管理。”④ 当年大寨分作三个生产队任务到队，以队作战，奖惩兑现，仍为大队核算。1981 年，在家庭联产承包责任制浪潮的冲击下，大寨分成 6 个组，实行专业承包联产计酬，由大队统一核算。但这一年出现了无人愿当作业组长，农业放任自流，作业组之间为争水争场闹矛盾等现象。年底支部总结时，梁便良旧话重提，甩出了一句话：“到底怎么办，我执行支部决议，保留个人意见！”⑤ 贾长锁再三考虑，与新上任的村委主任高玉良商量，撤组并队，仍然实行大队核算、统一作战。1982 年，指挥不灵和社员自由散漫的情况依旧影响着大寨的农业生产，当年粮食产量由 1981 年的 40.2 万公斤骤降至

① 孔令贤：《大寨沧桑》，山西经济出版社，2005，第 272 页。
② 王俊山主编《大寨村志》，山西人民出版社，2002，第 273 页。
③ 孔令贤：《大寨沧桑》，山西经济出版社，2005，第 261 页。
④ 同上书，第 274 页。
⑤ 同上书，第 274 页。

32.5万公斤。大寨的这种反复行为引起了县委的重视，1982年11月，由县委书记挂帅、分管农业的副县长亲自坐镇大寨，大寨公社干部贾承让作为县委工作组副组长的身份帮助大寨落实责任制。县委书记态度很明朗，说："大寨不是普通村，太引人注目了，不搞包产到户，不好向上级和世人交代。"贾长锁代表社员一直不肯表态，经工作组队员的轮番开导，最后接受了县委的意见。1982年年底，大寨将860亩耕地分给130户农民，实行大包干责任制。原来集体经营的1个煤窑、1座粉坊、3台拖拉机、200亩果园、800亩山林，也全部承包给个人。[①] 1983年全村粮食大丰收。大寨人经过一番思想斗争，在事实中逐渐认可了单干，并最终走上了以多种经营为主，农业为辅的道路。

① 《大寨也不吃大锅饭了》，《新闻记者》1983年第5期，第36页。

· 第八章 ·

典型的思考

大寨是集体化时期的一个典型，符合马克思经典作家建设理想社会的构想，是佐证人民公社制度优越性的范例。农业学大寨运动之所以延续十几年，人民公社体制是主要原因。“一大二公”的超大型、全能型管理体制以公社、生产大队、生产队等集体为主要形式的高度集聚；经济管理上，尽管一定程度上限制了广大农民的生产自主权，但从生产内容到生产过程都实行统一管理，集中力量办很多大事，为后来的发展打下基础。人民公社的这些特征符合阶段历史的合理性，随着社会条件不断改善，其优越性逐渐被符合新情况、新实际的生产安排与制度所替代，然而，大寨创造的奇迹所折射出的大寨精神始终是任何社会生产都必须坚持的宝贵财富。本章围绕大寨典型模式、典型树立与塑造、典型人物及典型政治与乡村社会的关系进行思考。

第一节　典型模式

大寨典型影响中国农业生产、农村社会、农民生活长达16年，我们必须对大寨模式有一个客观的认识。

首先，我们对大寨的经济结构进行考察。1952年是大寨试办初级社的第一年，这一年，农业收入占总收入的82.8%，副业占总收入的8.3%，农业是大寨收入的主要来源，是典型的山区农业区。在从一五计划到五五计划的 28 年中，农业在大寨收入中的比例逐渐下降，由一五时期的 81.7% 下降到 45% 左右，副业的比例由 12% 增加到 20%，林业和牧业在总收入中的比例也有所增长。由此可知，集体化时期，大寨逐渐由农业为主，转变成农、林、牧、副全面发展。并不是宣传中的砍掉一切工副业，只发展农业。

表 8－1　1952～1980 年大寨各业经济收入比例表

年份	总收入（元）	农业		林业		牧业		副业		其他	
		收入（元）	比例（%）	收入（元）	比例（%）	收入（元）	比例（%）	收入	比例（%）	收入（元）	比例（%）
1952	11362	9412	82.8	405	3.5			943	8.3	602	5.4
一五	122395	99995	81.7	500	0.4	3163	2.6	14951	12.2	3822	3.1
二五	313200	226527	72.3	4236	1.4	8766	2.8	64081	20.5	9590	3.0
调整时期	215372	147059	68.3	1270	5.9	6347	2.9	59104	27.4	600	1.5
三五	521500	336170	64.5	15390	2.9	73290	14	85840	16.5	10860	2.1
四五	920900	416700	45.2	66180	7.2	113490	12.3	288880	31.4	35650	3.9
五五	1126300	532000	47.2	159300	14.1	135500	12.1	262500	23.3	37000	3.3

说明：其他项目包括商饮业、服务业等。

资料来源：王俊山主编《大寨村志》，山西人民出版社，2002，第 112 页。

其次，对大寨劳动生产率进行再分析。由表 8－2 可知，大寨农业劳动力仅占人口比例的 20%～35%，1952～1978 年（有统计数字的年份），每个农业劳动力耕作地亩数分别为 13.5 亩、11.4 亩、8.7 亩、9.3 亩、7.41 亩、6.88 亩、6.19 亩、4.9 亩、5.5 亩、4.53 亩、4.43 亩、4.3 亩、4.2 亩。一般而言，20 世纪 50 年代中国农业基本处于传统精耕细作农业阶段，60 年代中期起，中国逐渐走上了农业现代化的道路。由表 8－2 可知，1958 年大寨农业劳动生产率达到高峰，这表明人均农业劳动力耕作 9.3 亩是最理想的生产状态。此后，随着人口数量的增加，农业劳动力比例的增长，意味着投入更多的活劳动只能增加总产量，劳动边际报酬递减。但问题是大寨天然禀赋差，土地坡度大、土壤贫瘠、碎地多，又缺乏水源，农业生产基本使用手工工具。在此情况下，大寨人不得不靠通过改造低产田，使用高产品种，提高栽培、积肥和施肥等技术，提高了土地生产率。而这些措施都离不开活劳动的投入。由表 8－3 可知，这一时期大寨投入活劳动增加的原因主要有两个：第一，参加农业生产的妇女劳动力人数不断增加。到高级社时，妇女劳动力占劳动力人数的 40% 以上；第二，提高出勤率和增加劳动时间。男劳力一年出勤最多为 295 天，妇女也达 110 天，每天平均劳动达 7 小时以上。就是在这样高强度的劳动下，大寨人从 1953 年到 1962 年，共投工 11 万个，治理了七条大沟，打了 183 条大坝，在八道梁和一面坡上，打了总长 9300 米的土墙，将 4700 多块地合并为 2900 块。[①] 粮食亩产由 1952 年的 118.5 公斤增长到 1958 年的 217.5 公斤。

表 8－2　1952～1978 年大寨农业劳动生产率表

年份	粮食亩产（公斤/亩）	粮田面积（亩）	粮食总产（公斤）	粮食种植业收入（元）	人口（人）	农业劳动力（人）	劳动生产率（公斤/劳动力）	1 个成年农业劳动力可养活人口
1952	118.5	812	96360	9412	288	60	1606	—
1953	125.0	814	101640	15992	295	71	1432	7.38
1954	137.5	778	106860	17263	299	—	—	—
1955	151.5	781	118320	17842	304	—	—	—
1956	168.5	768	129330	24264	309	88	1470	8.0
1957	174.5	781	138340	24634	312	—	—	—
1958	217.5	768	208520	34885	318	82	2543	10.172
1959	308.0	763	235000	40695	322	—	—	—
1960	330.5	734	242600	42841	329	99	2451	12.25

① 郭凤莲：《坚持大批资本主义，坚持大干社会主义》，《人民日报》1975 年 9 月 25 日，第 2 版。

续表

年份	粮食亩产（公斤/亩）	粮田面积（亩）	粮食总产（公斤）	粮食种植业收入（元）	人口（人）	农业劳动力（人）	劳动生产率（公斤/劳动力）	1个成年农业劳动力可养活人口
1961	336.0	723	243130	53868	340	105	2316	11.58
1962	387.0	712	275630	54238	350	115	2397	11.98
1963	372.5	564	201000	42255	367	115	1826	9.13
1964	404.8	705	285450	51604	370	128	2230	9.91
1965	398.0	700	278700	53200	367	—	—	—
1966	355.5	580	201000	45600	382	128	1570	6.82
1967	457.5	703	317050	67500	389	—	—	—
1968	400.5	705	282350	65820	420	152	1857.5	—
1969	471.0	700	330020	74800	432	—	—	—
1970	492.5	700	374950	82450	441	158	2373.1	3.27
1971	510	698	382500	81700	450	—	—	—
1972	473.5	700	331450	80000	464	—	—	—
1973	513	750	385000	86400	475	—	—	—
1974	518.5	750	389000	80400	471	—	—	—
1975	550	750	412580	88200	481	171	2412.7	9.10
1976	560	750	419340	98700	479	—	—	—
1977	656	750	491870	105900	481	—	—	—
1978	482.0	750	361620	80000	453	175	2066	7.58

资料来源：王俊山主编《大寨村志》，山西人民出版社，2002，第19、34～35、72～73页。

表8－3　大寨大队不同时期劳动积累表

时　期	项　目		出勤劳力（人）	出勤天数（天）	每人平均（天）	每日劳动（小时）	共折（小时）	每人平均（小时）
个体时期	男劳力	全	53	10680	202	7.43	79352	1497
		半	27	3344	124	7.13	24846	920
	女劳力	全	28	987	35	6.10	6020	214
		半	6	182	30	6.10	1110	184
	合　计	111	15393	135	6.8	104672	918	

续表

时　期	项　目		出勤劳力（人）	出勤天数（天）	每人平均（天）	每日劳动（小时）	共折（小时）	每人平均（小时）
互助组时期	男劳力	全	43	9580	223	7.30	69934	1627
		半	23	3099	134	7.30	22622	984
	女劳力	全	30	1500	50	6.30	9450	315
		半	7	245	35	6.30	1543	2205
	合　计	103	14424	140	7.25	104574	1015	
初级社时期	男劳力	全	58	14125	243	7.30	103112	1778
		半	18	3044	169	7.30	22221	1234.5
	女劳力	全	45	3928	87	6.20	24354	541
		半	10	697	70	6.20	4321	432
	合　计	131	21794	166	7.10	154737	1181	
高级社时期	男劳力	全	55	16222	295	7.40	120043	2182.6
		半	21	3978	189	7.40	29137	1402
	女劳力	全	46	5060	110	6.30	31878	693
		半	14	1120	80	6.30	7056	504
	合　计	136	26380	194	7.35	193893	1425.7	

说明：表中的劳动力包括农、牧、副业人员。

资料来源：陈吉元等：《中国社会经济变迁（1949～1989）》，山西经济出版社，1993，第370页。

20世纪60年代末至70年代末，由表8－2中的统计数字可知，1963年和1966年因自然灾害严重，粮田面积减少，农业劳动生产率相对较低，其余年份的劳动边际报酬也呈下降趋势。这一时期，农业劳动力占人口总数的比例有所上升，特别是1964年以后，年均比1958年的25.7%高出约10个百分点。事实上，每年投入农业劳动的人数远远大于此，下乡干部、部分学生、大寨接待站以及县直属机关人员都参与季节性的劳动。而且大寨还有一个不成文的规定，即平时从事农业生产的劳动力占80%，20%的劳力搞其他经营，必要时，把全部劳力集中到农业第一线。

20世纪70年代后，大寨农业增产的主要措施有：在品种上，70年代初开始试种玉米、谷子、高粱等农作物的杂交品种，1976、1977 年开始普遍推广；在套种上，1972 年开始进行“一年两茬”的套种试验，1977 年又开始三种三收的套种试验；在施用肥料上，从 1972 年后，大寨基本上按照每亩地施磷肥 15 公斤，氮肥 30 公斤 ~ 35 公斤，农家有机肥为 100 担（约合 3000 多公斤）以上，较五六十年代施用的有机肥总量多五六百公斤；在耕作方式上，1974 年机耕、机耙面积达 80% 以上，800 亩耕地有 600 亩耕地实现了喷灌；农田基本建设也用上了推土机、铲运机、破冻土机。但这些并未改变大寨精耕细作的生产方式，也就是说，农业技术水平没有发生质的突破，农作物的播种、中耕、收割，农家肥的沤制以及施肥等方面完全靠人工完成，农田基本建设也需要部分劳动力。直接影响大寨粮食产量的主要是良种、肥料和耕作制度，大寨氮肥、磷肥和农家肥的有机使用大大增强了肥料的利用率。化肥和农业机械的投入增加了农业生产费用，同时也在一定程度上增加了粮食产量。

综上所述，大寨粮食增产的情况与全国的情况基本一致。

表 8 - 4 反映了 1953 ~ 1980 年，在耕地面积增长率下降，科技进步贡献较小的情况下，靠投入更多的农业劳动力是中国农业增产的最主要因素。70 年代中后期，现代科技的投入对中国农业增长的贡献大大超过了一五计划时期，贡献率达到了 26.68%。

表 8 - 4　中国农业科技进步贡献的测算结果

单位:%

时　　期	农业产值增长率	农业劳动力增长率	耕地增长率	科技进步率	科技进步贡献率
53 ~ 57（一五）	5.17	2.20	1.03	1.03	19.92
58 ~ 65（二五及恢复时期）	1.28	2.00	-9.60	-0.21	—
66 ~ 70（三五）	2.62	3.65	-0.16	0.06	2.29
71 ~ 75（四五）	3.32	1.29	0.81	0.51	15.36
76 ~ 80（五五）	3.71	0.76	-0.35	0.99	26.68

资料来源：朱希刚：《农业技术经济分析方法与应用》，中国农业出版社，1997，第 184 页。

最后，我们来分析大寨人的生活水平。由第七章可知，大寨社员的生活水平并未随着大寨粮食总产量和亩产量的提高而有显著提高，他们基本过着糊口的生活。值得称赞的是，大寨在人民公社时期建立起社员住房由大队统一提供，医疗、入托、上学、用水、看电影五免费，向困难户和因公负伤社员提供特殊照顾，对妇女参加劳动提供特殊照顾，社员烧煤由大队免费拉运等福利制度。这一点在集体化时期一直被视为是社会主义优越性的体现。

总之，大寨模式是计划经济体制下的劳动密集型农业，是高积累、低消费和低保障的农村模式，它为工业现代化提供了大量的积累，同时压缩了为自身发展的财富积累和维持着农民最低生活水平。被西方学者所看重的公共福利，在集体化末期也因种种原因出现了问题。从 1978 年起，大寨社员看电影要买票。合作医疗的费用逐年增加，1974 年第一年实行免费医疗即花 4000 多元，比社员出钱时多了 60%，1978 年增加到 6000 多元，到 1979 年 1 ~6 月份共花 3670 元。逐年增加的费用使大寨感受到经济上的压力，大寨领导人建议 1979 年后半年全部自费。① 反思大寨模式的局限性，一方面表明工业反哺农业的必要，另一方面说明改革开放新经济制度出现的必要性。

第二节　典型的塑造

毛泽东曾提出，“模范”应该符合四条标准：无限忠心、联系群众、有独立工作能力、遵守纪律。② 这四条标准与中国传统政治文化对士大夫阶层提出的尊尊、亲亲、贤贤的角色要求基本一致。所谓“尊者”，是典型在政治领域中应该扮演的角色，要求典型在政治上忠诚，积极履行上级分派的任务，遵守政治纪律；所谓“亲者”，是典型在社会领域中应该扮演的角色，要求典型能够“联系群众”，“与群众打成一片”，具有很强的亲和力；所谓“贤者”，是典型在道德领域和专业领域中应该扮演的角色，

① 昔阳县委常会会议：《研究贯彻三中全会精神的一些有关问题》（1979 年 8 月 30 日），昔阳县档案馆藏昔阳县委档案，档案号：3/1 · 1 · 2/2。

② 中共中央文献编辑委员会编《毛泽东选集》第 3 卷，人民出版社，1991，第 599 页。

它要求典型在道德操守上没有瑕疵，在业务上有一技之长，并且取得了突出成绩，做出了突出贡献。① 毛泽东四条标准中的无限忠心和遵守纪律就是“尊者”的体现，联系群众就是“亲者”的体现，有独立工作能力就是“贤者”的体现，是传统政治文化在新时代的延续。

大寨典型之所以能成为全国的典型，就在于符合上述标准。三年困难时期，按照经典作家设计的、体现优越性的人民公社制度不能有力消解困难，再加上地方基层干部和民众瞒田、瞒产，不上交统购粮食，人民公社制度的推行面临困境，而此时大寨以其粮食丰收且踊跃交售统购粮的事实证明着集体经济的优越性。大寨人的行动彰显赋予典型所具备的对国家的忠心。大寨之所以会取得骄人的成绩，是因为大寨领导人陈永贵积极参加生产劳动，科学种田，不仅自觉地抵制各种危害集体利益的错误言行，还对其他生产队进行教育和说服。同时，大寨典型外在地标示着政治和道德的特征，这样典型的树立一定程度上弥合了理想构建与现实之间的差距。

典型的树立离不开农业学大寨运动中典型自身的塑造。那么典型与符号化的典型、农业典型与政治典型、典型与学习之间的张力，是典型塑造必须解决的问题。随着运动的开展与扩展，问题也随之集聚并获得解决，因此，典型的榜样作用不断推动着典型自身的塑造。

（1）典型与符号化的典型

“文化大革命”爆发前，媒体上宣传大寨是五亿农民的方向，然而作为典型，大寨人有的开会不来，有的开会打盹，对兄弟民族长途跋涉参观大寨感到不新鲜等现象，媒体宣传与大寨实际情况的差距使陈永贵产生了焦虑。于是，1965 年 11 月 3 日晚，陈永贵在村俱乐部召开了一次“全国学大寨，大寨怎么办?”的讨论。陈永贵在会上要求每个人都要考虑“全国学大寨，大寨怎么办?”，要求人人查思想、查工作、查劳动、查勤俭持家，他自己也不例外。这一讨论使包括陈永贵在内的大寨人都产生了一种紧张感。“文革”初期，突如其来的红卫兵，大规模的参观流，还有派往大寨的记者，都使陈永贵和大寨人不得不浪费大量的精力。为此，陈永贵

① 参见阎步克《士大夫政治演生史稿》，第 3 章，北京大学出版社，1996，第 86 ~ 98 页。

就不得不培养大寨讲解员或工作人员专门接待、播放他的讲话、集体接见参观者，甚至躲到地里劳动避开参观者和记者，尽量减少因接待导致陈永贵和大寨人无法正常参加劳动的情况出现。尽管如此，陈永贵还是经常被参观者发现，不得不做些应付工作。而这种应付经常使参观者不满意，因此出现了参观者不见陈永贵，不摸摸贾进财的手不回去的状况。这种旷日持久的参观也影响到了大寨人的生活。原铁姑娘贾秀兰[①]回忆参观时，说："刚开始（对参观）还很新鲜，见到了这么多人，后来就有点反感了。就说我们家，中午不能休息，不能吃饭，家里挤得满当当的，一水缸凉水都能喝光了。我妈（宋立英）还很好客，留人家吃饭，他们还真的要吃！那时候口粮又少，我们就没饭吃了。这样的生活可要累死了，下地回来，水喝不上，饭吃不上，并不觉得这是什么荣耀。"[②]

（2）农业典型与政治典型

"文化大革命"中，大寨在与周恩来、纪登奎、邓小平、李先念、叶剑英等中央领导人的交往和互动中，大寨典型发生了角色认同方面的偏差。大寨本是农业生产的典型，但从其被树立之时，"阶级斗争""反修防修"逐渐成为主导思想，大寨受其影响，不断强化自己"革命"的一面，甚至将"穷过渡""没收自留地""关闭集市"等早已被中央批判过的政策视为"革命"目标。再后来，发展到将"资本主义的苗"从地头围剿到"房前屋后""炕头"，再剿到日常生活中。对原铁姑娘贾秀兰穿皮鞋上地行为的批判即是例证。[③] 更有甚者，随着北方地区农业会议和第一、二次全国农业学大寨会议的召开，随着大寨干部地位的提高，大寨、昔阳出现了虚报产量弄虚作假的行为，许多干部借用陈永贵的名义干了不少损害大寨声誉的事情，岳增寿案[④]就是例证。

---

① 贾秀兰（1950～），女，大寨村人，原"铁姑娘队"成员。

② 孙丽萍主编《口述大寨史》上篇，南方日报出版社，2008，第159页。

③ 同上书，第185页。

④ 岳增寿，山西平定县人。1974年5月到1976年12月，他先后给中央领导和《人民日报》《解放军报》写了12封署名信，反映前昔阳县委主要负责人和大寨的一些问题。1976年和1977年，平定县公安部门按晋中地委、平定县委指示，对其行刑逼供，以"恶毒攻击大寨红旗""反对农业学大寨运动"等为理由将其判刑。1980年8月20日平反。

（3）典型与学习

典型形象的塑造在一定程度上加强了典型的示范和导向功能。原大寨铁姑娘贾爱明[①]对学大寨感到特别的自豪，当她被问到“你们知道了‘农业学大寨’，心里有什么想法”时，她回答道：“全国这么大，能提出‘农业学大寨’，这可不容易，成了学习的榜样，我们更得好好干了。”[②] 学大寨所激发的热情和对中央领导人的感情成为他们前进的动力。在外部学习者看来，往往将符号化的典型等同于典型，典型一旦树立，学习者都以符号化的典型去审视典型的活动，这样无形之中给了典型很多压力，典型稍有不适就质疑典型，反过来，符号化的典型随着典型的树立完成了其形象的塑造，这就是为什么大寨人在真理标准讨论之后不是那么容易地放弃原来立场的原因。

（4）国家在物质上的支援也塑造着典型

“文革”初期，在陈永贵的多次要求和请示下，在周恩来的安排下，昔阳于1968年12月20日建起了化肥厂。解放军响应毛泽东“支农”的号召，帮助大寨兴修水利。到大寨的参观者也做了一些义务劳动。后来，大寨又成为山区农业机械化的试点，等等。有人统计，大寨接受国家和单位支援达84.46万元，人均1750余元。[③] 对于这一数字曾有过一系列争议，其中，争议最大的是中国科学院在大寨建立农业机械化试点投资的50万元。对此，大寨人对当年“大寨是吹出来的，国家支援的”，“大寨卖粮食国家还贴钱呢!”等言论表示愤愤不平，但同时也承认大寨确实得到过国家的援助。秦怀录曾向当时在大寨搞农业机械化试点的副组长王本善和具体承办人漆震了解具体情况，他们说国家最后折价将在大寨试点的部分机械售给大寨。郭凤莲也指出国家拨给农业机械、水利试点的钱由试点组掌控。[④] 记者段存章也就此问题做出了解释。同时也指出大寨的“军民池”、

① 贾爱明（1947～），女，大寨村人，原“铁姑娘”队员。

② 孙丽萍主编《口述大寨史》上篇，南方日报出版社，2008，第205页。

③ 这个数字包括国家在大寨进行农业机械化试点的50万元。孙健主编《中华人民共和国经济史》，中国人民大学出版社，1992，第368页。

④ 孙丽萍主编《口述大寨史》上篇，南方日报出版社，2008，第164、238页。

人造小平原使用的炸药、抗旱播种秋收都得到过公社、县级干部的优先支援。[①] 这些争议不在数量的多少，而在事实本身引起的不良后果，即资源分配不均衡的客观性现实与典型宣传的表达性冲突往往会引起广大干部和群众的不满和反感，典型的权威性受到了质疑，也给当时的大寨人带来了精神上的困惑。

综上所述，典型一旦树立起来就成为国家的一种政治符号。“文革”前的大寨是政治挂帅、自力更生、艰苦奋斗、科学种田、爱国爱集体的典范。“文革”中，大寨对外逐渐演变成“两条路线斗争”的形象，对内通过“追”和“逼”两字加强了对社员的控制，“怕人家批斗你”成为社员的口头禅。如此，典型的亲者、贤者的形象不见了，只剩下了尊者的“革命”形象；干部在激发民众“革命”热情的同时又使民众产生了畏惧心理；又由于国家对典型关爱有加，对典型的援助提升了它的发展层次，使得符号化的典型享受到了典型带来的优越性。这种符号化的典型脱离了社会的实际情况，难以推行。因此，大寨典型的树立警示我们应在与民众的互动中建立既符合国家发展方向，又适合乡村社会实际情况的典型。

第三节　典型人物

典型人物是在“树典型”过程中沟通国家、集体与农民的纽带。对大寨典型人物陈永贵进行分析，既能反映当时一大批典型人物的特征，又能体现陈永贵的特殊性。

陈永贵自1952年开始担任大寨村党支部书记，1953年担任大寨新胜农业初级社社长，1956年担任新胜高级农业社社长，1958年担任大寨公社党委书记兼大寨党支部书记。1961年被选为中共昔阳县委候补委员。1967年陈永贵通过夺权掌握昔阳核心权力，身兼县革委会主任和县委第一书

---

① 段存章：《我在大寨十三年》，农村读物出版社，2003，第243～244页。

记，但工作重心仍在大寨。山西省委夺权运动后，陈永贵作为农民的代表被吸纳到省革委会中，主要负责大寨、昔阳的工作。1969 年当选中共九大中央委员，1973 年当选政治局委员，1975 年正式被认命为国务院副总理，分管农业，成为当时少有的身兼村支部书记、县委书记、地委书记、省革委会成员和国家副总理的人物。尽管身居高位，但他一心惦记着大寨，为了更好地抓大寨的工作，他当时向毛泽东提出了“三三制”原则，每年有 1/3 的时间在大寨劳动。直至 1980 年辞去国务院总理职务，陈永贵才在中央的安排下转成城市户口，成为拿国家工资的正式干部。从陈永贵的干部履历来看，他的主要身份是大寨村党支部书记，是一名典型的基层干部，又是一名特殊的干部，既是一名农民，又是不一般的农民。中共十一届三中全会后，他成了毁誉交织的人物。有人认为：“陈永贵们顺应了过去那个时代的经济发展内在要求，是过去阶段中新生产力的代表。”① 有人批评陈永贵“家长式的作风”和“家族统治”。② 这些褒贬是对陈永贵扮演不同角色的反映。

对于基层政治精英的角色特征，中外学界已积累丰富的研究成果。李里峰经过梳理之后，认为大致有四种解释模式，“许慧文（Vivienne Shue）认为基层干部与传统士绅一样，主要忠实于自己的社区；萧凤霞（Helen Siu）主张地方基层干部已经完全为党和国家所同化，是其在乡村的代理人；戴慕珍（Jean Oi）采取折中的看法，提出地方干部既是国家代理人，又是地方社区利益的代表；杜赞奇（Prasenjit Duara）则强调应该注意地方精英人物自身的独立性和利益诉求，他们既连接着又离间了国家与乡村社会。”同时，李里峰认为，“这些解释都有其合理性和事实依据，因为基层政治精英的独特地位和多重身份，决定了其行为选择的不同面相。”③

作为“国家代理人”，1945 年大寨解放后，陈永贵就对中国共产党心

---

① 程漱兰：《中国农村发展：理论与实践》，中国人民大学出版社，1999，第 251 页。

② 孙启泰、熊志勇：《大寨红旗的升起与坠落》，河南人民出版社，1990，第 11、238～247 页。

③ 李里峰：《群众运动与乡村治理》，《江苏社会科学》2014 年第 2 期，第 225 页。

存感激。他常说，自己在旧社会也是一个好劳力，却过着无地、无粮的不安定生活。在新社会里，人还是这个人，却分得了土地，逐渐过上了稳定生活。加之，1950 年他这样一位有着“伪代表”历史的人经审查后被吸收为党员。这都促使他对中国共产党产生敬仰和感激之情，自觉地响应中国共产党在新中国成立之初做出的各种农业决定，成为国家的代理人。在推行农业合作化的过程中，他在听说西沟村在办初级社的信息后，就主动到县里请示办初级社，由于当时对初级社的试办工作只在老区开展，陈永贵的请示未被批准。此后，在初级社向高级社、人民公社的转型中，陈永贵都积极带头。在推行粮食统购统策中，陈永贵并没有像其他基层干部那样表现出畏难情绪，而是通过自己的聪明才智巧妙地化解了其他社员的抵触情绪，出色地完成了第一年的统购任务。从 1953 年起到 1978 年，大寨村每年都超额完成国家粮食统购任务，即使在 1963 年发生洪水灾害也不例外。陈永贵的这一系列做法都维护了国家利益，是典型的国家代理人。由此，从 20 世纪 50 年代起陈永贵也多次被评为县劳模、省劳模，并到北京做演讲，受到毛泽东的接见。他所在的大寨村也因此成为中外政界领导人、各地领导人、劳模、普通民众参观之地，成为各类艺术创作家深入基层，体验生活之地。

“文化大革命”开始后，他主动地运用“阶级斗争”的思维重塑大寨形象，主动批斗所谓的资产阶级在山西、晋中、昔阳的代理人，响应毛泽东的夺权运动，因此毛泽东说“永贵好”。也许正因为他“革命”的这一面，才会成为中央委员和政治局委员，才会成为国务院副总理。

但他又不完全是“国家的代理人”。如派往村落监督和指导工作的工作组、蹲点干部，他们代表的是国家或政府的权威，与村落干部、群众的利益并非完全一致。一般情况，村干部会同下乡干部协商或者按照他们的决定开展工作。在大寨，“陈永贵办事有自己的主见，下乡干部得围绕他转。”① 这样，大寨内部形成一支强有力的领导力量，不仅能井井有条地规划社内生产任务，而且对来自上级的不合理命令予以变通。当“大跃进”

① 孔令贤：《大寨沧桑》，山西经济出版社，2005，第 57 页。

席卷全国时，大寨没有派人去炼钢铁，也没有被公社平调任何财产。当粮食高产“卫星”满天飞时，大寨领导人未被“上天安门、奖化肥和汽车”等荣誉和奖励所诱惑，而是实事求是地上报亩产 270 公斤，大寨村也因此避免了一场灾祸。①

作为小集体的保护人，陈永贵关心社员生活，爱护集体。1946 年在“组织起来”的号召下，陈永贵并没有按照原有强强结合的互助逻辑参加贾进财组织的好汉互助组，而是团结村里的老农、弱劳力组成了老少组，通过劳动竞赛赢得了大寨村贫苦民众的认可。在对后代的教育上，他不仅关心后代的思想政治教育，还关心他们的身体健康状况。例如对赵小和的爱社教育，对铁姑娘身心的关心。如果说老少组的建立使陈永贵赢得了老一辈民众认可的话，通过对青年典型的培养和教育，则赢得了大寨青年一代人的认可。在解决高级社时期干部在领导方面存在的开会多、深入少、说话多、办事少的问题，以陈永贵为首的大寨党支部采取了三项措施：①深入田间指导生产；②实行以片包干，固定责任的生产责任制；③在生产季节，尽量不开会或少开会。② 在劳动中，陈永贵捡苦活、重活、脏活干，在生活中与其他社员毫无差别，这种吃苦在前、享受在后，不斤斤计较个人利益得失的品德使社员与干部间毫无悬殊。当记者问大寨村民李焦月：“陈永贵最大的特点是什么?”李拍拍口袋说：“他不往自己口袋里揣钱。陈永贵天天讲的一句话，当官不爱钱，神鬼都不怕。”③ 作家马烽说：“一个人，能够几十年如一日，永远保持一个纯朴农民的本性，能够拒腐蚀、

① 1958 年昔阳县平调共产风大盛。大寨所属的城关公社想办一个万头猪场，就占了河西大队 14 亩地，同时又向各村派劳力修猪场。摊派到大寨头上，陈永贵说：“我们养了 360 头猪，自己的猪场还没修起来呢！”顶住了不派人。公社支使不动大寨便支使别的村子，调来劳力把猪圈盖起来了，却又没有猪。公社又摊派要猪，大寨派了几十头。陈永贵又顶道：“你别说几十头，一头也不能调给你。”死活就是不给。后来又调粮，陈永贵还是那句话：“别说一千五，一斤五两也不给。”年底，陈永贵代表大寨去省里参加农业劳模大会。有领导动员、启发、诱导陈永贵把亩产改称双千斤，陈永贵顶住了各种诱惑，实报产量。见赵怀瑞《难忘陈永贵》，香港天马图书有限公司，2003，第 32 ~ 33 页；吴思：《陈永贵沉浮中南海：改造中国的试验》，花城出版社，1993，第 43 ~ 44 页。

② 大寨乡支部：《关于如何巩固春耕生产运动向县委报告》（1957 年 3 月 20 日），昔阳县档案馆藏昔阳县委档案，档案号：3/2/97。

③ 石破：《大寨人眼中的陈永贵》，《南风窗》2007 年第 18 期，第 47 页。

永不沾，这是最令人敬重的。”[①] 陈永贵还通过开动自己的脑筋将国家各种宏伟的目标变成一项项具体的目标，大寨社员在其带领下完成各项具体目标的同时，不仅改善了生活，还获得了政治荣誉。例如在农业学大寨运动中，在“全国学大寨，大寨怎么办”的政治压力下，在生产中，陈永贵一直琢磨的问题是如何实现山区农业水利化、机械化，为此，他号召搬掉寨中的土丘，大造人工平原，大兴水利，为农业机械化创造条件。大寨也在不断的改天换地的斗争中成为全国学习的方向标，大寨人虽过着清贫的生活，却生活在高度荣誉感中。总之，陈永贵以自己的胆识、才能、品德赢得了村民的认同、遵从和信服，有效地克服了集体经济中的管理成本问题，提高了农业生产效率。也就是说无论是农业合作化时期还是“大跃进”“文革”时期，他总是一方利益的代表者，属于“保护型经纪人”。

对于昔阳人民，陈永贵也做了许多有利的事情。“文革”初期，他主政昔阳时，免除昔阳人民欠下的1000万公斤粮食债务，还大胆地说，“不是人民欠集体的，而是干部欠人民的”。通过免除债务赢得昔阳全体民众的认可，使其在全县推广的农业学大寨运动得以顺利开展。而今的昔阳农民回忆起陈永贵，说“他可不赖了”[②]。有的因为在陈永贵的帮助下解决了吃水问题而感激他，有的因为陈永贵能叫上自己的名字而感到荣耀。[③] 许多时任昔阳县委的干部回忆到免除债务，对是否免除地主富农的钱粮时，陈永贵说“社会主义要人人吃饱饭，人人有事干，战犯还要给饭吃呢！你们开大会宣布，统统免!”[④] 的见解深感佩服。对陈永贵变干河滩为米粮川、造福后代的农田水利建设，无不称赞。

陈永贵的行为基本符合杜赞奇的观点。他之所以既能代表国家利益，又能在一定程度上维护小集体的利益，都与其基层干部的身份有关，他是践行群众路线的极佳领导。作为不脱产的基层领导干部，他身上体现出的

---

① 陈为人：《他与农民副总理的三次酒缘——作家马烽眼中的陈永贵》，《时代文学》2009年第3期，第97页。

② 孙丽萍主编《口述大寨史》上篇，南方日报出版社，2008，第84页。

③ 同上书，第146页。

④ 孔令贤：《回望昨夜星》，中国文联出版社，2002，第49页。

某种道德权威与人格魅力，可以使国家宏伟目标不致沦为空洞的说辞和海市蜃楼。同时，陈永贵又是担任特殊使命的农民，与农民有着天然的联系，他最了解农民的苦痛。陈永贵身上体现出来国家利益和农民利益保护者的双重特性。

但是，陈永贵又不是一名普通的基层干部。在“文化大革命”爆发前，他已经与毛泽东、周恩来及中央农业部的领导人，与山西省委、晋中地委、昔阳县委领导人以及昔阳、山西省内外的劳模建立了良好的互动关系。正是由于这种关系的存在，陈永贵在“文化大革命”中能从北京那里取得相关信息，或者根据自己对某些领导人的情感，并根据自己对形势的分析采取相应的行动。“文革”初期，陈永贵从周恩来那里拿到三个红袖章，在大寨组织起以郭凤莲为首的红卫兵，对外来干扰农业生产的红卫兵进行围追堵截。陈永贵敢为昔阳“十月事件”受牵连的干部“平反”，保护被打倒的干部。此后，这些人成为陈永贵的得力助手，带领全县人民开展农业学大寨运动，不仅解决了昔阳县的粮食问题，还超额完成国家统购任务，因此在北方地区农业会议上昔阳县被宣告建成大寨县。而山西一些地方在“文革”中多陷于派性斗争，根本无法开展农业生产。例如寿阳县的一个蔡庄大队因为派性一年之内就换了好几次队长，群众编了顺口溜：“穷蔡庄、烂蔡庄、蔡庄年年换队长，一年换了好几个，秋收分配没队长。”① 再如襄汾县城关公社敬村第二生产队派性严重，是襄汾全县有名的“老大难”。群众反映1977年该生产队的情况说：“这几年闹的不象话，兄弟之间常打架；老俩口吃饭在一锅，干起活来各走各；父子之间不一心，遇到问题互不信；公婆儿媳意见大，你仇我恨不说话。”② “文革”后期，陈永贵能根据形势的需要，主动地在大寨、昔阳开展破除骄傲自满、化公为私等思想教育运动，使大寨人、昔阳人保持持久的“革命”性。

然而，为维护大寨典型，陈永贵通过召开一系列的批判大会和学习大

① 秦怀录：《扎白毛巾的副总理——陈永贵》，当代中国出版社，1993，第227页。

② 城关公社敬村大队工作组：《深入揭批“四人帮”迅速改变“老大难”》（1977年3月25日），襄汾农业学大寨党的基本路线教育专刊，笔者收藏。

会，在“斗私批修”的过程中，将大寨“没收自留地”“推行大队核算”等具体做法推广到昔阳乃至全国。陈永贵也随着其政治地位的提升，工作作风越来越强硬。对大寨，只有他自己能批评，别人都不能批评。学大寨只能念大寨一本经，一旦对大寨有怀疑，就会被戴上学习“走了样”，“掺了假”，“假学习，真否定”，“抽象肯定，具体否定”等帽子。有关这一点，所有有关陈永贵的传记中均有提及。多年后，当他儿子陈明珠问到他：“爹，你和（张）怀英本来不错，咋想的批他那三个六年哩？”陈永贵说：“孩呀，别说啦！官当大啦，昏啦！”[①] 一个“昏”字体现了做高官后的陈永贵权欲膨胀。

陈永贵领导农业生产的经验要么来自对传统耕作技术的改造，要么来自于管理大寨的经验。他不懂得农业产业结构、生态环境等对农业增产的重要性，还算不得那个阶段新生产力的代表。他后来说道：“那些年，也愁死我哩！咱不会别的，就会个大寨的那些干法，干部带头苦干！全国学大寨那些年，我带着大寨、昔阳的干部大干，真是累死了！苦死了！全国学大寨先进单位的那些干部、社员也都像大寨、昔阳的干部、社员一样，累死了，苦死了！我还到处批人家，批来批去，全国的农业还是个上不去！我们这些人自己也苦死啦，累死啦，啥办法都使啦，十八般武艺都使上了，就是没办法把农业搞上去！”[②]

总之，在“文革”前，陈永贵较好地处理了国家、集体和农民之间的关系。“文革”中，由于陈永贵身份、地位的变化，也由于自身认识水平的局限，不可避免地做出一些违背国家政策的事情，间接地损害了集体和农民的利益。由此可见，对典型人物需要不断地提高其政治思想素质、组织管理能力和劳动技能，以适应新形势的需要。

---

① 陈大斌：《大寨寓言》，新华出版社，2008，第231页。三个六年是由张怀英主持编写的一个路线教育材料，它将昔阳的历史分为三个时期，即张怀英主持昔阳工作的6年（1956～1961年）、张怀英调出昔阳的6年（1961～1966年）和陈永贵主持昔阳工作的6年（1967～1973年）。陈永贵认为这“三个六年”是张怀英在给自己树碑立传，特别让陈永贵不满的是“三个六年”似乎证明了大寨是张怀英培养出来的。从1975年至1976年，昔阳在陈永贵的授意下展开了对张的批判。

② 陈大斌：《大寨寓言》，新华出版社，2008，第305页。

第四节　典型政治与乡村社会

新中国成立前后，党和国家为了实现不同时期的各项宏伟目标、贯彻各项方针政策，通过树立典型进行典型示范，对群众进行了广泛、深入、持续有效的政治动员，从而对乡村社会进行有效治理，实现对乡村社会整合发展的目的。20世纪60年代中期，在赶超战略影响下，为使中国尽快走向现代化，为中国的工业发展提供原始积累，为减少工业化过程中国家与农民的交易成本，为使农民能自觉自愿地服务于国家工业化建设，党和国家设计了人民公社制度。为了维护人民公社制度，大寨被树立为全国的典型。

“文革”前，通过召开会议、下达文件、媒体报道、组织参观等多种形式，通过国家在农村建立庞大的组织网络，党和国家在农村推广大寨典型经验，各地因地制宜地开展学大寨运动。这一时期的学大寨运动经历了典型树立—示范—推广等阶段，通过改造自然达到发展生产的目标。

“文革”开始后，随着农村逐渐卷入“文革”，学大寨运动也随之融入“文革”中。这一时期大寨典型推广的形式虽未有多大的变化，但大寨由生产典型而异化成为政治典型，从突出对自然的改造到对人的改造，而学大寨演变成为一场规训运动。从运动性质发生的转变来看，主要是由国家意志或者说毛泽东的意志决定的。冯仕政认为，学大寨运动之所以会发生这种转变是由于人民公社体制下的生产遭受到严重失败，其目的有二，即“一是希望能通过‘抓革命’来‘促生产’，二是希望引导民众把生产朝国家所希望的方向转化：比如，把生产效率不彰归咎于落后思想的阻碍，归咎于对上级精神领会不够、贯彻落实不力，等等。”[①] 如，三年困难时期，许多地方都出现了隐瞒粮食、商品和资金的行为。昔阳县也不例外，

---

① 冯仕政：《中国国家运动的形成与变异：基于政体的整体性解释》，《开放时代》2011年第1期，第86页。

1959年至1961年共隐瞒粮食957390万公斤、资金894845元，商品74种。造成这种情形出现的原因，县委认为是“政治觉悟水平不高，纪律性不强，缺乏全面观点，滋长了本位主义、分散主义、地方主义，从本地区、本单位方便出发，不顾大局，不顾别人，不顾国家政策，弄虚作假，多收少报，少支多报，多进少报，以达到本地区、本单位多要、多占多用的目的”。归根结底是“资产阶级思想”的结果”。[①] 对于“文革”前昔阳未学好大寨的原因，县委认为主要有1963年遭受的自然灾害、领导班子不团结、班子成员骄傲自满和思想保守。[②] 除第一点原因为客观因素外，其余三点均是与人相关的主观因素。所以，“对生产责任制的追究就变成以清除落后思想或落后分子为目标的规训性运动”。[③] 如此，就不难理解，“文革”初期的学大寨运动首先从整顿干部入手，且往往以学习毛主席著作为开端，在学习的过程中通过“批”“斗”的强制形式为学大寨运动排除障碍，然后再把这种“批”“斗”的革命精神转化成为发展生产动力。

同时，还借助于乡村社会组织来推行学大寨运动。“文革”前的组织网络主要包括从县委到人民公社再到生产大队、生产小队所建立的各级党支部/党小组、各级政权和管理委员会等科层组织，贫农团、贫农小组、贫下中农协会等阶级组织，农民协会、妇女协会、青年协会等群众组织，以及民兵队等武装组织和临时性的工作组。“文革”初期，在“踢开两党闹革命”“全面夺权”的过程中，国家深入农村社会的部分组织结构遭到了破坏，中共九大后，随着各级革委会和政权组织的恢复，各级党支部/党小组等科层组织和群众组织相继得到恢复。重新担任各级科层组织和群众组织的领导者均表现出了对政治的“忠诚”，他们在政治教育下，使自己的行为更加符合主流意识形态的需要。1970年北方地区农业会议后，在“昔阳能办到，你们难道不行吗?”的思维推动下，昔阳和全国农民在亢奋

① 《中共昔阳县委关于隐瞒粮食、商品和资金向省、地委的检查报告》（1962年3月23日），昔阳县档案馆藏昔阳县委档案，档案号：3/1/316。

② 《学大寨运动初步总结》（1965年12月11日），昔阳县档案馆藏昔阳县委档案，档案号：3/1/396。

③ 冯仕政：《中国国家运动的形成与变异：基于政体的整体性解释》，《开放时代》2011年第1期，第86页。

的革命状态下推进学大寨运动。如有懈怠行为和亵渎学大寨运动就会被戴上“修正主义”“资产阶级路线”的帽子。“大寨田”“割资本主义尾巴”等符号也作为规训的内容走向了乡村社会。如安徽亳县是全国有名的白芍种植地。在70年代大割资本主义尾巴的年代里，亳县所属的阜阳地委决心要打一场毁灭资本主义的人民战争。1974年初春，地委书记对农民即将收获的白芍下令：“五日内将全线白芍全部毁完。”他在战前“动员”中，表示在这场“你死我活”的斗争中决不手软，并要各级党委书记层层表态。县委书记、县革委会主任均表示坚决支持地委书记的指示，并命令全县中共党员保证，贫下中农带头，层层建立了检查组织，对抗拒者组织批斗，硬抗不毁者组织突击队铲毁。①

在政治教育作用下，各地树立了一些符合国家意识形态需要的典型，进一步扩大规训面。如昔阳县在选拔典型时要求必须具备以下三点：一是政治可靠、立场坚定，是真正经过“文化大革命”实践斗争考验的革命“左”派；二是为革命而学，活学活用，在改造思想，改进工作，斗私批修方面确有显著成绩，为广大群众所拥护和信任；三是先进单位应是毛泽东思想统一起来的模范集体，紧跟毛主席的战略部署，活学活用毛主席著作，在“斗私、批修”，“抓革命，促生产、促工作、促战备”等方面成绩显著的单位。② 这些学大寨运动中被树立的典型随着昔阳首先建成大寨县而声誉大增，特别是1975年第一次全国农业会议后，他们成为全国各地参观者的参观点。毫无疑问，这又促使典型生产队的干部行为更加符合国家的要求。

在对干部进行教育的同时，更主要的是对群众的教育和改造。三年困难时期，群众不同程度地对人民公社制度产生了质疑，甚至为了生存使用“弱者的武器”进行抵抗。1961年昔阳县委对南界都生产队各阶层的思想状况进行了调查，调查显示贫下中农阶层有15%的人口对“三面红旗”产生了怀疑，20%的困难户产生了悲观情绪；富裕中农中有40%的人口对“三面红旗”产生了严重的动摇，15%的人口甚至诋毁“三面红旗”，他们

① 梁志远：《学大寨运动给亳县带来的灾难》，《炎黄春秋》2006年第4期，第26～27页。

② 昔阳县革委会：《关于召开全县学习毛著先进单位和积极分子代表会议通知》（1967年12月23日），昔阳县档案馆藏昔阳县委档案，档案号：3/1/416。

主张包产到户，只关心小块地、自留地、派活挑肥拣瘦，包工不管质量，拒绝拉平车、担水、担大粪等重活，喂牲口偷吃饲料，有机会就要贪污；借口发脾气，丑化集体事业；地富反坏分子不仅拉拢下台干部，还煽动落后群众，离间共产党与群众的关系，[①] 有的群众为了生存而不得不采用“小偷小摸”、外出搞副业等形式解构人民公社制度。如1960年昔阳县委对巴州、青岩头两个管理区进行了调查，仅仅巴州管理区初步调查共发现有偷盗行为的111人，占全管理区1115口人的10%，其中全家偷盗的21户，占全管理区332户的6.3%，青岩头管理区有偷盗行为的18人，占全管理区的5.1%。[②] 再如20世纪60年代初期，对昔阳县石坪、武家坪、留庄、闫庄窝、冶头、皋落、河西、口上、东冶头、三都10个生产大队的调查显示，一年之内农业生产中外出劳力占劳动力总数的21%～24%，外流劳动力最少为14%，最多时达到36%。[③] 群众这种不关心集体利益和国家利益，对“三面红旗”质疑的态度，均与党和国家对群众的期待存在着张力。对大寨爱国、爱集体，不计小利，甘于奉献精神的宣传目的就在于减小这种张力。“文革”期间，昔阳县农民按照国家的方向规范自己的行为，的确做到了多打粮，多卖粮。据统计，1967～1969年昔阳农民共交售国家余粮4250万公斤，超过了1966年的粮食总产量，在农村实现了只购不销。同时勾销了社员历年所借的400多万公斤粮食账，以钱估算，不再还粮。[④] 此后，交售国家的粮食随着粮食产量逐年增加而增加。同时，在学大寨运动中，昔阳农民对通水、通电、通路、住房和合作医疗等公共产品的需求也基本得到了满足。昔阳农民正是从自身生活的改善来认识学大寨运动，认可国家政策的。

---

① 县委宣传部：《南界都生产大队各阶层思想动态调查报告》（1961年5月15日），昔阳县档案馆藏昔阳县委档案，档案号：3/1/280。

② 昔阳县政法党组：《关于巴州、青岩头两个管理区偷青吃青问题的调查报告》（1960年10月19日），昔阳县档案馆藏昔阳县委档案，档案号：3/1/241。

③ Tang Tsou, “Organization, Growth and Equali In Xiyang County,” *Modern China* 2（1979）：149.

④ 李韩锁：《紧跟毛主席就是胜利——在中国共产党昔阳县第6次代表大会上的报告》（1970年11月25日），昔阳县档案馆藏昔阳县委档案，档案号：3/1/476。

然而，这种规训并不完全是建立在实事求是的基础上，而是地方精英为了使典型保持革命性，在行为上更加符合国家对社会改造的需要，不断地人为地塑造阶级对象，通过对人为阶级对象的批判进而对群众进行规训。正如有人指出，“陈永贵在掌权之后，政治上抓两手，一手是经常发动区域性的政治运动，以造成一种催人大干的专制气氛，另一手是在斗争中人为设置对立面，而这些对立面又多是熟识的，甚至是较为亲近的，批判斗争纯粹是为了政治需要，批判之后照常使用。”[①] 在昔阳县，这种“革命”性的规训最后转化成大“干”社会主义，大力发展生产。自“农业学大寨”成为最高指示后，昔阳将大寨改天换地、与自然作斗争的精神放大到全县开展修整二坡地、治理河滩地的工作中去。北方地区农业会议后，昔阳县首先建成大寨县，得到中央的首肯，这又为昔阳学大寨注入了兴奋剂。此后，在陈永贵的领导下，昔阳县开始大兴水利工程，解决农业生产靠天吃饭的现状。大寨在昔阳人的促使下开始了“搬山造平原”运动，为实现机械化作业做准备。到1975年和1977年，第一、二次全国农业学大寨运动会议召开，会上提出了普及大寨县的口号，大寨、昔阳再获殊荣。

但是，这种持续的“革命”规训并不能彻底改变农民的小私有特性，他们经常会做出有违国家意识形态却符合生存逻辑的行为。在被称为“圣地”的昔阳县也不例外，1971年昔阳县工商行政管理部门对全县的投机倒把行为进行统计，共涉及18个公社，43个大队，共61起，集体24起，个人37起。其中高价卖粮，7个公社，13起，共卖粮8174公斤。高价卖草，5个公社，6起，共卖草6242公斤；高价粉条，2个公社，3起，共卖粉条2351.5公斤。[②] 还有部分社队派出车辆擅自外出卖工搞副业，1971年3月至7月间，全县8个公社40个大队仍有38辆马车，77辆小平车，262头牲畜，227个人在阳泉搞副业。[③] 对于意识形态的教育，许多干部的认识

① 孔令贤：《回望昨夜星》，中国文联出版社，2002，第143页。

② 《昔阳县工商管理局关于1970年以来查获投机倒把及违法案件的情况》（1971年），昔阳县档案馆藏昔阳县委档案，档案号：3/1/551。

③ 《关于在阳泉马车、小平车、劳力情况》（1971年），昔阳县档案馆藏昔阳县委档案，档案号：3/1/551。

也未能上升到国家的高度。如洪水公社东战区一些干部，对粮食过江的认识，“不管过江不过江，增了产就好交账，只要粮食到了手，一俊遮百丑”；对过江条件的认识，“小脉山、劣地板，想要过江难上难，过江舆论也大造，实际嘴喊心不过”；对过江年的认识，“今年是过江年，政治别人喊咱也喊，口也喊过江，实际不沾先”；对不抓权、线、路，只抓水、肥、土的认识，“粮过秤、钱过数，只要抓住水、肥、土，多打粮食不丢丑。”[①]这些行为的存在，在一定程度表明学大寨的规训运动打了折扣，这又使后来的国家领导人更加趋于务实，从而引起生产性的变革，农村承包责任制得以推行。

综上，典型政治作为国家治理社会的一种模式，具有非制度化、正规化和专业化的特点。通过树立大寨典型、推广大寨典型，的确实现了国家对农业资源的汲取和对农村社会的控制，为国家在短时期内迅速建成现代工业体系打下基础。广大农民也在学大寨中大力整修土地，兴修水利，大大地改善了农业生产条件。但是，这种动员模式是以持续的“革命”为号召进行的动员，甚至通过人为地制造“革命”的对象而使整个社会处于持续的“亢奋”中。在这一过程中，由于制度的不健全和运动式的“泥鳅”效应，很容易出现典型“唯我独尊”，典型人物为表对国家的“忠心”而不顾一切地推行典型的具体做法。殊不知，任何典型都是有它产生的特殊性，切不可人为地拔高，使其丧失本来的价值。典型的学习也同样应以弘扬价值为主，切不可盲目照搬。

① 《四干会大会动态》（1971 年），昔阳县档案馆藏昔阳县委档案，档案号：3/1/531。

· 参考文献 ·

一　文献资料

（一）已刊资料

蔡和睦主编《福建省农业合作化经济史料》第1卷，福建科技出版社，1988。

陈锡根、范广龄主编《上海农业合作经济史料》，上海人民出版社，1991。

陈永贵：《陈永贵谈大寨》，中共山西省委办公厅编印，1965年。

陈永贵：《谈谈科学种田》，农业出版社，1973。

陈永贵：《彻底批判“四人帮”掀起普及大寨县运动的新高潮：第二次全国农业学大寨会议文件和材料汇编》，人民出版社，1977。

甘肃省农业厅农业志编辑办公室编《甘肃省农业大事记》，甘肃人民出版社，1992。

甘肃省农业合作史编写办公室、甘肃省档案馆编《甘肃省农业合作制重要文献汇编》第2辑，甘肃人民出版社，1993。

顾龙生编《毛泽东经济年谱》，中共中央党校出版社，1993。

贵州农村合作经济史料编写委员会编《贵州农村合作经济史料》第1、2、3、4辑，贵州人民出版社，1987、1988、1989、1989。

福建人民出版社编辑组：《陈永贵同志在五个省的报告》，福建人民出版社，1974。

国家农业委员会办公厅编《农业集体化重要文件汇编》下册，中共中央党校出版社，1981。

国家统计局：《中国统计年鉴（1991）》，中国统计出版社，1991。

华北解放区财政经济史资料选编组《华北解放区财政经济史资料选编》第1辑，中国财经出版社，1996。

黄道霞主编《建国以来农业合作史料汇编》，中共党史出版社，1992。

皇甫振清等修，李大宇等纂《续修昔阳县志》，台湾成文出版社，1961年影印本。

《农业学大寨：全党动员，大办农业，为普及大寨县而奋斗》，山东人民出版社，1975。

青海农牧区合作经济史料编委会编《青海农牧区合作经济史料》，青海人民出版社，1993。

《全党动员，决战三年，为基本实现农业机械化而奋斗——第三次全国农业机械化会议文件和材料汇编》，人民出版社，1978。

《山东省农业合作化史》编辑委员会编《山东省农业合作化史料》上册，山东人民出版社，1989。

山西省史志研究院编《当代山西重要会议》，中央文献出版社，2002。

山西省昔阳县革命委员会编《学大寨靠的是毛泽东思想》，农业出版社，1968。

陕西省农业合作编委会编《陕西省农业合作重要文献选编》，陕西人民出版社，1993。

实业部国际贸易局：《中国实业志》（山西卷），实业部国际贸易局，1935。

宋永毅：《中国文化大革命文库》（CD－ROM），香港中文大学中国研究服务中心，2002。

宋原放：《中国出版史料》第3卷下册，山东教育出版社、湖北教育出版社，2001。

孙丽萍主编《口述大寨史》上篇，南方日报出版社，2008。

王耕今编《乡村三十年》下册，农村读物出版社，1989。

王祝光主编《广西农村合作经济史料》下册，广西人民出版社，1988。

万里：《万里文选》，人民出版社，1995。

昔阳县《大寨地理》编写组《大寨地理》，商务印书馆，1975。

《昔阳学大寨运动步步深》，山西人民出版社，1973。

有林等《中华人民共和国国史通鉴》第3卷，红旗出版社，1993。

云南农业合作化史编辑室、中共云南省委农村工作部、云南省档案馆编《云南农业合作化史料》第1卷，内部发行，1989。

赵德馨主编《中华人民共和国经济专题大事记（1967～1984）》，河南人民出版社，1989。

中共广东省委农村工作部、广东省档案馆编《广东农业生产合作制文件资料汇编》，广东人民出版社，1993。

中共江苏省委党史工作办公室编《江苏农业合作化经济史料》下册，中共党史出版社，2006。

中共山西省委党史研究室、山西省档案馆编《太行革命根据地土地问题资料选编》，内部发行，1983。

中共中央文献编辑委员会编《毛泽东选集》，人民出版社，1991。

中共中央文献研究室编《邓小平年谱》（1975～1997），中央文献出版社，1998。

中共中央文献研究室编《建国以来毛泽东文稿》第10、12册，中央文献出版社，1996，1998。

中共中央文献研究室编《周恩来选集》下卷，人民出版社，1984。

中国农业年鉴编辑委员会编《中国农业年鉴（1980）》，农业出版社，1981。

中国人民解放军国防大学党史党建政工教研室编《“文化大革命”研究资料》上册，内部发行，1988。

驻大寨联合报道组编《大寨经验》，山西人民出版社，1977。

（二）未刊档案资料

白万来、焕成：《关于下乡调查研究的报告》（1979年1月16日），昔阳县档案馆藏昔阳县委档案，档案号：3/1·1·2/31。

《陈伯达同志关于大寨评工记分办法的谈话》（1966年5月26日抄件），昔阳县档案馆藏昔阳县委档案，档案号：3/1/414。

《陈永贵同志在昔阳县委三级干部会议上的报告》（1973年2月9日），昔阳县档案馆藏昔阳县委档案，档案号：3/1/620。

《陈永贵在劳动中》（1964年7月8日），昔阳县档案馆藏昔阳县委档案，档案号：3/1/360。

《大学大寨经验，促进备耕生产新高潮——巴州公社进一步开展大学大寨运动》（1965年3月12日），昔阳县档案馆藏昔阳县委档案，档案号：3/2/345。

《大寨村土改前后各阶层变化情况表》（1956年5月9日），昔阳县档案馆藏昔阳县委档案，档案号：3/2/75。

大寨党支部：《沿着毛主席无产阶级革命路线在继续革命的大道上大步前进》，（1971年3月15日），昔阳县档案馆藏昔阳县委档案，档案号：3/1/525。

大寨公社党委书记赵怀瑞：《发扬大寨精神，为实现农业现代化而斗争》（1978年7月8日），昔阳县档案馆藏昔阳县委档案，档案号：3/1/926。

《大寨公社厚庄大队是如何学大寨突出无产阶级政治搞好劳动管理的》（1969年9月2日），昔阳县档案馆藏昔阳县政府档案，档案号：20/2/186。

大寨乡支部：《关于如何巩固春耕生产运动向县委报告》（1957年3月20日），昔阳县档案馆藏昔阳县委档案，档案号：3/2/97。

冯东书、杨玉良：《内部参考》（1975年3月），昔阳县档案馆藏昔阳县委档案，档案号：3/2/453。

赴山东省历城县参观氨水储存使用学习班：《赴山东省历城县参观氨

水储存、使用学习班参观学习情况的汇报》（1969 年 1 月 28 日），昔阳县档案馆藏昔阳县革委会档案，档案号：65/3/1。

《关于彻底肃清我县学大寨运动中极左流毒和影响的报告》（1979 年 12 月 27 日），昔阳县档案馆藏昔阳县委档案，档案号：3/1·1·2/9。

《关于发放 1960 年农业生产投资款的通知》（1960 年 3 月 20 日），昔阳县档案馆藏昔阳县委档案，档案号：3/1/233。

《关于进一步改进县社队三级干部作风的决定》（1978 年 9 月 20 日修订），昔阳县档案馆藏昔阳县委档案，档案号：3/1/927。

《关于全县学大寨问题的讨论纪要》（1967 年 11 月 11 日），昔阳县档案馆藏昔阳县委档案，档案号：3/1/423。

《关于县委常委开展反骄破满，批修整风情况的报告》（1971 年 4 月 24 日），昔阳县档案馆藏昔阳县委档案，档案号：3/1/531。

《关于在全县迅速推广大寨劳动管理经验的通知》（1967 年 3 月 30 日），昔阳县档案馆藏昔阳县委档案，档案号：3/1/417。

《关于在阳泉马车、小平车、劳力情况》（1971 年），昔阳县档案馆藏昔阳县委档案，档案号：3/1/551。

《关于转发李家庄公社党委“关于大力开展大寨、杨谈先进经验宣传月活动的安排意见”的通知》（1964 年 2 月 8 日），昔阳县档案馆藏昔阳县委档案，档案号：3/2/289。

建设科：《昔阳县生产简单总结》1946 年 2 月 28 日，昔县档案馆藏昔阳县革命历史档案，档案号：2/2/101。

晋中农业参观团领导组：《晋中区农业参观团在北京市和冀鲁豫三省参观学习的总结报告》（1965 年 12 月 27 日），昔阳县档案馆藏昔阳县委档案，档案号：3/2/307。

李韩锁：《紧跟毛主席就是胜利——在中国共产党昔阳县第 6 次代表大会上的报告》，（1970 年 11 月 25 日），昔阳县档案馆藏昔阳县委档案，档案号：3/1/476。

李喜慎：《抓纲治国，继续革命，决战二年，为把我县建成高标准大寨县而努力》（1978 年 1 月 29 日），昔阳县档案馆藏昔阳县委档案，档案号：3/1/946。

李喜慎：《坚决果断地把我县工作的着重点转移到社会主义现代化建设上来》（1979 年 2 月 9 日），昔阳县档案馆藏昔阳县委档案，档案号：3/1·1·2/19。

刘树岗：《县直单位党员普训总结提纲》（1980 年 2 月 4 日），昔阳县档案馆藏昔阳县委档案，档案号：3/1·1·2/49

刘树岗：《对皋落大队党总支〈年年整党建党，天天防修反修〉的剖析》（1980 年 7 月 10 日），昔阳县档案馆藏昔阳县委档案，档案号：3/1·1·2/51。

农村工作部：《关于 1958 年模范奖励花名登记表》（1958 年 11 月 22 日），昔阳县档案馆藏昔阳县委档案，档案号：3/2/140。

《毛泽东思想光辉普照昔阳县——关于活学活用毛泽东思想情况的报告》（1968 年 5 月 26 日），昔阳县档案馆藏昔阳县委档案，档案号：3/1/439。

《去冬以来农田基本建设简况》（1976 年 1 月 22 日），昔阳县档案馆藏昔阳县革委会档案，档案号：65/4/15。

《认真推行大寨劳动管理制度是农村斗、批、改的一项重要任务——洪水公社安家庄大队党支部书记张永谈推行大寨劳动管理的体会》（1969 年 7 月 12 日），昔阳县档案馆藏昔阳县政府档案，档案号：20/2/165。

山西人民广播电台：《关于“陈永贵和大寨生产大队”的宣传计划》（1963 年 11 月 20 日），昔阳县档案馆藏昔阳县委档案，档案号：3/2/305。

《四干会大会动态》（1971 年），昔阳县档案馆藏昔阳县委档案，档案号：3/1/531。

《讨论一下真理标准问题讨论怎么办?》（1979 年 8 月 29 日），昔阳县档案馆藏昔阳县委档案，档案号：3/1·1·2/2。

《卫恒同志在昔阳社教工作团分团政委、团长、公社党委书记会议上的讲话》（1965 年 5 月 24 日），昔阳县档案馆藏昔阳县委档案，档案号：3/1/420。

《我们是怎样大办四级农科网的》（1978 年 5 月 4 日），昔阳县档案馆藏昔阳县革委会档案，档案号：65/4/19。

《武家坪大队是怎样推广大寨劳动管理经验的》（1969 年 8 月 10 日），昔阳县档案馆藏昔阳县政府档案，档案号：20/2/186。

《昔阳县三级干部会议纪要》（1978 年 10 月），昔阳县档案馆藏昔阳县委档案，档案号：3/1/928。

《昔阳县 1947 年农作物推广计划》（1947 年 3 月 4 日），昔阳县档案馆藏昔阳县革命历史档案，档案号：2/2/101。

《昔阳县革命委员会生产指挥组关于一年来推广大寨劳动管理经验的初步总结》（1968 年 12 月 25 日），昔阳县档案馆藏昔阳县革委会档案，档案号：65/3/1。

昔阳县革委会：《关于召开全县学习毛著先进单位和积极分子代表会议通知》（1967 年 12 月 23 日），昔阳县档案馆藏昔阳县委档案，档案号：3/1/416。

昔阳县革委会：《以路线斗争为纲，认真推广大寨科学种田经验》（1972 年 11 月），昔阳县档案馆藏昔阳县委档案，档案号：3/1/572。

《昔阳县户数、畜力调查统计表》（1951 年），昔阳县档案馆藏昔阳县委档案，档案号：3/1/18。

《昔阳县工商管理局关于 1970 年以来查获投机倒把及违法案件的情况》（1971 年），昔阳县档案馆藏昔阳县委档案，档案号：3/1/551。

《昔阳县全县两个半月生产工作布置》（1946 年 7 月 11 日），昔阳县档案馆藏昔阳县革命历史档案，档案号：2/2/101。

昔阳县委常会会议：《研究贯彻三中全会精神的一些有关问题》（1979 年 8 月 30 日），昔阳县档案馆藏昔阳县委档案，档案号：3/1·1·2/2。

昔阳县政法党组：《关于巴州、青岩头两个管理区偷青吃青问题的调查报告》（1960 年 10 月 19 日），昔阳县档案馆藏昔阳县委档案，档案号：3/1/241。

县委联合办公室：《昔阳县半年来生产运动的总结》（1947 年 9 月 1 日），昔阳县档案馆藏昔阳县革命历史档案，档案号：2/2/118。

县委宣传部：《合作化以来各个时期党内思想动向的点滴》（1961 年

12月28日），昔阳县档案馆藏昔阳县委档案，档案号：3/2/251。

县委宣传部：《南界都生产大队各阶层思想动态调查报告》（1961年5月15日），昔阳县档案馆藏昔阳县委档案，档案号：3/1/280。

县委组织部、宣传部：《关于加强支部教育工作通知》（1960年4月9日），昔阳县档案馆藏昔阳县委档案，档案号：3/1/228。

《县政府粮食局计划收购、计划供应工作总结》（1954年1月21日），昔阳县档案馆藏昔阳县委档案，档案号：3/1/37。

谢振华：《中共山西省三届二次全体委员（扩大）会议上的总结发言》（1972年），昔阳县档案馆藏昔阳县委档案，档案号：3/2/408。

《学大寨运动初步总结》（1965年12月11日），昔阳县档案馆藏昔阳县委档案，档案号：3/1/396。

张怀英：《全面贯彻党的政策，力争生产持续跃进》（1959年），昔阳县档案馆藏昔阳县委档案，档案号：3/2/217。

赵满仓：《沿着毛主席的革命路线狠抓水利建设尽快把昔阳建成"小江南"》（1971年），昔阳县档案馆藏昔阳县委档案，档案号：3/1/529。

中共晋中地委组织部：《农村基层组织如何领导比学赶帮运动》（1964年5月28日），昔阳县档案馆藏昔阳县委档案，档案号：3/2/289。

《中共山西省委第一书记陶鲁笳同志在晋南党的农村基层组织的政治工作会议上的报告纪录》（1965年5月15日），昔阳县档案馆藏昔阳县委档案，档案号：3/1/420。

中共昔阳核心小组、昔阳县革命委员会：《全县大办毛泽东思想学习班初步总结》（1968年1月8日），昔阳县档案馆藏昔阳县委档案，档案号：3/1/436。

中共昔阳县核心小组：《关于全县学大寨问题的讨论纪要》（1967年11月11日），昔阳县档案馆藏昔阳县委档案，档案号：3/1/423。

中共昔阳县委：《关于对郭凤莲同志的考察情况》（1980年11月23日），昔阳县档案馆藏昔阳县委档案，档案号：3/1·1·2/62。

《中共昔阳县委关于开展学习模范支部书记陈永贵运动向地委专题报告》（1960年6月1日），昔阳县档案馆藏昔阳县委档案，档案号：3/

2/223。

《中共昔阳县委关于隐瞒粮食、商品和资金向省、地委的检查报告》（1962 年 3 月 23 日），昔阳县档案馆藏昔阳县委档案，档案号：3/1/316。

中共昔阳县委：《通报》（1954 年 5 月 9 日），昔阳县档案馆藏昔阳县委档案，档案号：3/1/50。

中共昔阳县委员会：《通报——大寨村在统购统销中是如何发动思想工作的?》（1953 年 12 月 28 日），昔阳县档案馆藏昔阳县委档案，档案号：3/1/37。

中共昔阳县委员会：《以批修整风为纲，引深学大寨运动》（1971 年 8 月 26 日），昔阳县档案馆藏昔阳县委档案，档案号：3/1/528。

中共昔阳县委组织部编《组织工作通报》第 3 期（1960 年 2 月 20 日），昔阳县档案馆藏昔阳县委档案，档案号：3/2/223。

中国农业部部长廖鲁言在大寨视察报告之一：《以农田基本建设为中心全面贯彻农业八字宪法》（1964 年 5 月 9 日），昔阳县档案馆藏昔阳县委档案，档案号：3/1/351。

中国农业部部长廖鲁言在大寨视察报告之二：《陈永贵种试验田》（1964 年 5 月 8 日），昔阳县档案馆藏昔阳县委档案，档案号：3/1/351。

中国农业部部长廖鲁言在大寨视察报告之三：《队干部参加集体劳动》（1964 年 5 月 8 日），昔阳县档案馆藏昔阳县委档案，档案号：3/1/351。

中国农业部部长廖鲁言在大寨视察报告之四：《国家、工业和兄弟社队的支援》（1964 年 5 月 8 日），昔阳县档案馆藏昔阳县委档案，档案号：3/1/351。

中国农业部部长廖鲁言在大寨视察报告之五：《廖部长在大寨党、团员、贫下中农联系会上的讲话》（1964 年 5 月 11 日），昔阳县档案馆藏昔阳县委档案，档案号：3/1/351。

中国农业部部长廖鲁言在大寨视察报告之六：《大寨的劳动管理在前进中》（1964 年 5 月 8 日），昔阳县档案馆藏昔阳县委档案，档案号：3/1/351。

中国农业部部长廖鲁言在大寨视察报告之七：《自觉“让贤”的大寨

大队前任支部书记贾进财同志》（1964年5月8日），昔阳县档案馆藏昔阳县委档案，档案号：3/1/351。

《抓准活思想，路线做分析》（1971年3月），昔阳县档案馆藏昔阳县委档案，档案号：3/1/527。

《专题广播“学大寨、赶大寨”和陈永贵讲话的听众反映》（1964年4月14日），昔阳县档案馆藏昔阳县委档案，档案号：3/2/305。

《遵循党的十一届三中全会精神为建设农业现代化大寨县而努力》（1979年3月18日），昔阳县档案馆藏昔阳县委档案，档案号：3/1·1·2/13。

二　著作

安徽省凤阳地方志编纂委员会编《凤阳县志》，方志出版社，2001。

薄一波：《若干重大决策与事件的回顾》下卷，人民出版社，1997。

〔法〕布洛赫：《法国农村史》，商务印书馆，1997。

曹大斌编《柳林建县创业回顾》，山西人民出版社，2006。

曹锦清等：《当代浙北乡村的社会文化变迁》，上海远东出版社，2001。

陈大斌：《饥饿引发的变革》，中共党史出版社，1998。

陈大斌：《大寨寓言》，新华出版社，2008。

陈吉元、陈家骥：《中国农村经济社会变迁》（1949～1989），山西经济出版社，1993。

陈丕显：《历史的转折在湖北》，中央文献出版社，1996。

陈佩华等：《当代中国农村历沧桑——毛邓体制下的陈村》，孙万国等译，香港牛津大学出版社，1996。

程漱兰：《中国农村发展：理论与实践》，中国人民大学出版社，1999。

《当代中国的农业合作制》编辑室编《当代中国典型农业合作社史选编》上册，中国农业出版社，2002。

邓力群主编《当代中国的经济体制改革》，中国社会科学出版社，1984。

丁龙嘉：《改革从这里起步——中国农村改革》，安徽人民出版社，1998。

董辅礽主编《中华人民共和国经济史》，经济科学出版社，1999。

杜润生：《中国农村改革决策纪事》，中央文献出版社，1999。

杜润生：《中国农村经济改革》，中国社会科学出版社，1985。

段存章：《我在大寨十三年》，农村读物出版社，2003。

范德官主编《中国农业全书·上海卷》，中国农业出版社，2001。

冯东书：《“文盲宰相”陈永贵》，中国文联出版社，1998。

冯治：《吴仁宝新传》，人民出版社，2006。

高王凌：《人民公社时期中国农民“反行为”调查》，中共党史出版社，2006。

郭展翔、王品增、杨五云：《山西通志·农业志》，中华书局，1994。

〔美〕韩丁：《深翻》，香港国际文化图书，2008。

韩敏：《回应革命与改革》，陆益龙、徐新玉译，江苏人民出版社、凤凰出版传媒集团，2007。

黄楚芳、方向新：《中国共产党与中国农民》第3卷，湖南人民出版社，2002。

黄宗智：《中国研究的范式问题讨论》，社会科学文献出版社，2003。

黄宗智主编《中国乡村研究》第2辑，商务印书馆，2003。

侯永禄：《农民日记——一个农民的生存实录》，中国青年出版社，2006。

侯永主编《当代安徽简史》，当代中国出版社，2001。

蒋永武：《史来贺》，新华出版社，2005。

孔令贤：《回望昨夜星》，中国文联出版社，2002。

孔令贤：《大寨沧桑》，山西经济出版社，2005。

〔美〕李怀印：《乡村中国纪事——集体化和改革的微观历程》，法律出版社，2010。

李锦：《大转折的瞬间：目击中国农村改革》，湖南人民出版社，2000。

李静萍：《农业学大寨运动史》，中央文献出版社，2011。

李静萍：《潮起潮落——农业学大寨运动回眸》，山西人民出版社，2012。

李锐：《庐山会议实录》，河南人民出版社，2001。

李松晨等：《建设档案》（1956～1966）下卷，当代中国出版社，2000。

李占才：《当代中国经济思想史》，河南人民出版社，1999。

李宗植、张润君：《中华人民共和国经济史》，兰州大学出版社，1999。

林尚立：《当代中国政治形态研究》，天津人民出版社，2000。

林毅夫：《再论制度、技术与中国农业发展》，上海三联书店，1992。

凌志军：《历史不再徘徊——人民公社在中国的兴起和失败》，人民日报出版社，2011。

刘庆乐：《权力、利益与信念：新制度主义视角下的人民公社研究》，中国社会科学出版社，2010。

刘芝凤：《中国土家族民俗与稻作文化》，人民出版社，2001。

陆益龙：《嵌入性政治与村落经济的变迁——安徽小岗村调查》，上海人民出版社，2007。

罗平汉：《农村人民公社研究》，福建人民出版社，2003。

马驷骥编《新闻电影——我们曾经的年代》，中国摄影出版社，2002。

苗长青：《山西通史》当代卷，山西人民出版社，2001。

宁夏农业厅、宁夏农业经济学会编《宁夏农业合作制发展简史》，宁夏人民出版社，1992。

农业部农村经济研究中心、当代农业史研究室编《当代中国农业变革与发展研究》，中国农业出版社，1998。

金延锋主编《当代浙江简史》，当代中国出版社，2000。

晋中史志研究院编《中国共产党晋中简明历史》，中央文献出版社，2004。

乔学珩主编《贵州农村合作经济简史》，贵州人民出版社，1993。

秦怀录：《扎白毛巾的副总理——陈永贵》，当代中国出版社，1993。

山西省农牧厅编《山西农业劳模录》（1949～1989），山西人民出版社，1989。

山西省农业合作化史编辑委员会编《山西农业合作史典型调查卷》，山西人民出版社，1989。

山西四十年编辑委员会编《山西四十年（1949～1989）》，中国统计出版社，1989。

史文寿、凌三苟主编《昔阳县志》，中华书局，1999。

宋连生：《农业学大寨始末》，湖北人民出版社，2005。

孙健主编《中华人民共和国经济史》，中国人民大学出版社，1992。

孙启泰、熊志勇：《大寨红旗的升起与坠落》，河南人民出版社，1990。

谭成健：《大寨：中国名村纪实》，中原农民出版社，1998。

陶鲁笳：《毛主席教我们当省委书记》，中央文献出版社，2003。

徐光春：《中华人民共和国广播电视简史》，中国广播电视出版社，2003。

万里：《万里论农村改革与发展》，中国民主法制出版社，1996。

王贵宸等编著《巨变中的鄂州——新中国农村经济发展的典型剖析》，北京农业大学出版社，1988。

王俊山主编《大寨村志》，山西人民出版社，2002。

王明钢主编《中国农业全书·山东卷》，中国农业出版社，1994。

王明义主编《中国农业全书·河南卷》，中国农业出版社，1999。

王玉贵、娄胜华：《当代中国农村社会经济变迁研究——以苏南地区为中心的考察》，群言出版社，2006。

王玉茹主编《中国经济史》，高等教育出版社，2008。

危仁晸主编《当代江西简史》，当代中国出版社，2002。

武力、郑有贵主编《解决“三农”问题之路——中国共产党“三农”

思想政策史》，中国经济出版社，2003。

吴思：《陈永贵沉浮中南海》，花城出版社，1993。

吴象：《中国农村改革实录》，浙江人民出版社，2001。

吴毅：《村治变迁中的权威与秩序》，中国社会科学出版社，2002。

吴亦侠、刘成果编《中国发展全书·农业卷》，国家行政学院出版社，1997。

席宣、金春明：《“文化大革命”简史》增订新版，中共党史出版社，2006。

肖冬连：《崛起与徘徊：十年农村的回顾与前瞻》，河南人民出版社，1994。

向在仁：《宣传学概论》，四川省社会科学出版社，1988。

辛逸：《农村人民公社分配制度研究》，中共党史出版社，2005。

徐勇：《包产到户的沉浮》，珠海出版社，1998。

阎步克：《士大夫政治演生史稿》，北京大学出版社，1996。

杨胜群、田松年：《共和国重大决策的来龙去脉》，江苏人民出版社，1996。

于建嵘：《岳村政治》，商务印书馆，2001。

于光远：《1978：我亲历的那次历史大转折》，中央编译出版社，2008。

余红：《中国农民社会负担与农村发展研究》，上海财经大学出版社，2000。

谢岳：《当代中国政治沟通》，上海人民出版社，2006。

张东刚：《消费需求的变动与近代中日经济增长》，人民出版社，2001。

张广友：《改革风云中的万里》，人民出版社，1995。

张化等：《回首“文革”》，中共党史出版社，2003。

张怀英：《聊天录》，长江文艺出版社，1998。

张乐天：《告别理想——人民公社制度研究》，东方出版中心，1998。

张树军、高新民：《共和国年轮1978》，河北人民出版社，2001。

张树军:《大转折:十一届三中全会实录》,浙江人民出版社,1998。

张松斌、周建红:《西沟村志》,中华书局,2002。

赵德馨主编《中华人民共和国经济史》(1967~1984),河南人民出版社,1989。

赵德馨:《中国近现代经济史》(1949~1991),河南人民出版社,2003。

赵廉剑:《蓟县农业合作化简史》,天津社会科学院出版社,1989。

赵怀瑞:《难忘陈永贵——原大寨公社党委书记》,香港天马图书有限公司,2003。

浙江农业厅编《浙江农业四十年(1949~1989)》,浙江科学技术出版社,1990。

浙江省农业志编撰委员会编《浙江省农业志》,中华书局,2003。

中华人民共和国国家统计局农村司编《中国农村40年》,中原农民出版社,1989。

中共天津市北郊区委党史资料征集委员会编《天津市北郊区农村合作制经济发展简史》,天津人民出版社,1989。

中共中央文献研究室编《毛泽东传(1949~1976)》,中央文献出版社,2003。

中共中央文献研究室编《邓小平年谱》,中央文献出版社,2004。

周海燕:《十处乡村百年中国》,上海文艺出版社,2007。

庄孔韶:《银翅》,生活·读书·新知三联书店,2000。

朱荣主编《当代中国的农业》,当代中国出版社,1992。

朱希刚:《农业技术经济分析方法与应用》,中国农业出版社,1997。

三 论文

(一)期刊论文

陈为人:《他与农民副总理的三次酒缘——作家马烽眼中的陈永贵》,

《时代文学》2009年第3期。

程漱兰：《大寨红旗能否盖棺论定》，《中国乡村发现》2006年第1期。

程中原：《1975年邓小平主持各方面的整顿》，《当代中国史研究》2004年第2期。

《大寨革命精神的光辉》，《中国水利》1965年第2期。

《邓小平在大寨与江青的一次交锋》，《党史博采》2004年第8期。

范银怀：《〈大寨之路〉发表之前》，《党史文汇》1997年第6期。

范银怀：《大寨〈内参〉引起的轩然大波》，《百年潮》1999年第3期。

范银怀：《〈大寨之路〉与"农业学大寨"》，《新闻记者》2000年第8期。

冯仕政：《典型：一个政治社会学的研究》，《学海》2003年第3期。

冯仕政：《中国国家运动的形成与变异：基于政体的整体性解释》，《开放时代》2011年第1期。

光梅红：《农业学大寨运动述评》，《古今农业》2008年第3期。

光梅红：《集体化时期农民生活水平研究》，《中国农业大学学报》2011年第2期。

郭维明：《邓小平在全国农业学大寨会议上》，《党史文汇》2004年第9期。

《坚决依靠贫下中农自力更生勤俭治水》，《中国水利》1965年第3期。

何秀荣等：《中国国家层面的食物安全评估》，《中国农村观察》2004年第6期。

黄道炫：《洗脸——1946~1948年农村土改中的干部整改》，《历史研究》2007年第4期。

黄蓉芳：《"反修防修"与农业学大寨运动的兴起》，《社会主义研究》2009年第6期。

黄小谨：《〈人民日报〉与农村改革的启动和突破》，《湖北师范学院学报》2013年第6期。

《坚决依靠贫下中农自力更生勤俭治水》，《中国水利》1965年第3期。

江波：《“农业学大寨”运动的由来》，《党史纵览》2005年第11期。

金嘉声：《陈永贵与记者的恩怨——兼忆“文革”时期新闻记者在大寨采访的遭遇》，《炎黄春秋》2012年第1期。

晋中地区大寨精神科研组：《弘扬大寨精神》，《前进》1995年第1期。

老舟：《艰苦锻炼，心红志坚——音乐工作者在大寨》，《人民音乐》1964年第8~9期。

李广：《从“运动”到“试点”：新中国乡村治理体系建构中的政治传播模式比较研究》，《理论与改革》2007年第3期。

李金铮：《收入增长与结构性贫困：近代冀中定县农家生活的量化分析》，《近代史研究》2010年第4期。

李金铮：《问题意识：集体化时代中国农村社会的历史解释》，《晋阳学刊》2011年第1期。

李静萍：《二十世纪六七十年代大寨劳动分配办法述略》，《中共党史研究》2009年第1期。

李克林：《谈谈“农业学大寨”宣传》，《新闻战线》1981年第3期。

李克林：《反思与体会——农村报道的曲折历程》，《中国记者》1987年第11期。

李克林：《农业学大寨回忆片段》，《新闻实践》1989年增刊。

李里峰：《运动式治理：一项关于土改的政治学分析》，《福建论坛》2010年第4期。

李里峰：《群众运动与乡村治理》，《江苏社会科学》2014年第2期。

梁志远：《学大寨运动给亳县带来的灾害》，《炎黄春秋》2006年第4期。

刘光宁：《开会：制度化仪式及其对当代社会观念和政治文化的影响》，《当代中国研究》2005年第3期。

刘申：《从大寨式农业典型展览看发展我国农业生产的道路》，《经济研究》1965 年第 12 期。

马明：《大寨报道中的是是非非——一个老新闻工作者的反思》，《新闻出版交流》1996 年第 6 期。

苗长青：《论山西农业学大寨运动中的几个问题》，《中共山西省委党校学报》2001 年第 5 期。

苗春凤：《“树典型”活动的历史演进及其引申》，《重庆社会科学》2012 年第 3 期。

《陕西交口抽水灌区大搞续建配套工程》，《中国水利》1965 年第 1 期。

山西日报农村部：《典型报道和时代精神——大寨报道的前前后后》，《新闻战线》1964 年增刊。

石破：《大寨人眼中的陈永贵》，《南风窗》2007 年第 18 期。

宋华忠：《从国史发展的主线探寻农业学大寨运动的根源》，《上海党史与党建》2012 年第 9 期。

宋连生：《艰苦奋斗、以国为怀——关于大寨典型的历史回眸》，《党史文汇》2007 年第 3 期。

孙启泰、熊志勇：《论晚年毛泽东的理想社会模式与农业学大寨运动的兴起》，《北京大学研究生学刊》1990 年第 2 期。

孙谦：《大寨英雄谱——陈永贵抗灾记》，《人民文学》1964 年第 4 期。

谭首彰：《毛泽东与农业学大寨运动》，《党史研究与教学》2004 年第 5 期。

陶鲁笳：《毛主席号召“农业学大寨”的由来》，《文史精华》1996 年第 4 期。

《万里谈农业学大寨运动》，《党史文汇》1998 年第 5 期。

王家进：《浅析二十世纪六十年代山西省委对大寨精神的总结》，《中共党史研究》2010 年第 11 期。

王瑞芳：《成就与教训：学大寨运动中的农田水利建设高潮》，《中共党史研究》2011 年第 8 期。

王先俊：《毛泽东对中国社会发展目标与模式的建构》，《毛泽东思想论坛》1997 年第 4 期。

王醒：《大寨新闻史略论》，《山西大学学报》2008 年第 2 期。

王治国：《谈谈农业学大寨》，《湘潮》2002 年第 2 期。

温锐：《对毛泽东关于农地所有制变革实践的再探讨》，《历史教学》1998 年第 9 期。

吴孝桐：《“安徽大寨”的兴与衰》，《江淮文史》1997 年第 6 期。

吴象：《农业学大寨的沉重教训》，《炎黄春秋》1998 年第 11 期。

吴象：《大寨的盖子是如何揭开的》，《质量天地》1999 年第 1 期。

吴志军：《“农业学大寨”运动研究：概况与评价》，《山西师大学报》2004 年第 4 期。

消寒：《“大寨工”对全国农村的恶劣影响》，《炎黄春秋》2005 年第 3 期。

晓晋：《大寨红旗是怎样升起的》，《世纪桥》2000 年第 5 期。

肖克之：《最高指示：“农业学大寨”的由来》，《当代中国史研究》1996 年第 5 期。

肖冬连：《一个时代的终结——对农业学大寨运动的总结》，《党史博览》2004 年第 11 期。

肖伟昌：《毛泽东巩固人民民主专政的思想轨迹》，《当代中国史研究》2000 年第 5 期。

行龙：《在村庄与国家之间——劳动模范李顺达的个人生活史》，《山西大学学报》2007 年第 3 期。

杨菊英：《新中国农业机械化发展足迹》，《现代农业装备》2004 年第 9 期。

杨奎松：《从“小仁政”到“大仁政”——新中国成立初期毛泽东与中央领导人在农民粮食问题上的态度异同与变化》，《开放时代》2013 年第 6 期。

岳丛欣：《农业学大寨运动研究综述》，《中共党史资料》2008 年第 4 期。

张广友、韩钢：《万里谈农村改革是怎么搞起来的》，《百年潮》1998年第3期。

张神根：《一九六六至一九七八年发展农业三种思路的变动轨迹》，《中共党史研究》1998年第5期。

张昭国：《“农业学大寨”运动中的政治传播及历史启示》，《太原师范学院学报》2008年第4期。

张昭国：《农业学大寨运动中的“反行为”及社会分析》，《山西师大学报》2010年第2期。

张湛彬：《陈永贵和大寨的沉浮录》，《党史博览》2002年第2期。

郑谦：《1970年前后国内形势的几个特点——以1970年北方地区农业会议为例》，《中共党史研究》2002年第5期。

郑以灵：《论毛泽东的乡村理想》，《厦门大学学报》1999年第2期。

郑有贵：《“文化革命”时期农业生产波动及其动因探析》，《中共党史研究》1998年第3期。

周德中：《毛泽东与农业学大寨》，《党的文献》1994年第3期。

（二）学位论文：

耿耀敬：《“农业学大寨”运动：回顾与反思》，硕士学位论文，华中师范大学中共党史，2008。

黎丽萍：《“农业学大寨运动”研究述评——兼论农业现代化》，硕士学位论文，湘潭大学中共党史，2005。

史莉芳：《大寨发展研究》，博士学位论文，中国人民大学中共党史，2006。

张昭国：《农业学大寨运动》，博士学位论文，中国人民大学中共党史，2009。

（三）外文论文

Dennis Woodward, “Rural Campaigns: Continuity and Change in the Chinese Countryside—the early post - Cultural Revolution Experience (1969 -

1972)," *The Australian Journal of Chinese Affairs*, 6 (1981).

Tang Tsou, "Organization, Growth, and Equality in Xiyang County," *Modern China*, 2 (1979).

四　报刊

《北京日报》《大众日报》《河北日报》《河南日报》《黑龙江日报》《红旗》《湖北日报》《湖南日报》《华北建设》《内蒙古日报》《青海日报》《人民日报》《山西青年》《山西日报》《陕西日报》《时事手册》《文汇报》《新华月报》《浙江日报》《中国农业科学》

·后　记·

笔者对家乡大寨村的关注较早，但直到2006年考入北京师范大学，师从朱汉国先生攻读博士学位后，在诸多老师尤其是在朱先生的首肯下，以农业学大寨为毕业论文选题，才得以对大寨进行系统的研究。博士毕业之际，发现与中国人民大学的张昭国博士写了同样的题目，遂对此选题共同进行了探讨，他说这个题目不好，不具有学术增长点。笔者认为题目得到许多老师的认可。至于为什么会出现这种认识上的分歧，当时并没有很好地思考。博士毕业五年来，这一选题曾多次遭到质疑，更有人直接予以否定，以至于有人问到笔者的研究方向和毕业论文题目时，都有些难以启齿。因此，对博士论文的修改一直断断续续地进行，对自己所做的研究也经常产生怀疑。今年历史学院中国近现代史专业硕士生答辩时，有幸邀请到首都师范大学教授梁景和先生来学院讲学，他问了笔者同样的问题，同事帮着回答了。他说："这个选题好啊，反映了集体化时期农村的许多情况。"这一不经意的对话再次鼓励笔者将此研究继续进行下去。后来，同笔者的硕士导师李金铮先生在电话中就这一问题又进行了一次沟通，他说："全国像大寨这样的村庄能有几个？大寨和昔阳就够你做一辈子，要深入下去做研究。"笔者就是在这种否定、肯定中不断地寻找着突破，不断地思考大寨所具有的研究价值，最终在博士论文的基础上修改成此书。

在具体的修改过程中，当笔者对大寨产生困惑，无法继续修改下去的时候，经常把书稿搁置一边，或参阅其他书籍或与那个时代的经历者聊天或找学院的长辈聊天。一次，和院长车效梅教授聊到了笔者的博士论文，谈了一些自己的困惑，表达了自己的一些无奈。她并没有就笔者的困惑给出答案，而是给笔者讲了一个发生在自己身上的故事。她说："我当初在做'全球化与中东城市发展研究'课题时，本来都已经写完了书稿，但总觉得无法凸显中东城市发展的特点，于是将中东城市的发展置于全球化的背景中重新进行检视，从多个角度、多个侧面对中东城市进行了深入思考。"后来笔者渐渐明白了车教授这一番谈话的意思。当然，随着笔者对大寨的不断深入思考，对大寨、陈永贵、农业学大寨也都有了自己的一些看法，并将其写成文字发给学院的畅引婷教授和我爱人范凯文阅读，他们阅读后又给我提了很多宝贵的意见，笔者就是在这样的鼓励和帮助下最终完成了论文的修改工作。在此，向在笔者博士论文选题、博士论文写作和博士论文修改中给予无私帮助的老师、同事、家人和同学道一声：谢谢！尤其感谢笔者的导师朱先生给予的鼓励，并慷慨为本书作序。同时也感谢昔阳县档案局工作人员为笔者查阅档案资料提供的方便，感谢社会科学文献出版社给了拙著得以面世的机会，感谢责任编辑宋浩敏、曹义恒的辛勤工作。

在毛泽东号召农业学大寨 50 周年之际，将大寨置于集体化时期的宏大历史背景中，对农业学大寨进行系统梳理，不仅仅是再现这段客观存在的历史，更主要的是担当起高校教师的一份社会责任。通过对大寨典型的树立、传播途径和典型推广成效的分析，笔者认为典型应该是在与民众互动的过程中树立，典型的推广应由单向灌输转向多维。大寨典型所承载的自力更生、艰苦奋斗的英雄气概，爱国爱集体的奉献精神，无论对 20 世纪六七十年代改变落后的农业生产条件，还是对改革开放进程中排除前进道路上的障碍都具有巨大的推动作用。但愿笔者的这点思考能引起更多人的思索，能为社会主义新农村建设尽自己的微薄之力。

·索　引·

S

T

W

X

Y

Z

图书在版编目(CIP)数据

集体化时期的村庄典型政治：以昔阳县大寨村为例/光梅红著.
—北京：社会科学文献出版社，2015.2
ISBN 978-7-5097-6709-2

Ⅰ.①集… Ⅱ.①光… Ⅲ.①农村-政治-研究-昔阳县
Ⅳ.①D672.55

中国版本图书馆CIP数据核字（2014）第262793号

集体化时期的村庄典型政治
——以昔阳县大寨村为例

著　　者／光梅红

出 版 人／谢寿光
项目统筹／宋浩敏　曹义恒
责任编辑／宋浩敏　曹义恒

出　　版／社会科学文献出版社·社会政法分社（010）59367156
地址：北京市北三环中路甲29号院华龙大厦　邮编：100029
网址：www.ssap.com.cn
发　　行／市场营销中心（010）59367081　59367090
读者服务中心（010）59367028
印　　装／三河市尚艺印装有限公司

规　　格／开 本：787mm×1092mm　1/16
印 张：16.5　字 数：253千字
版　　次／2015年2月第1版　2015年2月第1次印刷
书　　号／ISBN 978-7-5097-6709-2
定　　价／68.00元